中国高铁丛书

总顾问 / 傅志寰　总策划 / 郑　健　主　编 / 孙　章

高铁车站

郑　健　贾　坚　魏　崴　著

上海科学技术文献出版社
Shanghai Scientific and Technological Literature Press

图书在版编目（CIP）数据

高铁车站 / 郑健，贾坚，魏崴著 . —上海：上海科学技术文献出版社，2019
（中国高铁丛书）
ISBN 978-7-5439-7803-4

Ⅰ . ① 高… Ⅱ . ① 郑…② 贾…③ 魏… Ⅲ . ① 高速铁路—车站—介绍—中国 Ⅳ . ① U238

中国版本图书馆 CIP 数据核字 (2018) 第 289614 号

"十三五"国家重点出版物出版规划项目
2018 年主题出版重点出版物
上海市新闻出版专项资金资助项目

选题策划：张　树
书稿统筹：张　树
责任编辑：苏密娅
装帧设计：许　菲
手绘插图：汤思怡
图片编辑：樊鹏涛

高铁车站
GAOTIE CHEZHAN
郑健　贾坚　魏崴　著
出版发行：上海科学技术文献出版社
地　　址：上海市长乐路 746 号
邮政编码：200040
经　　销：全国新华书店
印　　刷：上海海红印刷有限公司
开　　本：787×1092　1/16
印　　张：19
字　　数：237 000
版　　次：2019 年 1 月第 1 版　2019 年 1 月第 1 次印刷
书　　号：ISBN 978-7-5439-7803-4
定　　价：128.00 元
http://www.sstlp.com

"中国高铁丛书"

出版工作团队

总顾问

傅志寰　中国工程院院士，原铁道部部长

顾　问

钟志华　中国工程院院士、副院长，同济大学原校长

奚国华　中国第一汽车集团有限公司党委副书记、董事、总经理
　　　　中国中车集团公司原副董事长、党委副书记
　　　　中国中车股份有限公司原总裁

贾世瑞　中国中车集团公司副总经理

总策划

郑　健　中国铁路总公司总工程师，国家铁路局原党组成员
　　　　2015年国家科技进步奖特等奖（京沪高速铁路工程）获得者

策　划

孙　章　同济大学老科学技术工作者协会会长，原上海铁道大学副校长

孙　星　北京铁道学会秘书长

兰　涛　上海铁道学会秘书长

金泰木　中车青岛四方机车车辆股份有限公司科技发展部副部长

张　树　上海科学技术文献出版社副总编辑（主持工作）

主　编

孙　章　同济大学老科学技术工作者协会会长，原上海铁道大学副校长

副主编

吴新民　原铁道部咨询调研组副巡视员，研究员

编撰团队

《走近中国高铁》

钱桂枫　中国铁路总公司工程管理中心副主任
蔡申夫　原铁道部工程设计鉴定中心主任
张　骏　中国铁路上海局集团有限公司建设处副处长，高级工程师
毛晓君　中国铁路上海局集团有限公司科学技术研究所工程师

《高铁线路工程》

郑　健　中国铁路总公司总工程师，国家铁路局原党组成员
　　　　2015年国家科技进步奖特等奖（京沪高速铁路工程）获得者
王　峰　中国铁路总公司建设管理部主任
钱桂枫　中国铁路总公司工程管理中心副主任
许玉德　同济大学交通运输工程学院教授
毛晓君　中国铁路上海局集团有限公司科学技术研究所工程师

《高铁车站》

郑　健　中国铁路总公司总工程师，国家铁路局原党组成员
　　　　2015年国家科技进步奖特等奖（京沪高速铁路工程）获得者
贾　坚　同济大学建筑设计研究院（集团）有限公司副总裁
魏　崴　同济大学建筑设计研究院（集团）有限公司轨道交通院总建筑师

《高速列车》

梁建英　中车青岛四方机车车辆股份有限公司副总经理、总工程师，教授级高级工程师，2015年国家科技进步奖特等奖（京沪高速铁路工程）获得者
杨中平　北京交通大学教授
张济民　同济大学铁道与城市轨道交通研究院教授

《高铁牵引供电系统》

  张明锐　同济大学电子与信息工程学院教授
  张永健　中国铁路上海局集团有限公司供电处处长，高级工程师
  王靖满　中国铁路设计集团公司项目总工程师，教授级高级工程师
  吴严严　同济大学电子与信息工程学院硕士研究生

《高铁信号与控制》

  陈永生　同济大学计算机系教授
  罗云飞　中国铁路上海局集团有限公司总工程师室高级工程师
  王先帅　中国铁路上海局集团有限公司电务处工程师
  郭金信　中国铁路上海局集团有限公司电务处工程师
  刘世太　中国铁路上海局集团有限公司电务处工程师
  陈伟革　中国铁路上海局集团有限公司电务处处长，提待高工
  吕永昌　中国铁路上海局集团有限公司电务处提待高工
  姚远黎　中国铁路上海局集团有限公司电务段段长，高级工程师
  胡细东　中国铁路上海局集团有限公司电务处副处长，高级工程师
  吴伟东　中国铁路上海局集团有限公司电务处副处长，高级工程师
  艾　武　中国铁路上海局集团有限公司电务处副处长，高级工程师

《高铁运营组织与管理》

  徐行方　同济大学交通运输工程学院教授
  蒲　琪　同济大学《城市轨道交通研究》杂志社社长，高级工程师
  汤莲花　同济大学交通运输工程学院博士研究生

《中国高铁发展战略》

  刘涟清　原上海铁路局局长，原铁道部（中国铁路总公司）中美铁路项目协调组组长
  蒲　琪　同济大学《城市轨道交通研究》杂志社社长，高级工程师
  孙　章　同济大学老科学技术工作者协会会长，原上海铁道大学副校长

《高铁经济》

姚诗煌　上海市科技传播学会原理事长，《文汇报》科技部原主任，高级记者

编辑顾问

叶　娟　中国中铁股份有限公司国际事业部总经理助理
　　　　中国铁道出版社版权中心原主任，国家铁路局原调研员

李中浩　中国城市轨道交通协会专家和学术委员会副主任，原铁道部电子中心主任

张跃玲　国家铁路局信息中心副主任，高级工程师

陈夏新　原京沪高速铁路股份有限公司高级工程师

范　明　中国铁道科学研究院（集团）有限公司通信信号研究所研究员

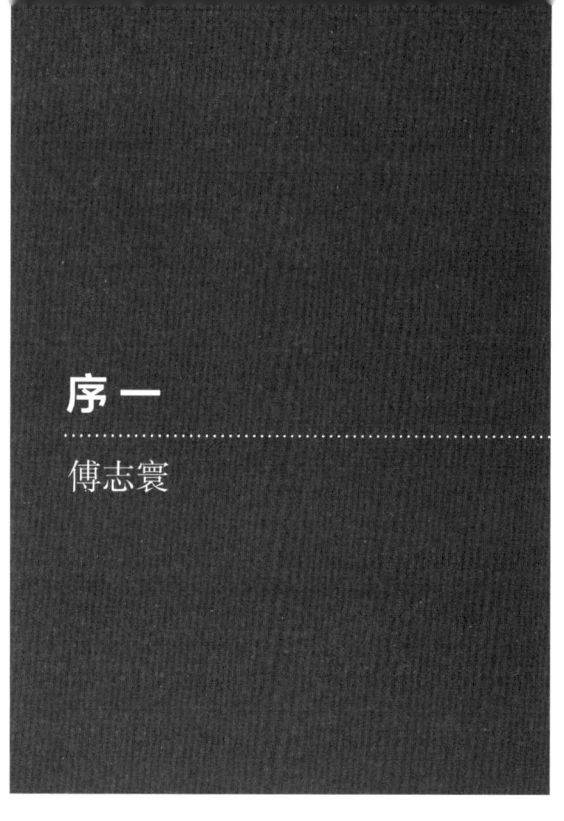

序一

傅志寰

我国已跨入了高铁时代。风驰电掣的高速列车给人们带来了快捷愉悦的全新感受,正如有诗云:"银龙出京一路奔,转瞬之间入津门。齐鲁苏皖须臾过,品茗到沪尚存温。"四通八达的高铁不仅显著改变了人们的出行方式,也对经济社会产生了深远影响。

目前我国高铁里程已超过 25 000 公里,占全球高铁总里程的三分之二,每天开行 5 000 多列高速列车,运送超过 600 万乘客,2017 年我国高铁累计发送旅客已突破 70 亿人次。这些令人炫目的"大数据"意味着无与伦比的业绩。我国高铁不但规模大,速度也快,最高时速达 350 公里,为世界之最。我国动车之平稳是有口皆碑的,网上曾流传一段视频:有乘客将一枚硬币立在高速列车的窗台上,竟 8 分钟未倒。

高铁不但改变着中国,也震撼了世界。我国已经积累了在寒带、热带、大风、沙漠、冻土等不同气候和地质条件下高速铁路建设的丰富经验,是世界上少数能够提供包括土建、高速动车组和列车控制系统等高铁全套技术的国家。

中国人喜爱高铁。但凡有机会,都愿与靓丽的高速列车合影留念,而且带着浓厚兴趣想进一步解开高铁之谜。"高铁为什么跑得那么快?""高铁为什么跑得那么稳?""高铁行驶安全如何保障?"这些问题,不但孩子要问,成年人也十分关心。近两年我在给中学生讲"高铁"科普时,每每都会有学生提出大量类似问题。

为了回答人们的问题,上海科学技术文献出版社组织一批资深专家教授,用一年半时间编写了一套内容丰富的"中国高铁丛书",全套 9 册,书名分别是:《走近中国高铁》《高铁线路工程》《高铁车站》《高速列车》《高铁牵引供电系统》《高铁信号与控制》《高铁运营组织与管理》《中国高铁发展战略》《高铁经济》。这套丛书不但描绘了高铁的全貌,展示了车站、线路、信号、供电、列车等关键设施和装备,也介绍了高铁运营服务知识以及对经济社会发挥的独特牵引作用。与此同时,还讲述了世界各国高铁发展的故事。

"实事求是、深入浅出"是检验科普图书质量的重要标志。为了做到"实事求是",作者们查阅了海量资料,反复筛选与求证,对我国高铁技术水平、发展历程作了符合实际的阐述,也纠正了一些网络上的不实传言。为了做到"深入浅出",作者们力图用通俗生动的语言和精美的图片,揭示高铁技术原理和设计结构。一年多来,作为初次涉猎科普读物写作的他们,花了不少时间再学习,大家深知将科学专业术语转化成大众能听懂的"大白话"是一门艺术。

我受聘担任本丛书的总顾问,深感荣幸和愉悦。究其原因,不只因为我有参与高铁论证与建设的经历,还源于心系铁路、喜爱火车的深厚情结,中国高铁的快速发展也圆了我自己多年的梦想。

在本套图书付梓之际,衷心希望凝聚作者大量心血的"中国高铁丛书",能给读者带来所渴望的知识与阅读的喜悦。

2019 年 1 月

序二

郑 健

高铁,作为现代工业文明的崭新成果,发端于日本,发展于欧洲,兴盛于中国。经过五十余年的发展,高铁以其安全、快捷、环保、节能等技术经济优势赢得了各国青睐。我国从20世纪90年代初开始开展高铁的前期研究,经过几代铁路人的探索实践,特别是党的十八大以来的创新发展,取得了举世瞩目的历史性成就,能亲身经历、见证参与、组织推动我国高铁建设,倍感荣幸。铁路建设者昼夜兼程、风雨无阻,逢山开路、遇水架桥,用智慧、心血和汗水励精图治、砥砺前行,实现了中国高铁从无到有、从探索到突破、从制造到创造、从追赶到领跑的崛起!如今,"复兴号"奔驰在祖国广袤的大地上,迈出了从追赶到领跑的关键一步;四通八达的高铁网络给百姓美好生活带来了新福祉,给世界高速铁路发展树立了新标杆,为党和国家赢得了新荣耀!

遥想20世纪初,为了振兴国家实业,孙中山先生在《建国方略之二:实业计划》中提出修建10万英里(16万公里)的铁路计划,指出"国家之贫富可以铁道之多寡而定之,地方之苦乐可以铁道之远近计之","铁路常为国家兴盛之先驱,人民幸福之源泉,国家统一之保障"。中华人民共和国成立后,党中央国务院高度重视铁路建设。1978年10月,邓小平同志访问日本,在从东京前往京都的新干线高铁列车上深有感触地说:"就感觉到快,有催人跑的意思,我们现在正合适坐这样的车。"(中共中央文献研究室编《邓小平年谱(1975—1997)》(上)第413页)一代伟人的这句双关语暗示着中国的发展要有像新干线那样快的速度。同年12月召开的十一届三中全会拉开了改革开放的序幕。

40年的改革开放让铁路特别是高速铁路发展迎来了难得的黄金发展机遇。从20世纪90年代广深铁路开行准高速列车到世纪之交秦沈客运专线开通运行,从2007年实现第六次大面积提速到2008年京津城际高铁通车,从 2010 年 12 月京沪高铁创造时速 486.1 公里试验速度到 2016 年 7 月成功实现世界首次时速 420 公里交会，从"四纵四横"基本建成到"八纵八横"规划蓝图绘就，几代铁路人锲而不舍、坚韧执着，从未因道路曲折而半途而废，也从未因梦想遥远而放弃追求。从孙中山先生提出《建国方略》到今天，"复兴号"高铁动车组奔驰在祖国广袤大地上的情景，就是华夏儿女不忘初心、砥砺前行的生动写照；中国高铁能够领跑世界，就是中华民族追逐梦想、谋求复兴的时代象征。高铁精神，已成为象征着中华民族伟大创新精神的一座丰碑！

从 1990 年《京沪高速铁路线路方案构想报告》到 2004 年国务院批复的《中长期铁路网规划》明确将高铁建设作为铁路发展的核心，从中国高铁发展"三步走"战略谋划到工程建造、装备制造、列车运行控制等不同领域技术创新路径的实施，中国高铁经历了艰难的战略抉择、艰苦的探索实践和艰辛的开拓创新历程。2008 年 8 月 1 日，中国第一条时速 300 公里以上的高速铁路——京津城际高铁开通运营。波澜壮阔的高铁建设在长城内外、大河上下展开，呈现出了史诗般的巨幅画卷！

一分耕耘一分收获。经过几代铁路人卧薪尝胆，迎来了与世界第二大经济体相适应的高铁网络体系的蓬勃发展：建成了 2.5 万公里的高铁网络，搭建了专业一流的研发平台，在高铁线路、桥梁、隧道、客运枢纽等重大工程方面积累了丰富的实践经验，全面掌握了在各种复杂地质、地形及气候环境下修建不同速度等级高速铁路的成套技术，建造了以京沪高铁为代表的一大批世界级的标志性工程，拥有了完整的中国高铁技术标准体系，打造了中国高铁品牌，形成了规划设计、工程建造、装备制造、运维服务等方面的比较优势，总体技术水平已迈入世界先进行列，成为推动世界高铁发展的重要力量！

不断延伸的高铁网络对经济社会发展产生了深刻的影响。如何衡量高铁对经济社会发展的"溢出效应"，如何评价高铁效应在国家发展、国际交往、地缘政治中的作用，需要坚实的高铁经济理论作为支撑。2012 年原铁道部设立了高铁经济重大课题，从政治经济、社会文化、生态环境等多维度探究高铁效应的理论基础，从哲学层面发现其内在规律，从理论层面研究其影响机制，旨在通过研究回答社会对高铁建设运营的普遍关切，探究未来高铁发展之路。

如今我们欣喜地看到，高铁网络极大地缩短了时空距离，让旅途不再漫长；极大地改善了出行品质，让百姓出行有了更多的幸福感；拉动了文化旅游井喷，稀缺独特的旅游资源得到充分开发；促进了铁路装备升级改造，高铁动车组等高端装备制造业快速发展，强劲带动了上下游相关产业链的全面升级；改变了经济资源配置格局，城市综合经济竞争力得到了大幅提升，区域产业经济结构得到了优化调整，区域经济一体化进程进一步加快。高铁网络创造出了比别的经济体更多的时间，承载了更为宏观的经济意义，以更高的速度赋能一切生产要素，以更高的质量和效率不断放大着"乘数效应"。作为新经济学革命的高铁经济已成为中国经济增长的新引擎，正构建着中国经济发展的新版图。中国高铁今天历史性的成就就是对中山先生、小平同志最好的告慰！

"雄关漫道真如铁，而今迈步从头越"。党的十九大确立了习近平新时代中国特色社会主义思想，作出了建设交通强国的重大决策部署。在不到半年的时间里，习总书记两次"点赞""复兴号"，这既充分体现了党中央对高铁发展成果的充分肯定，更指明了中国高铁的前进方向。中国高铁将始终坚持以人民为中心，进一步构建更安全、更高效、更智能、更绿色、覆盖率更高的高铁网络，持续创新引领世界铁路发展，让全国各族人民共享铁路发展改革的成果，满足人民在新时代的需求，让人民从高铁发展中有更多的获得感、幸福感、安全感！

高铁发展需要全社会的关心和爱护。这套"中国高铁丛书"对讲好中国高铁故事、传承勇往直前的高铁精神，汇聚高铁发展共识、凝聚高铁发展正能量，弘扬新时代主题、追逐民族复兴梦想必将产生积极的作用。热切希望这套图书能与广大读者尽快见面，更真诚期望能有更多的专家、学者关注中国高铁，走近中国高铁，宣传中国高铁，支持中国高铁，关爱中国高铁，以促进中国高铁的健康可持续发展！

2019年1月

前言

改革开放以来特别是党的十八大以来，国家经济社会发展取得了全方位、开创性的历史性成就，中国高铁就是这历史性成就中的精彩缩影。高铁车站是高铁建设的重点工程，作为铁路的窗口、城市的门户，它不仅体现着高铁车站发展综合技术与艺术文化水平，也展现着华夏神州悠久的历史文明与铁路人的文化自信。百姓从安全舒适、便捷换乘、互联网售票等人性化、信息化、智能化体验中获得了更多的幸福感和安全感，城市从高铁车站与城市的融合发展中赢得了创新发展的新机遇。高铁车站犹如镶嵌在高铁网络上的璀璨明珠，闪耀着时代光芒，见证着历史变迁，更凝聚着高铁车站建设者的智慧和汗水。

回顾高铁车站建设历程，作为全过程组织规划设计、推动中国高铁车站建设的亲历者，切身感受到建设什么样的高铁车站以适应时代需求、满足百姓需要，如何突破规划设计、空间结构、功能布局、流线组织等方面的关键技术，如何高效组织大规模高铁车站项目群组的建设，如何汲取悠久的中华建筑文化元素、传承华夏文明基因是车站建设的重大课题。纵观过往，每一次车站建设的飞跃都伴随着理念的创新、建造技术与体制机制的创新，每一次车站品质的提升都映衬着力学与美学、技术与艺术的完美融合。

2004年国家批准了共和国历史上第一个行业发展规划《中长期铁路网规划》，规划提出到"十二五"末要建成1 000座以上现代化车站。在考察借鉴国外铁路车站发展趋势，分析思考我国铁路车站发展历程和经验教训，总结探索北京南站、上海虹桥枢纽等工程实践的基础上，相继编写出版了《铁路旅客车站设计指南》《中国当代铁路客站设计理论探索》《铁路旅客车站细部设计》，提出坚持以人民为中心、构建以高铁车站为主的绿色综合交通枢纽的建设新理念，对高铁车站规划与总体布局、功能布局与流线组织、空间形态与文化表现等重大问题进一步明确了设计原则及规范标准，丰富并发展了现代化铁路车站的设计理论。与此同时，开放铁路车站建筑设计市场，通过广泛开展车站设计方案征集、定期召开中国铁路车站技术国际交流会，汇聚了国内外优秀建筑规划、设计咨询资源，车站设计新理念得到了广泛认

同,车站设计整体水平得到了大幅提升。

为攻克高铁车站大跨度、高空间的结构体系,以及在节能环保、环境控制、消防安全等方面一系列的技术难题,车站建设管理者坚持创新发展,构建了由国内外规划设计、工程建造、运营管理等智力资源和科研力量共同构成的高铁车站技术创新平台,统筹实施重大科研和技术攻关,在较短的时间内取得了"站桥合一"的超大跨度空间结构、列车震动控制、雨棚结构体系、绿色客站标准等数十项技术创新成果,解决了制约高铁车站建筑规划、结构设计、节能环保、环境控制、消防安全、客运服务等诸多方面的技术难题,构建并完善丰富了中国高铁车站技术体系,为大规模、高质量绿色高铁车站建设奠定了技术根基。

任务艰巨、工期紧迫的大规模高铁车站建设,如何处理好与规划设计、建设管理等各种资源紧缺的矛盾,如何在确保质量的前提下实现与高铁线路工程同步开通运营,是摆在车站建设者面前最为突出的两大矛盾。为此,车站建设者突破传统车站工程建设管理模式,借鉴北京南站这一高铁车站开篇之作、示范性工程的建设管理经验,将高铁车站从高铁干线工程中独立出来,组成车站工程项目群管理组织体系,统一制订战略目标,规范化、制度化、标准化各环节管理流程,统筹调配规划、设计、施工等各类关键资源,构建覆盖全国高铁车站的信息支撑平台,实现知识与资源的共享,提高决策指挥的及时性和有效性。实践证明,这套能够支撑多个车站同期建设的项目群组管理模式,以标准化为抓手,以信息化为支撑,以规范化为约束,极大地推动了高铁车站项目群组集约化发展。

德国文学家、诗人歌德曾把建筑比喻为"凝固的音乐",西汉重臣萧何监造大朝正殿未央宫时曾说"天子以四海为家,非壮丽无以重威"。自古以来,建筑所表达的是人与自然、社会的内在关系,所反映的是建筑哲学、建筑科学、建筑美学和工程技术的完美结合。高铁车站作为公共交通建筑,提升其建筑美感,需要建筑师孜孜不倦的探求,需要工程师专业精湛的设计,需要大国工匠细致入微的打磨。十余年来,高铁车站建设者本着以人为本的建设理念,注重细部设计与处理手法,弘扬工匠精神,悉心打造精品,相继建成了北京南站、武汉站、广州南站、上海虹桥站等一大批现代化综合客运枢纽。北京南站2009年荣获北京当代十大建筑、英国皇家建筑师学会国际大奖；武汉站2012年荣获芝加哥雅典娜建筑设计博物馆国际建筑奖、2013年荣获国家科技进步二等奖；包括上海虹桥枢纽、南京南站等高铁车站在内的京沪高速铁路工程2015年荣获国家科技进步奖特等奖；天津于家堡站2017年荣获中国钢结构协会科学技术特别奖。这些现代化的高铁车站普遍做到了功能完善、换乘便捷，为广大旅客营造了宽敞舒适的候乘环境，提供了个性化、人性化的服务设施，实现了旅客运输从管理型向服务型的转变，引导了城市空间及产业布局的优化，提升了城市的综合竞争力，打造了高铁网络上一张张靓丽的名片。"石头的史诗"在华夏大地正谱写着绚烂华美的乐章。

　　党的十九大确立了习近平新时代中国特色社会主义思想，作出了交通强国的重大决策部署。站在新起点、面向新时代，高铁车站建设更要不断完善车站功能，注重与市政公共交通基础设施综合配套，实现空间立体性、平面协调性、整体适用性、系统安全性、文化延续性有机统一，不断提升现代化综合客运枢纽的整体效率，满足广大人民群众出行的多样化、个性化需求。同时，在高铁车站的建设、运营、管理、服务中广泛采用系统设计、信息集成、智能控制、虚拟仿真、云计算等先进技术，以智能京张高铁建设为契机，建设智能车站，让高铁车站成为集享受出行、旅游、购物、休闲于一体的综合服务载体，让高铁生活成为新的生活方式。

　　相信通过《高铁车站》这本书，读者能够了解铁路车站历史脉络的渊源、空间与文化的交融、科技与未来的畅想，感受车站建筑设计构思的文化底蕴，体会高铁车站结构空间、功能布局、流线组织及对城市综合竞争力的提升作用，洞悉当代高铁车站建筑魅力以及未来创新发展方向。更希望读者能以本书为窗，汲取高铁车站的建筑知识及其蕴含的文化内涵，为高铁车站未来的发展出谋划策，贡献一份智慧和力量。

何华武

2018.11

中国铁路总公司总工程师

国家铁路局原党组成员

2015年国家科技进步奖特等奖（京沪高速铁路工程）获得者

目录

序 一
序 二
前 言

第一章　世界铁路回望 1
一、铁轨铺设的道路 ...2
二、火车站的诞生与成长 ...6
三、高速铁路缘起 ...17

第二章　高铁车站雏形 23
一、中国铁路的开端 ...24
二、最早的火车站 ...31
三、成长中的铁路车站 ...36

第三章　车站新时代 61
一、梦想实现 ...62
二、车站建筑新起点 ...65
三、高铁车站建设成就 ...71
四、典型高铁车站 ...73

第四章　车站战略蓝图 103
一、城市之门 ...104
二、铁路之窗 ...111
三、车站规划 ...118
四、融入城市 ...126

第五章　创新中传承 131
一、独特的形态寓意 ...132
二、文脉的潺潺延续 ...150
三、交织的技艺呈现 ...167

第六章　漫游空间片段 183
　　一、站前广场 ...184
　　二、进站前奏 ...188
　　三、舒适候车 ...190
　　四、邂逅列车 ...199
　　五、离站写真 ...205

第七章　力与美的空间结合 211
　　一、桥梁与建筑共生 ...212
　　二、空间创造与结构生命 ...215
　　三、技术成就艺术 ...222
　　四、数字化信息模型 ...225
　　五、绿色车站技术 ...228

第八章　未来之旅 237
　　一、以公共交通为导向的高铁车站区域发展 ...238
　　二、高铁车站再发展 ...242
　　三、综合换乘交通中心 ...247
　　四、站—城共融 ...253

参考文献 263

后记 266

附表　中国高铁车站建设年鉴 267

附图　中国高铁车站脸谱

疾驶桑田逐风沧海

百年梦已燃

千山高远咫尺间

遥看铁骢舞动万里画卷

……

21世纪伊始，一张神奇的铁路网正渐渐地覆盖在960多万平方公里的大地上，那网中一个个小点就是穿行于网络间列车的停靠点，人们习惯地将它们称之为"火车站"。众所周知，站是为火车的停靠而设建的，虽然其中有承担旅客接送的车站，有负责物流运输的车站，还有列车维修、保养、编组的车站，但人们在情感上总是更乐意将铁路客运车站称为"火车站"。因为长期以来火车站承载了无数过客的喜怒哀乐、悲欢离合，象征着一个人、一个家、一座城的集体记忆，也早已成为一代人挥之不去的印记。

今天中国的铁路建设正在发生巨变。在这张巨网上，我国已新建铁路车站逾千座，魅力显现，成为我国新时期社会发展史以及交通建筑发展史上浓墨重彩的一笔。它曾经饱受争议，却依然强势崛进；它破除了铁路脏、乱、差的咒语，而建立起新的秩序，从城市建设服务的配套，一跃成为经济发展的先驱；它从中国出发正日益受到世界的注目。"高铁车站"已成为我国新时期铁路车站的一个更加响亮的"时尚"名词，一张绚丽的发展中中国的"名片"。

第一章 世界铁路回望

一、铁轨铺设的道路

二、火车站的诞生与成长

三、高速铁路缘起

高铁车站 >

图 1.1 早期伦敦街头的"有轨马车"

一、铁轨铺设的道路

1. 轨道的出现

追溯人类的历史，每一项科学技术的革新，都与人类对自然的探索和对新生活的追求密不可分。早在16世纪的欧洲，伴随采矿业的兴起，物资运输需求逐渐增加，德国人借鉴了古罗马时期的道路建设经验，将开采煤矿区域的土路铺上石块，使马匹更加轻松地将煤炭矿车从矿井运送至水运码头，彻底摆脱了泥泞路面所增加的阻力。随后为了节省道路施工成本，又将石质路面改造为仅在车轮碾压的线路上敷设石板的"轨道"，这种方式极大地提高了运输效率。

图 1.2 木轨马拉矿车

1660年，英国纽卡斯尔的一些煤矿区出现了采用木制轨

2

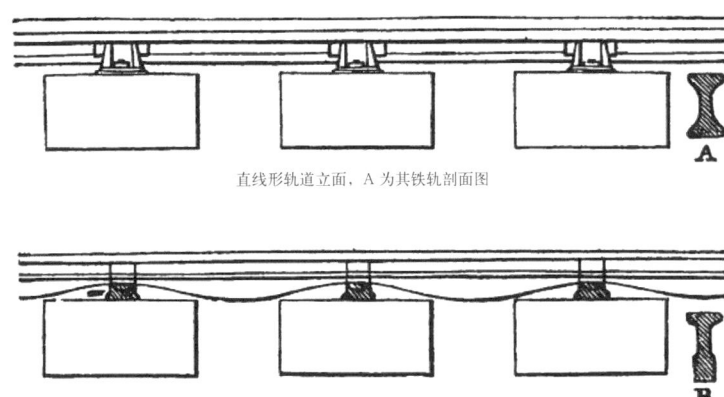

直线形轨道立面，A 为其铁轨剖面图

鱼腹形轨道立面，B 为其铁轨剖面图

图 1.3　早期的凸形铁轨

道的马拉矿车，使得运煤道路的施工更为便利。但由于煤炭矿车的载重量大，木制轨道很容易磨损，为了改善这个问题，矿区工人将一层铁皮钉在木轨上，这就出现了世界上最早的"铁轨"。虽然随着运输量的增加，蒙上铁皮的木轨还是不堪重负，但是"有轨马车"却因此得名，成为人类近代铁路的起源。

1763 年，英法七年战争结束，由于军需锐减，使得英国铁价猛跌，煤矿主便全面使用铁板路面替代木质轨道，一方面可以改善矿区的道路运输状况，另一方面也可作为囤积货物等待铁价上涨。由于铁板路面的摩擦阻力更小，一时间"板式铁路"在许多矿区得到了推广应用，而后进一步演化为由两根 L 型角铁铁轨卡住车轮，供马拉矿车顺畅行驶。这样的轨道解决了蒙铁皮木轨的易损问题，使得马车行驶更加安全，轨道维修也更加便利。1789 年，英国土木工程师威廉·杰索普（William Josias，1745—1814）设计出凸型铁轨和外轮缘凸出的铸铁车轮，在拉夫堡——莱斯特（Loughborough—Leicester）的马拉铁路上得到应用。这就是现代铁路的雏形，逐渐成为现代铁路轮轨的标准形式。

早在 16 世纪，大航海时代开拓了地球版图，形成了许多海上跨洲贸易交通。欧洲商品的进出口逐渐频繁，对商品的需

图 1.4　威廉·杰索普

图1.5 托马斯·纽科门和纽科门蒸汽机

图1.6 瓦特和他改良的蒸汽机

求量也大大增加,经济和工业空前发展。为满足物资流通的需求,研究如何在使用更少劳力的情况下获取更多的产品,机械化、模式化生产逐渐取代手工业,工厂数量随之爆发式增长,科学受到了社会的高度重视,各种技术发明层出不穷,蒸汽机就是在这样的需求中孕育而生。虽然蒸汽动力早在希腊化时代的埃及就已经为人们所知道,但是真正普遍使用是在18世纪后期。1712年,第一台原始的蒸汽机由托马斯·纽科门(Thomas Newcomen)制成,并被广泛地用于从煤矿里抽水。1763年,英国格拉斯哥大学的技师詹姆斯·瓦特开始改进纽科门的蒸汽机,蒸汽机的改良和普遍使用成为工业革命开始的标志。

在蒸汽列车问世之前,铁路是以钢轨或者铁轨再加上运送小车组成,而最初的动力则来自于人或者牲畜,即使这样,这种运输方式也十分节省劳力,据说在轨道上,一个妇女或一个孩子就能拉动一辆载重四分之三吨的货车,1匹马能承担22匹马在普通的道路上所干的活。

1801年,英国的采矿工程师理查德·特里维西克(Richard Trevithick)把蒸汽机安装在运输车辆上,制造出了英国第一台四轮蒸汽汽车。随后的1804年,他又创造出世界上第一台轮轨式蒸汽列车"新城堡"号,并亲自驾驶新出厂的蒸汽机车,牵引着5节车厢,满载10吨货物和70名乘客,在梅瑟蒂德

图1.7 "新城堡"号蒸汽列车

图1.8 特里维西克和"新城堡"号

图1.9　斯蒂芬森驾驶的"旅行者"号

菲尔（Merthyr Tydfil）的一条运河旁，以3.9公里的时速跑完了16公里长的铸铁轨道。至此，世界第一列火车诞生了。

2. 铁路的繁荣

1825年9月27日，从英格兰的斯托克顿到达林顿（Stockton and Darlington Railway）的世界上第一条铁路正式通车。乔治·斯蒂芬森（George Stephenson）亲自驾驶着他为这条铁路制造的火车头"旅行者"号（Active），拉着12节货车和22节客车，分别装载50吨煤炭和450多名乘客，以24公里/小时的速度从达林顿驶到斯托克顿，接着又从斯托克顿拉着煤炭和乘客，返回了达林顿。这一事件在当时引起了巨大的轰动，蒸汽机车开始颠覆在人们心中的形象，显示出强大的威力。显然，铁路远比公路运输和河海运输更为安全、方便，成本也更低。因此在之后短短几年里铁路就支配了客流和物资的长途运输，直至今天依然是交通运输的主力。1832年，英国已拥有24条商用铁路，铁路技术在英国普遍运用，并逐渐向全世界发展。

虽然蒸汽机的历史功绩巨大，但是蒸汽机并不是理想的动

图1.10　早期的蒸汽机车

图1.11　早期的内燃机车

力机械。蒸汽机是外燃机,它的燃烧过程是在汽缸外完成的,煤炭等燃料燃烧加热锅炉内的水产生水蒸气,再将水蒸气导入汽缸推动活塞运动。也就是说燃料不是直接在汽缸内燃烧而产生动力,这样会损失很多热量,能量利用效率极低。当时蒸汽机的热效率一般低于10%。采用蒸汽机运输的煤,有相当数量是被机车烧掉的,除此之外蒸汽机火车每行驶80～100公里就要加水,行驶200～300公里就要加煤,行驶5 000～7 000公里还要清洗锅炉。它在行驶中要排放黑烟,污染环境,尤其是在过隧道时,浓烟难以散去,影响旅客和铁路工人的健康。因此蒸汽机作为交通运输工具的动力输出机器并不理想。

工业革命催生了各种学科的飞速发展,其中19世纪自然科学三大发现之一:能量守恒及转化定律,为发明新的动力机器作出很大贡献。内燃机就是在相关各种理论的指导下被发明出来的。内燃机与蒸汽机(外燃机)不同的是,燃烧过程直接在发动机汽缸内进行,热量转换效率大大提高。但是内燃机对燃料的要求很高,既不能产生沉积物,还要能快速燃烧。最早出现的内燃机是使用煤气,后来随着人类对石油了解的深入,内燃机的燃料逐渐变成汽油、煤油。内燃机的发明,在动力上无疑是一次大飞跃。如果把蒸汽机的发明认为是第一次动力革命,那么内燃机的问世,当之无愧是第二次动力革命。很快内燃机的用途和性能大大超过了蒸汽机,逐步取代了蒸汽机的地位,并被应用到机车上,在相当长一段时间内主导世界铁路的发展。

二、火车站的诞生与成长

1. 应运而生的车站

实际上铁路车站就是人与轨道、列车连接、互通的一个节点,早期的铁路源于物资的输送,几乎没有人员运输,所谓的"车站"实际上就是一个列车的停靠补给点,后来才逐渐成为

图 1.12　利物浦—曼彻斯特皇冠街车站

一个可以遮蔽风雨进行乘降活动的场所。因此可以说车站建筑是伴随着铁路线的形成而出现的产物。由于当时的火车以燃煤为动力，蒸汽机又需要不断地补足燃料和水，以及机车维修等需要，所以铁路沿途出现了补给设施。又因为火车速度慢、噪声大、污染严重，与城市生活格格不入，所有早期的火车站通常设在城市的郊外，站房建筑设施也较为简陋且以服务铁路机车的用房为主，候车场所只作为辅助部分出现，一般只在站台和轨道上方覆盖一个简单的桁架屋顶形成候车空间。

然而随着工业革命的发展以及欧美各国资本的竞相扩张，19世纪欧美各国掀起了一场铁路建设的大热潮，随之，车站建设也日臻成熟，逐渐发展成由站房、站台和广场空间组成的一种建筑类型。它们以大跨度钢结构覆盖站台、轨道形成的空间和华丽的候车大厅为主体。这一时期出现了一批反映当时建

高铁车站

筑风格的火车站。从尽显奢华的巴洛克古典主义到实用主义,它们往往规模宏伟,追求纪念性,不仅是整个铁路公司展示和推广成就的招牌,也是一座城市财富的象征和标志。因此当时的火车站建筑被人们称为是摩登时代最美丽的殿堂。

虽然位于斯托克顿和达林顿之间的货运铁路,是世界上第一条商营铁路,但由于它是用来运输货物的线路,所以并没有正式的火车站。第一个真正的铁路车站应该是为1830年开通的英格兰利物浦至曼彻斯特铁路(Liverpool and Manchester Railway)而建的。今天在曼彻斯特,车站被保留下来并作为科学与工业博物馆(MOSI)开放。在曼彻斯特,另一座曾经是英格兰西北部运输枢纽的中央车站也被保留至今,这座19世纪典型的维多利亚式车站建筑以砖与铸铁为主要材料,长169米,单拱跨度达64米,主站厅高27米,是建筑工程史上的杰作之一,也是曼彻斯特的地标性建筑,同时也见证了早期铁路的繁荣。

纵观欧洲约200年的火车站发展史,大致可以分为三个主要阶段。第一阶段是19世纪到20世纪50年代,这一时期是铁路发展的黄金时代,欧洲各大城市出现大量新建铁路系统和火车站,开启了新的交通方式。第二阶段是第二次世

图1.13 科学与工业博物馆(MOSI)

> 第一章　世界铁路回望

图1.14　曼彻斯特火车站

界大战后的20世纪50年代到90年代，是铁路发展减速阶段，汽车工业的崛起使得铁路出行的交通方式受到影响，汽车代替铁路的趋势在现在的美国仍旧普遍存在。第三个阶段是从20世纪90年代至今，是火车站的复兴时代，它作为后工业时代城市的中心交通枢纽重新被引起重视，并肩负起更多的城市功能。

2. 经典车站速写

欧洲是世界铁路的发祥地，众多的历史车站像一面镜子，映射出人类文明智慧、社会科技的进程，记录了曾经的成就和兴衰。

工业革命对人类的历史进程的推进产生了巨大的作用，铁路发展也使欧洲的城市化进程得以大大加速。伴随工业革命的发展，19世纪的火车站也成为人类建筑史上的神话。一大批经典的铁路车站纷纷涌现，并成为城市生活不可或缺的组成部分。那些巨大的钢结构大拱下的车场站台、华丽的古典风格装修下的候车大厅、标志性的车站豪华大钟，无一不叙说着当年火车站建筑的辉煌。有些车站至今闻名于世，如：米兰中央火车站、

高铁车站

米兰中央火车站

巴黎北站

马德里阿托查火车站

赫尔辛基中央火车站

图 1.15 欧洲经典火车站组图

图1.16 伦敦国王十字火车站

巴黎北站、马德里阿托查火车站、赫尔辛基中央火车站、伦敦国王十字火车站、伦敦圣潘克拉斯国际火车站、比利时安特卫普火车站，以及有着当时"世界最繁忙火车站"之称的纽约中央火车站等等。

伦敦的国王十字火车站

众所周知的系列电影《哈利·波特》中的火车站取景地就是位于伦敦的"国王十字火车站"。"霍格沃茨特快列车的始发站""九又四分之三站台"这些标签经常会吸引哈利·波特迷们驻足拍照或者模仿剧中角色试图推行李穿墙，从而造成站台拥挤。

图1.17 "九又四分之三"站台

国王十字火车站经历了数次改扩建，最近的一次也是规模最大的一次是为迎接2012年伦敦奥运会而进行的改造设计，令人瞩目的是车站西侧的半圆拱形大厅，这个高约20米，跨度约150米，如同"跳动心脏"的大厅覆盖了原有站房的整个西立面。新建大厅的南端地面层和北端夹层增设了车站的新入口。从入口中央地面向上伸展出的漏斗状白色钢网架向四周辐射至边沿的16根树状钢柱，覆盖在约7 500平方米的大厅屋面上，使国王十字火车站成为欧洲单体跨度最大的车站建筑。这种新与旧的并置使这座古老的火车站重现生机，

图1.18 半圆拱形大厅

图1.19 伦敦国王十字火车站鸟瞰

高铁车站

图1.20 圣潘克拉斯国际火车站

图1.21 约翰·贝杰曼铜像

图1.22 "约会之地"雕塑

成为一座超级现代化的交通枢纽。

圣潘克拉斯国际车站

紧邻国王十字火车站的圣潘克拉斯国际车站（St Pancras International）似乎没那么幸运，它当年差点遭到被拆毁的厄运。这是位于伦敦圣潘克拉斯地区的一座大型铁路车站，大约建造于1868年，车站拥有两座典型的维多利亚哥特式建筑，车站的主车场则是当时欧洲最大的单跨建筑之一。20世纪60年代，城市功能的更替使老旧的圣潘克拉斯火车站显得不入时且有些多余，一度面临被关闭的命运。这个议案引来了以当时的英国桂冠诗人约翰·贝杰曼（John Betjeman）为首的人们的强烈反对，车站被勉强保留下来。直到2000年左右，这座车站才开始被修缮、扩建，更名为"圣潘克拉斯国际火车站"，并作为"欧洲之星"在英国的终点站。这次成功的改造，完好地保留了车站的使用功能，恢复了旧时的样式，增添了新的服务设施。站内还设置了一座约翰·贝杰曼的铜像，以纪念他为保留这座优秀历史建筑而做出的贡献。同时又摆放了一座名为"约会之地"的巨大雕塑，以重新唤起人们旅行中的浪漫情怀。

图 1.23　安特卫普火车站外景　　图 1.24　安特卫普火车站中央大厅

图 1.25　安特卫普火车站站台空间　　图 1.26　安特卫普火车站站台侧站房立面

比利时安特卫普火车站

安特卫普火车站由比利时国王利奥波德二世不惜重金于 1895 年到 1905 年兴造，建成之初曾一度因过于奢华而遭到非议，但如今这座火车站却成了安特卫普的重要标志之一。2009 年，美国《新闻周刊》将安特卫普火车站列为世界上第四美丽的火车站。2014 年，著名的新闻网 Mashable 将这座火车站评为全球最具吸引力的 12 座车站之首。

这个享有"铁路大教堂"美誉的车站，主体建筑属于巴洛克风格，正中央 75 米高的穹顶，搭配两侧的小穹顶，高低错落，精致恢宏。步入车站中央大厅，高耸的穹顶、花瓣状扇形的窗户、古老的壁钟，处处都传递着一种皇家贵族的气息。站台空间则由透着工业革命气息的红色钢结构拱顶和透明的玻璃构成，细节上处处体现着新艺术运动的装饰风格，光线投射进来，明亮柔和，让人仿佛置身于一座艺术馆。如果不是火车的笛声，你或许感受不到这是一座人来人往的火车站，来到这里，或许你既不想匆匆启程，也不愿匆匆告别，只想静静地坐在某个角落，感受这座车站的辉煌。

高铁车站

图1.27 不同历史时期的纽约中央火车站

图1.28 纽约中央火车站剖透视

纽约中央火车站

美国纽约中央火车站是世界上最大、最繁忙的车站之一。它拥有44座站台和地下两层铁路站场，地下一层有41条股道，地下二层有26条股道，同时它还是纽约铁路与地铁的交通枢纽。这座始建于1903年，1913年正式启用的火车站是由美国铁路之王范德比尔特家族（Cornelius Vanderbilt）出资建造的，现如今它已是纽约著名的地标性建筑，同时也是一座巨大的公共艺术馆。车站外部建筑造型沿用当时风行

图1.29　纽约中央火车站中央大厅

的布扎（Beaux-Arts）学院式风格，巨大的拱门、纪念性的壁柱、正面顶端希腊式的雕塑，都述说着这座车站技术的宏伟和艺术的璀璨。车站内部的候车大厅长115米，宽37米，高38米，建成时几乎成为当时世界最大的公共空间，甚至比巴黎圣母院的中庭还大。大厅里的楼梯是仿照巴黎歌剧院风格设计的，当光线透过巨大的拱形窗照射在室内时，给人一种置身在歌剧院的错觉。大厅的拱顶是法国艺术家根据中世纪的一份手稿绘制出的黄道12宫图，由灯光标示出星空中2500多颗星星的位置，夜幕降临，熠熠生辉。

中央火车站还有一些为人乐道的秘密空间，除了地下密布的轨道和相关设施外，还隐藏着一个秘密通道，在某个站台可以进入这个密道直达华尔道夫酒店。据说二战期间罗斯福总统到纽约时，为躲避记者，常用此道。另外火车站还有一个吻室（The Biltmore room），在19世纪三四十年代，那些乘车远道而来的旅客下了火车之后，就

高铁车站 >

图 1.30　纽约中央火车站"吻室"

图 1.31　纽约中央火车站地下通廊

图 1.32　纽约中央火车站美食广场

图 1.33　纽约中央火车站回音廊

在此与迎接他们的至爱亲朋拥抱接吻，这也是吻室得名的原因。

经历过百年的沧桑变化，这座车站依然屹立在纽约繁华的街头，见证岁月的变迁，不知与多少人一起走过黄金时代，至今仍承载着来自世界各地的万千乘客，并被描述为"一件华贵的建筑""曼哈顿中部最重要的一部分""一个天才的工程杰作"。

火车站自诞生以来，与城市建设、建筑美学以及社会生活的亲密关系可见一斑。

> 第一章　世界铁路回望

图 1.34　巴尔的摩与俄亥俄铁路的巴尔的摩环线架空第三轨供电系统

三、高速铁路缘起

1. 机车革命

19 世纪中期的第二次工业革命，世界进入电气时代，城市轨道交通领域也迎来了电力机车。1879 年 5 月，德国西门子公司制造出一台小型电力机车，并进行公开展示。该车采用 150 伏直流发电机供电，由带电铁轨输送电流，电机功率 3 马力，3 节车厢能够装载 18 人，运行速度 7 公里/小时。两年后，西门子公司在柏林郊外建成世界第一条有轨电车线路，总长 24 公里。同时成功采用架空接触网供电取代铁轨供电，使得机车的电压和功率都大为提高。1895 年，在美国巴尔的摩—俄亥俄铁路，一段 5.6 公里长的隧道区段修建了直流电气化铁路。上线运行的电力机车重 97 吨，采用 675 伏直流电，功率为 1 070 千瓦。

图 1.35　巴尔的摩与俄亥俄铁路的电力机车

17

高铁车站

图1.36　西门子公司研制的三相交流电力动车组

1901年，德国西门子—哈尔斯克电机公司制造的电力机车，在柏林附近的曼菲尔德—措森线上，创造了时速162公里的世界纪录。1903年10月，西门子公司研制的三相交流电力动车组，在同一线路上，破纪录地达到时速210公里。

与烧煤的蒸汽机和烧汽油的内燃机相比，电力牵引机车充分显现出现代科技的优点。电力牵引机车的动力来源于电网输送的电力，和蒸汽机与内燃机截然不同，电力供应不需要在机车上摆放燃烧燃料的容器，也没有发动机容量的限制，电力可以让机车变得速度更快、载重更大。电力的来源十分丰富，除了燃烧煤、石油发电以外，还可以使用太阳、核能、水力、风、地热等方式发电。轻污染、环保节能，使用电力牵引机车成为大势所趋，不仅因为改变了能量使用方式，也改变了社会需求和经济结构，更改变了人类社会的发展轨迹。可以说铁路电气化为其后高速铁路的出现奠定了基础。

从蒸汽机发明到电力机车牵引，科技生产力为铁路的再发展打下了扎实的基础。20世纪60年代，面临全球能源危机、环境恶化、交通安全等问题的困扰，人们重新认识到铁路的价值，发达国家开始研究火车提速的可行性，高速铁路以其速度快、运能大、能耗低、轻污染等一系列的技术优势，适应了现代社会经济发展的新需求。

2. 高铁面世

1964年10月，全长515.4公里的日本东海道新干线东京至大阪高速铁路以210公里/小时开通运行。随后1981年9月法国高速铁路（LGV）东南线部分通车，1983年9月全线建成通车。LGV东南线列车最高运行时速260公里，比日本新干线更快。巴黎—里昂间的旅行时间由原来的近4小时缩短到2小时。LGV东南线通车后，客运量迅速增长，并在之后的短短几个月就超越了法国航空，拥有了这条线上最大的客源，取得良好的经济效益。高速铁路的营运再一次显示出

图 1.37　日本新干线

图 1.38　欧洲之星

铁路旺盛的生命力，由于它具有卓越的经济效益和社会效益，所以欧洲、北美洲和亚洲等许多国家和地区纷纷兴建、改建或规划修建高速铁路。1994 年，一条连接英、法、比、荷的高速铁路—欧洲之星开始运营。2007 年欧洲之星的英法海峡隧道连接的第二阶段工程完工，欧洲之星最高时速达 300 公里，至此从伦敦到巴黎和布鲁塞尔的时间分别缩减至 2 小时 15 分钟和 1 小时 51 分钟。

高速铁路在中国的起源可以追溯至 20 世纪 70 年代。1978 年 10 月，时任中共中央副主席兼国务院副总理的邓小平访问日本，在日方安排下乘坐东海道新干线由东京赴京都，途中表示了对高铁速度的赞赏。当时，中国铁路总里程约为 5 万余公里，没有高铁线路，最高运行速度 120 公里/小时，而邓小平当时乘坐的新干线"光–81"号超特快列车的最高速度为 210 公里/小时，差距很大。自此以后，随着"深化改革"和"四化"建设的开展，中国修建高速铁路已势在必行，在 20 世纪 90 年代初，中国开始着手研究、规划高铁建设。之后的三十多年间中国高铁开启了从无到有、从量变到质变、从有再到强的发展模式。

从 1998 年到 2007 年的十年间，中国铁路实施完成了 6

高铁车站 >

图1.39 2008年京津城际第一列高铁驶出北京南站

次提速，快速铁路运营里程达6 000余公里，全面采用国产化动车组营运，繁忙干线提速区段达到时速200公里，部分甚至还达到250公里，这是当时世界铁路既有线提速的最高值。

2008年，中国新建的高速铁路陆续开通，京津城际铁路以350公里/小时的速度通车营运，高速铁路建设实现了零的突破；

2009年12月9日，京广高铁的武广段试运行成功，最高运营速度达到350公里/小时，武汉至广州的旅途时间由原来的约11小时缩短到3小时左右，武广高铁成为当时世界上运营速度最快、密度最大的高速铁路；

2010年2月6日，世界首条修建在湿陷性黄土地区、连接中国中部和西部时速350公里的郑西高铁开通运营；

2012年12月1日，世界上第一条地处高寒地区的高铁线路——哈大高铁正式通车运营。

时至今日，中国已建成了世界最发达的高速铁路网，覆盖了中国大部分地区，铁路营运里程已达2.5万公里，其中运营时速可达300公里的线路超1万公里，高铁总里程占世界高铁总量的66.3%，高铁累计发送旅客突破70亿人次，发送总量接近全球人口。铁路提速大大提高了运输的效率，也改变了传统火车站的形式和服务旅客流程的空间格局。

多年来，无论铁路、机车设计还是车站建设，中国高铁的自主创新能力，在核心技术、成套建造、产业制造、运维服务、人才支撑等多方面占据优势，总体技术水平迈入了世界先进行列。高速铁路为中国"高端制造"注入了含金量，并成为中国"一带一路"倡议、"京津冀协同发展""长江经济带发展""四大板块"发展战略的先行官。

【知识链接】

布扎（Beaux-Arts）学院式：由巴黎美术学院教授的学院派新古典主义建筑晚期流派。它是一种混合型的建筑艺术形式，主要流行于19世纪末和20世纪初。其特点是参考了古代罗马、希腊的建筑风格，强调建筑的宏伟、对称、秩序性，多用于大型纪念性建筑。

巴尔的摩环线：由巴尔的摩与俄亥俄铁路建筑于19世纪90年代，连接该铁路位于巴尔的摩的旧有路线以及通往费城方面的新线。全线包括霍华街隧道、皇家山车站，也是美国第一条电气化的干线铁路。

高速铁路：高速铁路具有国际性和时代性的含义，随时代的发展而更新。目前普遍认为最高运行速度达到或超过250公里/小时的铁路即为高速铁路。1985年5月31日联合国欧洲经济委员会在日内瓦签署了欧洲国际铁路干线协议，对高速铁路制定了共同的国际定义。规定国际重要铁路新线的最高运行速度或额定最低速度两者同义，英文分别为Maximum service speed 和 Nominal minimum speed，在专用客运线型和客货公用线型上速度分别为300公里/小时和250公里/小时。

第二章 高铁车站雏形

一、中国铁路的开端

二、最早的火车站

三、成长中的铁路车站

一、中国铁路的开端

图 2.1 魏源和《海国图志》

在中国铁路出现之前,除了早期来华的传教士将铁路以文字形式引入外,中国人自己最早介绍铁路出现在 1840 年林则徐主持编译的《四洲志》中,书中描述了美国铁路的特点、优势和用途等。接着魏源在《海国图志》中,最早以附有铁路火车的图片的形式介绍了火车。1846 年梁廷枏的《海国四说》和 1849 年徐继畬的《瀛寰志略》等书中都提到了铁路,但并没有介绍中国修建铁路的重要性。1858 年太平天国领导人洪仁玕在《资政新篇》中最先正式提出中国兴办自己铁路的必要性和计划。"倘有能造如外邦火轮车,二十一省通二十一条大陆,以为全国之脉络。当交通运输发达之时,国家定将富庶强大。"然而由于太平天国的失败,这些主张只是停留在书本上,并没有得到实施。

图 2.2 "展览"铁路

第二章　高铁车站雏形

图 2.3　西苑小铁路

鸦片战争之后，中国国门被迫打开，《南京条约》中的"五口通商"相继约定了广州、厦门、福建、宁波、上海五个城市开放为我国殖民地时期最早的通商口岸。欧美的文化与经济陆续渗透的同时，客观上也引进了新的科技，以英国商人为中心的铁路建设计划在悄悄进行。为了引起清政府和社会的注意，1865 年，英国商人在北京宣武门外铺设了一条 0.5 公里长的"展览"铁路，借以为工业落后的中国提高运输效率并推销工业产品。但这对于当时封闭的中国并不受用，于是这一事件好景不长，以"见者诧骇"等奇怪的原因，清政府将其拆毁，之后却又将铁路（西苑小铁路）建至宫廷内园以供皇室玩赏。虽然这件铁路"展品"还不能算作真正意义上的铁路，但却敲开了中国铁路建设之门。

1. 吴淞铁路——淞沪铁路

历史上曾有过中国第一条铁路的南北之争。从时间上推算，中国第一条铁路应当是 1876 年 7 月 3 日正式通车并投入营运的吴淞铁路，后人加上"营运"两字，以区别之前的"展

图 2.4　吴淞铁路

高铁车站

图 2.5 《点石斋画报》刊登的淞沪铁路通车画面

览铁路"。铁路由当时上海英商怡和洋行自行组织的"吴淞道路公司"出资兴建。从 1872 年开始筹备,背着清政府于 1876 年 1 月才开始着手修建一条从吴淞到上海的营运铁路,时称"寻常马路",全长 14.53 公里,时速 24 公里,同年 6 月 30 日,上海江湾段建成通车。吴淞铁路从 1876 年营运至 1877 年,虽短短不到一年,但曾有过短暂的风光,铁路每日往返 6 次,总运送乘客 161 331 人次,创下了当时中国交通运输的最高纪录。但铁路属于英国人在华土地上的擅自修建,终究还是被迫停运,最终清政府出银 28.5 万两赎回这条铁路的权属,并于 1877 年 10 月予以拆除。直到 21 年后,中国政府才完全依靠自己的财力,在原来吴淞铁路的位置上,建造了后来的淞沪铁路。

之后铁路渐渐进入了中国,历史上著名的唐山至胥各庄铁路于 1881 年由中国人自主开始修建,这是真正成功修建并保存下来实际应用的第一条铁路线,也从此揭开了中国自主修建铁路的序幕。

2. 唐胥铁路

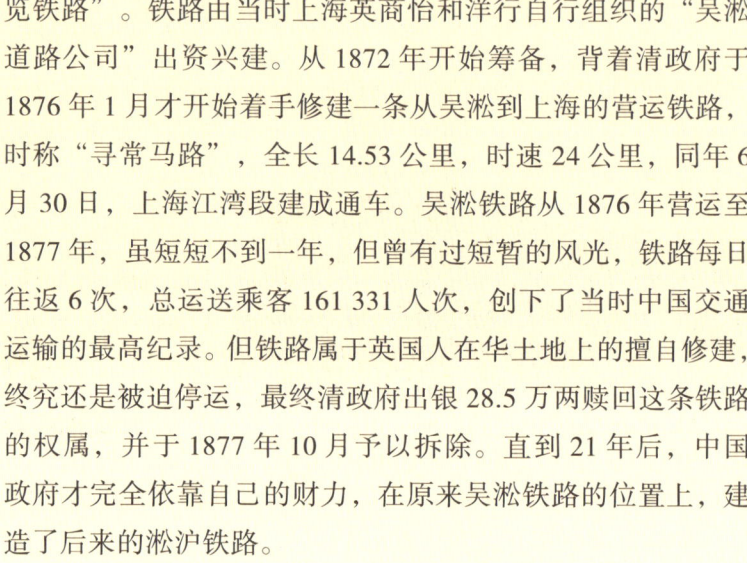

图 2.6 1881 年开平矿务局修建的中国第一条准轨铁路——唐胥铁路通车后,清直隶总督李鸿章率幕僚乘车视察

图 2.7 电影《让子弹飞》中马拉火车的场景

中国自主修建的唐胥铁路,是太平天国运动失败后"洋务运动"的成果,也是中国第一条标准轨距的铁路。1877 年李鸿章组织"开平煤矿公司",为了运输煤炭,1881 年初在唐山和胥各庄间开始修建铁路,同年 6 月铺轨,11 月 8 日通车。从唐山矿井到胥各庄,该条铁路全长仅 9.7 公里,1886 年"开平铁路公司"设立,这是中国自办的第一个铁路机构,该公司收购了唐胥铁路,并在 1887 年将唐胥铁路延展到芦台,称唐芦铁路。同年,"开平铁路公司"改组扩大为"中国铁路公司"。1888 年,唐芦铁路延展至天津,全长 130 公里,命名为"津唐铁路"。

唐胥铁路的修建也经历了太多的坎坷,甚至一度被中断使用铁路机车而改在铁轨上用马拉货车,理由是因为担心机车像一个怪物,它的轰鸣声会惊扰了土地爷。尽管过程有些滑稽可笑，但唐胥铁路的建成完全证明了中国人建造铁路的实力，也因此被后人誉为"中国铁路的里程碑"，以此纪念中国铁路的起点。

3. 京张铁路

京张铁路连接北京丰台区，经八达岭、居庸关、沙城、宣化等地至河北张家口，全长约200公里，1905年9月开工修建，1909年建成。它是完全由中国铁路技术人员修建的第一条干线铁路，是铁路技术中国本土化的集中体现，是近代铁路技术移植中国过程中的重要案例。在引入西方铁路技术的同时，中国铁路的技术人才队伍也在积极地储备。

1872年，清政府首派幼童到美国学习西方科技。1881年，分4批将派出的幼童全部召回服务于国家建设。詹天佑就是其中之一。詹天佑12岁留学美国，1878年在耶鲁大学土木工程系主修铁路工程，系统地学习了西方铁路技术，成为中国掌握铁路修建技术的第一人，并因主持建设京张铁路被称为"中国铁路之父"。

1888年，为缓解津唐铁路技术人员严重短缺问题，李鸿章在天津北洋武备学堂开办了中国历史上第一个铁路班，专门培养铁路技术人才。1903年前后，各地以不同的形式开办了一批铁路学堂，在一定程度上培育了中国铁路建设的技术人才队伍。

京张铁路委任赴美学成归来的詹天佑为总工程师，并招纳了国内培养的本土铁路技术人员，组成了中国第一支铁路建设队伍。这个团队历尽艰难，在当时条件下的出色表现，表明铁路铺设技术完全被中国人掌握。在铁路修建过程中，一些基本的土石木方，都可以因地制宜解决，但一些工业化程度较强的原料如水泥、枕木还需要从国外进口，尤其是一些测量器材和机车，需要直接从外国购置。在修建过程中，开凿隧道架设桥梁等技术都结合实地情况完成，实现了铁路

图2.8　詹天佑画像

图2.9　中国铁路原点

图2.10　京张铁路建成之际，詹天佑与主要工程技术人员合影

高铁车站 >

图 2.11 京张铁路青龙桥段"人"形铁路

> 第二章　高铁车站雏形

图 2.12　京张铁路修成时修路人员在验道专车前的合影。左侧为工程技术人员，右侧为铁路工人

图 2.13　张家口车站建成典礼

图 2.14　西直门过车道口

29

高铁车站

图 2.15　宣化府车站

图 2.16　张家口车站

图 2.17　沙河车站

图 2.18　三家店车站

图 2.19　青龙桥车站

图 2.20　门头沟车站

铺设技术的本土化。从京张铁路的修建过程可以看出，洋务运动为近代中国的铁路人才储备提供了必要的准备。由于铁路建设是一项重大且系统性强的工程，完全移植需要多种社会因素保障，并且技术输入国的状况也决定了技术引进的程度，因此近代铁路技术首先以实体形式进入中国，其后才为国人学习、掌握相关知识。近代中国工业极其薄弱，抑制了近代铁路技术向中国的全面移植，如当时的轨道铺设技术完全被移植，但机车制造技术却由于工业化进程所限基本空白，近代铁路技术未能被整体掌握。

与1905年之前中国修建的铁路相比，京张铁路在技术移植方面迈出了坚实的一步，为之后自主建设中国铁路开创了道路。但限于中国当时工业化程度及其他社会因素的影响，铁路技术完全移植中国经历了一个漫长的过程，直到20世纪下半叶中国才全面掌握了铁路修建技术。

> 第二章　高铁车站雏形

图 2.21　淞沪铁路上的上海火车站

二、最早的火车站

近代中国铁路车站发展演变轨迹同西方国家相似，中国早期的铁路车站亦非常简陋，从时序上看，最早的铁路车站应该是在 1876 年与上海吴淞铁路同步开通的一些车站，但可惜没有确切的记载。同样，与唐胥铁路同步建造的车站资料也已缺失。而有图为证的中国最早火车站是 1898 年在上海吴淞铁路基础上修建开通的淞沪铁路的江湾、吴淞等多个车站。

1. 上海火轮车房

据史料记载，1876 年，上海吴淞铁路时期的车站设备简陋，仅铺设错车及调车的股道。站房为木屋两间，一为票房，一为行李房、值班室。单侧式月台（现称为站台），长约 50 米。当时上海至吴淞每日发车 6 对，每列挂客车 6～9 辆，

图 2.22　淞沪铁路上的蕰藻浜火车站

31

高铁车站 >

图 2.23　淞沪铁路吴淞站

图 2.24　淞沪铁路江湾站

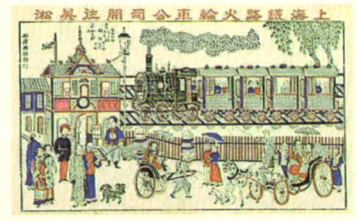

图 2.25　《上海铁路火轮车公司开往吴淞》招贴画

全程行驶 35 分钟，客车坐席分为三等，全年通车 299 天，营运期间共载客 16 万多人次，日均 540 多人次，营业收入每英里（1.6 公里）获利 27 英镑。

而从一张近代的招贴画《上海铁路火轮车公司开往吴淞》中可以发现，中国早期的铁路站房也许并不从一开始就被称为火车站，上海最早的火车站当时叫作"上海火轮车房"，铁路公司也称为"火轮车公司"。并且在这些招贴画上面注有"今日礼拜。上午八点、十一点半钟，下午二、四、六点钟，开往巴塘、江湾、吴淞"字样。可见，这还是一张中国最早的火车时刻表。画面上的上海江湾站为西洋建筑风格，一个蒸汽机车拖着四节包厢正驶入车站。这台机车应为1874年英国制造的"先导"号，也是运行于中国大地上的第一台蒸汽机车。

上海火轮车房的出现，成为后期火车站的雏形。开启了上海火车站建设的先河，在之后近150年的漫长岁月中，使上海始终处在中国铁路站房建设发展的潮头。

图 2.26 上海北站室内售票厅

图 2.27 1909年建成的沪宁铁路上海站，1916年更名为上海北站，1950年更名为上海站，2004年按1:1.25比例原址复建，现为上海铁路博物馆

图 2.28 长宁站，20世纪末建设上海轨道交通3号线时被拆除

图 2.29 1908年建成的上海南站

图 2.30 上海北站（1932年毁于日军炮火，1933年修复）

高铁车站

图 2.31　唐山站站台侧立面局部

图 2.32　唐山站站台侧立面

图 2.33　唐山站旅客天桥

图 2.34　唐山站存留下来的钢结构天桥

2. 唐山站

1882年唐胥铁路开通，最初主要承担了煤炭运输业务，只设置了简陋的站棚，到1886年在矿山西北侧建起了正式的站房，当时的唐山站是一座典型英式风格的两层黄色楼房，形似城堡，又如皇冠。墙壁厚重，门窗高挑，屋顶和墙线均有雕饰，涂墨绿色墙围，石头外墙则充满了欧式古典雕饰。在进站的一侧，延出的雨棚结构呈方形，正面开三个拱形大门，非常通透，四面由厚重的墙壁石柱支撑，浑然大气。

如今这一切只能存留在照片中。1976年，车站大厅在地震中被毁，只留存下来了建于1922年的钢结构旅客天桥。1983年重建后，车站变成了一座棱角分明的混凝土建筑。10年后的1993年，唐山又在异地兴建新火车站，新站更名为唐山西站，这座老站成为唐山南站。唐山站的历史变故，是中国早期火车站建设的一个缩影，记录了中国铁路的变迁和曾经走过的风风雨雨。

图 2.35　碧色寨站组图

3. 碧色寨站

另一座早期的火车站是碧色寨站，它位于云南省蒙自市草坝镇碧色寨村，因出现在 2017 年的电影《芳华》的场景之中，而再次进入人们的视线。它是中国第一座与国外铁路接轨联运的火车站，目前为国家级文物保护单位，也是我国保留下来为数不多的最早期火车站之一。

1903 年法国通过《中法会订滇越铁路章程》攫取了滇越铁路的修筑权和通车管理权，同年滇越铁路开工修建，1909 年通车至碧色寨，历时 7 年，1910 年滇越铁路全线通车。碧色寨站原名壁虱寨站，它是法式两层砖木结构建筑，红瓦黄墙，高 11.5 米，面阔五间 25.5 米，进深 10.2 米，站台面阔 25 米，进深 4 米，现为四等车站，属于昆河线站房。

现如今这座经历了百年风雨的边陲小站，仍在它那老旧的、绿色机械时钟的嘀嗒声中，在夕阳的余晖下述说着它斑斓的历史故事。

高铁车站 >

图 2.36　20 世纪 40 年代上海站室内茶室

三、成长中的铁路车站

随着中国国门的开放，一些重要城市的交通基础设施建设有了很大的发展，同时铁路车站的规模和功能相应提升，越来越多的铁路线和车站相继建成，站房一改以往的简陋，建设标准逐步得以成形和完善，并在当代的技术发展条件下走向成熟。车站从满足最基本的旅客乘降、物资运输功能，进而成为城市的地标和形象的代言，若干城市活动和不同的功能开始渗透其中：咖啡吧、零售铺、新闻报亭、小憩客栈等也在车站的扩大功能中占据了一席之地，客流的集聚使火车站地区日臻繁华，甚至一些重要城市的车站建成后名扬亚洲和远东地区。由此，车站渐渐从城市的边缘过渡为地区的中心，成为一座城市的门户、一个区域的地标，尤其在建成初期几乎成为这个城市的象征和骄傲。

1. 殖民文化的印记

由于近代中国国力的衰弱、经济技术落后以及战乱，导致这一时期的车站建筑在经济上、技术上对发达国家的完全依赖，并在文化与传统上处于被动的地位。1900 年前后，随着中国铁路建设高潮的开始，中国近代铁路车站建筑也迎来了它的建设热潮。这段时期各国殖民者往往以铁路作为开发中国内地市场和进一步控制周边经济的手段，竞相争夺中国铁路的修筑权。火车站开始作为殖民者在其利益区内的门户和标志而日益受到重视。这一时期的站房大多由各国势力委任本国的建筑师设计，因此站房的形式普遍采用运营国的流行式样，从平面布局到外部造型，都直接或者间接采用西方国家的既有模式，车站站房建筑几乎成为殖民建筑文化的展示舞台。这一时期也出现了许多特征鲜明的铁路站房，例如典型英式风格的北京马家堡火车站（1896 年，英建），中古建筑风格的津浦铁路天津西站（1902 年，德建），折

图 2.37　北京马家堡火车站

图 2.38　津浦铁路天津西站

图 2.39　长春火车站

图 2.40　武汉大智门火车站

图 2.41　杭州城站

图 2.42　旅顺火车站

中主义风格的长春火车站（1913，日建）、新古典主义风格的京汉铁路武汉大智门火车站（1903年，法建），折中主义风格的杭州城站（1910年，中建）、南满铁路旅顺火车站（1903年，俄建），新艺术风格的中东铁路哈尔滨火车站（1903年，俄建）、京奉铁路北京正阳门火车站（1906年，英建）以及津浦铁路济南火车站（1911年，德建）等，这些车站建筑造型精美，设计风格均与当时各国的文化审美有着密切的联系。

哈尔滨火车站

哈尔滨老火车站旧址位于哈尔滨市南岗区铁路街1号，始建于光绪二十五年（1899）10月，原名松花江站，俗称秦家岗站。清光绪二十九年（1903）6月，中东铁路全线正式通车运营，改称其为哈尔滨站。当时使用面积2 100平方米。1926年曾进行扩建，面积增至3 149平方米。中东铁路初建时，沿途火车站严格地按五个等级建造，哈尔滨老火车站是中东铁路上唯一的一等大站。1934年，拉滨铁路与滨北铁路接轨，哈尔滨老火车站成为5条铁路干线的交汇点，是全国乃至中东铁路的重要枢纽。

哈尔滨火车站的建筑外形有着典型的"新艺术运动"风格，站房设计是由当时修建中东铁路的俄国总工程师完成的。作为中东铁路线的重要枢纽，火车站站房呈现了当时俄罗斯盛行的建筑风韵，成为展示其文化与科技进步的舞台。建筑整体以优美而柔和的曲线构图，门窗、墙墩、铸铁装饰、屋檐女儿墙等，宛如一曲乐章，流畅、跳跃、旋转，以强烈的节奏为这座城市所深深记忆。这种装饰风格日后又广为其他建筑效仿，成为哈尔滨城市的重要标志之一。新中国成立后，为了适应城市的发展，哈尔滨老火车站于1960年被拆除，随后又进行了多次的改造和扩建。今天哈尔滨站通了高铁，新建成车站按比例放大重塑，复原了旧时的造型，以此纪念历史的往昔。

图2.43　哈尔滨老火车站

> 高铁车站

图 2.44　哈尔滨站

图 2.45　哈尔滨站站台

北京正阳门火车站

1906年，京奉铁路正阳门火车站正式竣工启用。由于关内外铁路管理和工程技术设计为英国人把持，所以车站被设计成欧式建筑风格。站房大楼外立面由灰、红两色砖块砌成，其间夹白色石条，正中巨大拱顶高悬，拱脚处镶嵌大块云龙砖刻雕饰，南侧穹顶钟楼耸立，四面大钟遥相呼应，为人们准确报时。充满异国情调的站舍，与周边的古老建筑和城墙形成中西建筑风格的鲜明对照。站房建筑面积3 500平方米，站台3座，长度各约377米，其中2座有风雨棚。7

第二章 高铁车站雏形

图 2.46 北京正阳门火车站

图 2.47 北京正阳门火车站鸟瞰

41

高铁车站

图 2.48 中国铁路博物馆

条尽端式到发线,北侧沿城墙、南侧沿护城河向东延伸出站。候车室设在车站西端大楼内,并专设一、二等车票旅客的候车室。问讯处、客票房、行李房,以及电话、电报等服务设施分设其中。候车空间总面积达 1 500 平方米,是当时中国最大的一座火车站,并且由于国内数条铁路干线在此交汇,它也是当时中国最大的铁路交通枢纽。

正阳门火车站自诞生之日起,便默默地站在这里,注视着北京,见证着中国近代史上无数个历史事件的发生:1912 年孙中山北上,袁世凯在这里主持欢迎仪式;1924 年冯玉祥发动北京政变,在这里安营扎寨。直至 1959 年 9 月 15 日,新北

图 2.49　济南火车站

京站开通运营,正阳门火车站才结束自己作为车站的使命,成为北京铁路职工俱乐部和铁路售票处,1993 年 7 月北京铁路局对正阳门火车站进行修复,改建成为中国铁路博物馆。

济南火车站

津浦铁路济南火车站是一座经典的近代火车站,由德国著名建筑师赫尔曼·菲舍尔(Hermann Fischer)设计。车站建筑由东西两楼和中间的钟楼组成,主体形式呈现德国日耳曼式建筑风格。西楼较大的空间为候车、售票和办公用房;东楼为辅助用房,原为邮政局,后改为货运用房。建筑墙体为砖石结构,楼板、楼盖则为木结构。整座建筑呈不对称布局,立面造型组合主次分明、富于变化,并不刻意强调高度和垂直感,整个建筑群高低错落、温润敦实,给旅行者平稳而踏实之感。西侧宽大石阶之上是售票厅,墙上开有宽大的半圆形拱券,高度达 10 米,非常突出。建筑最具特点的是拔地而起、镶嵌在东西两楼之间的钟塔。钟塔地下 1 层、地面 8 层,高达 32 米,绿瓦穹顶,体现了欧洲中世纪宗教建筑的特征。

图 2.50　济南火车站售票厅拱券

高铁车站 >

车站造型又有着古希腊柱式的特点，时钟上方波浪形的装饰带有爱奥尼柱式的特色，下面的小柱子简朴流畅，是古希腊最早使用的多立克柱式。这种建筑细部语言的混合表达，和谐地统一在整个车站建筑之中。1948年，为满足日渐增加的客货运业务量，原站房西侧进出口的位置上建起了两层楼的候车厅，面积达到约4 000平方米，在当时几乎遍地是平房的济南引起了相当大的轰动。新候车厅的服务设施比较完善，一楼候车区检票后可直接由站台上车，二楼候车区则通过天桥进站上车。

随着社会经济的快速发展，济南火车站经过不断改扩建但仍然满足不了日益增长的运输需要。1989年，对济南火车站是进行保留改造，还是彻底拆除新建车站，人们展开了激烈的争论。最终，于1992年7月1日，济南火车站老站房被拆除，成为历史的遗憾。

2. 民族形式的嫁接

早在20世纪初，建筑中西结合的"新古典主义"或者说"中国形式"就由在中国工作的外国建筑师开创而来，但对于在此期间陆续回国的在国外学习建筑的中国留学生（以梁思成、杨廷宝、吕彦直等为代表的中国第一代建筑师）而言，并不认同这种所谓的"中国形式"。梁思成先生这样评论："中国文化曾在西方出过健旺的风头，于是在中国的外国建筑师，也随了那时髦的潮流，将中国建筑固有的许多式样，加到他们新盖的房子上去，其中尤以教会建筑多取此式，如北平协和医院，燕京大学等。……设计的优劣不等……他们均注重外形的模仿，而不顾中外结构之异同之处……"（《华夏意匠》）与此同时，国民政府在1927年定都南京后，一扫清政府、北洋政府时期笼罩全国的崇洋心态和全盘西化、彻底毁弃国故的做法，提倡"中国本位"民族本位，在建筑中倡导"中国固有之形式"，并且出资建造了一批民族形式的官方建筑，

图 2.51　南京中山陵

图 2.52　广州中山纪念堂

图 2.53　西安火车站

图 2.54　沈阳北站

因而在1927年至1937年的十年间，催生了中国建筑师群体对于民族形式建筑的探索热潮。其中，南京中山陵和广州中山纪念堂方案的实施为中国建筑师创作民族形式建筑开了先河。这一次中国建筑的民族复兴，一方面对于我国传统建筑文化的继承与发展起了巨大的推动作用，另一方面对于纠正国内片面的全盘西化、挽救民族自信力丧失的局面有积极的意义。

民国时期，由于铁路运输相比公路和水运体现出巨大优势，铁路运量迅速增加，原有的铁路设施明显不能满足需求，所以对铁路设施进行了大量的扩建和完善。这期间建成的一些火车站从中国古典建筑的传统形式中汲取设计灵感，亭台楼阁的传统建筑语言和样式被嫁接在车站的建筑形式上。西安火车站、沈阳北站等带有中国传统建筑韵味的火车站，开始登上铁路建筑的舞台。其中沈阳北站是我国自行设计的最大的一座火车站建筑，也是中国著名建筑学家和建筑教育家杨廷宝对古典建筑形式进行新探索的典型案例。

20世纪50年代，经过新中国成立后的经济恢复期，我国开始了大规模的经济建设，同时建筑界又出现了一次民族建筑形式复兴的热潮。当时主要受苏联的影响，民族古典主义建筑被宣扬为社会主义形式的建筑。从1953年开始，这一轮的民族建筑形式的探索迅速席卷全国，其影响贯穿整个50年代，出现了北京友谊宾馆、中央民族学院、全国农业

图 2.55　民族文化宫

高铁车站

图 2.56　北京西站南广场

图 2.57　北京西站北广场

图 2.58　杭州城站

图 2.59　杭州城站侧透视

展览馆、民族文化宫等一批建筑实例。而后，随着贝聿铭主持设计的北京香山饭店落成，中国建筑界掀起了探索中国现代建筑之路的大讨论。这次建筑思潮绵延了整个二十世纪的八九十年代，围绕这次思潮又出现了一批建筑实践作品如曲阜的阙里宾舍等。两次建筑民族复兴中火车站建筑的典型代表则分别有建于 50 年代的北京站，以及建于 90 年代的北京西站和杭州城站。

北京站

1959 年 1 月 20 日，北京站正式破土动工，现址位于东便门以西，东单和建国门之间，长安街以南，东临通惠河，西倚崇文门，南界为明代城墙遗址。修建仅用了七个月零二十天，于 9 月 10 日完工，15 日正式运营，其建设速度之快、规模之大，

图 2.60　20 世纪 60 年代北京站鸟瞰

46

图 2.61 北京站

堪称中国铁路建设史上的一个奇迹。新北京站建筑宏伟壮丽，成为当时中国最大的铁路客运站，其浓郁的民族风格与现代化设施设备完美结合，被评为 1959 年"中华人民共和国成立 10 周年首都十大建筑"之一。

　　北京站的设计者为杨廷宝、陈登鳌和张致中。作为北京当时具有中国特色的"首都大门"，北京站的建筑风格主要体现了民族传统形式与现代建筑技术的结合。具体而言，站房中央大厅的设计采用了当时先进技术——预应力双曲扁壳屋盖，它与前部立面中心的三大玻璃拱窗及其左右对称的两座钟楼有机地结合起来，组成了站房大楼的中央主轴，并辅以东、西两翼顶部设置的两座塔楼作为次轴。同时，在塔楼与钟楼之间以玻璃幕墙连接起来，形成一个整体。这样的设计，

图 2.62 北京站中央广厅　　图 2.63 北京站主入口

不仅使建筑的整体立面主次分明,还反映出我国民族传统风格与现代结构技术相结合所产生的新颖协调的建筑艺术效果。

3. 现代形式的探索

早在20世纪初,欧洲的新建筑运动就对中国建筑发生过影响,当时盛行于美国的"装饰艺术"(向现代主义风格过渡的形式)的潮流迅速传入上海、天津、南京等地,其中以当时的上海最高楼——国际饭店为装饰艺术风格建筑的代表。到20世纪30年代,现代主义建筑思潮迅速从欧洲扩散至世界,从那时起中国已经开始陆续涌现一些现代建筑实践。20世纪40年代设计的南京下关火车站,是中国建筑师在火车站建筑方面进行现代式探索的典范。另外,原沈阳北站不同于传统的古典建筑形式,造型构图突出了入口空间和现代筒拱,不再拘泥于西方古典主义的严肃法则,融入古典的手法完成现代建筑的创新。而建于1928年的齐齐哈尔火车站则是"装饰艺术"风格铁路车站的代表。

20世纪三四十年代,在东北出现了一批由日本建筑师设计的现代主义风格的建筑,这些建筑明显具有功能主义倾向,平屋顶,不对称布局,简洁的几何形体,达到较高的设计水平。建于1935—1937年的老大连火车站就是这一时期现代风格建筑的典范。这个站规模较大,总建筑面积达14 000平方米,功能布局合理,有坡道直接进入二层候车大厅,并由天桥通向站台。大厅周边的服务设施空间都压低层高,空间紧凑,这在当时的火车站建筑中是很先进的理念。此外还有建于1934年的滨江火车站,建于1934年的抚顺火车站和建于1939年的锦州火车站等都采用简约的现代主义风格形式。

从新中国成立后到20世纪70年代末,是我国铁路建设的一个高潮期。受当时建筑思潮的影响,铁路车站建筑在形式上多以纪念性为主。对称、高大、庄严的形象为主流,功能布局也逐渐成熟,站房部分以候车厅为主,并细分出普通

图 2.64　南京下关火车站　　　　　　　　图 2.65　齐齐哈尔火车站

图 2.66　大连火车站　　　　　　　　　　图 2.67　滨江火车站

图 2.68　抚顺火车站　　　　　　　　　　图 2.69　锦州火车站

高铁车站

候车室，母子、军人、贵宾等特殊候车空间。售票厅、行包房、餐饮等辅助服务用房则围绕进站大厅和候车厅主空间展开。于1974年竣工的广州站和建成于1977年的"朝天椒"长沙站等，车站建筑形式让人记忆深刻，是这一时期铁路车站建筑的代表。

图2.70　广州站

图2.71　长沙站

20世纪80年代，伴随着改革开放的到来，中国进入建设社会主义现代化国家的新时期，建筑活动的设计思想和创作方法也开始百花齐放。这一时期，我国国民经济快速发展，铁路客运量迅猛增长，铁路客运能力异常紧张，国家高度重视铁路发展，相继出台一些政策措施，铁路客运进入一个快速发展的阶段，全国各地兴起了铁路车站的新建和改建热潮，铁路站房的设计广泛汲取国外的先进经验和成果。从20世纪80年代到20世纪末，新建和改建了一大批火车站，北京西站、上海站、杭州城站、天津站、成都站、沈阳北站、深圳站、郑州站、长春站、重庆站、昆明站、南昌站等都很具有代表性。从以上建成的客站可以看出这一时期的站房建筑特征：车站主要使用空间体现为将数量众多的小面积候车室合并为几个大型候车室，以简化进入站台的通行流线，方便旅客使用和查询。之后随着建造技术的进步，车站开始出现了在铁路线上方候车的新模式。另外，受发达国家铁路车站建设与城市生活发展相结合思路的影响，如日本的京都站和大阪站等，车站又进一步融入了更多旅客服务的功能，探索现代铁路车站集合商业、办公、住宿、娱乐等城市功能体现为综合交通一体化发展的形式。

图2.72　京都站

图2.73　大阪站

从1876年第一条运营性铁路上海吴淞铁路通车起，至2000年为止，我国铁路已经走过100个的春秋，纵观这百年的铁路发展历史，铁路车站经历了移植、探索、成长、成熟到全面发展的不同阶段，饱含了一代又一代铁路人的呕心沥血、执着追求和热诚奉献，预示了中国铁路建设终将从无到有、自有至强、卓越发展的壮阔前景。

> 第二章 高铁车站雏形

图 2.74 沈阳站　　　　　　　　　　　　图 2.75 深圳站

图 2.76 郑州站

图 2.77 长春站　　　　　　　　　　　　图 2.78 重庆站

图 2.79 昆明站　　　　　　　　　　　　图 2.80 南昌站

高铁车站

图 2.81　20 世纪 80 年代的上海站

图 2.82　上海铁路博物馆

图 2.83　麦根路货站

4. 高铁车站前奏

20 世纪末，随着上海站、南京站、扬州站等一批新建铁路车站的出现，新的技术、新的车站形式、新的材料工艺在建设工程中得以应用和实践，这为即将登台的高速铁路车站搭建了技术实验平台，打下了扎实的基础。

线上候车形式出现——上海站

20 世纪 80 年代建造的上海站（时称上海新客站）是中国第一座高架候车车站。作为中国第一个将候车室搬到线路上方的车站，它对今后中国高铁车站的设计与建造都有很大的指导和参考作用。原先的"上海站"，也叫上海北站，现在已经成为上海铁路博物馆。而正在运营使用的上海站，也叫上海新客站，建在距离上海北站以西 2 公里的麦根路货站（今天目西路恒丰路）上。1987 年底，上海新客站站房工程竣工。车站采用了高架候车、南北进站的方式，为我国特大型铁路客运站创立了一种新的类型——铁路线上候车。其站房的主要特点为：优化进站流线、节约城市土地、减轻车站对城市的阻隔效应。高架候车通过将进站客流引导分流至出发站台上方的候车室中，通过大体量的线上高架站房将传统的"点候车"转变为"线候车"，适应了我国铁路客流候车时间长、人员多的特点。高架候车模式将站房的功能重心——候车室转移到了站场内铁路线的上方，由此形成三个优势：一、旅客可以以最短的路径、最少的时间进入站台；二、车站不再需要大体量的线侧站房，线侧站房的功能仅包括进站广厅、售票厅、基本站台候车（含贵宾候车）以及行包房等辅助功能；三、由于有了高架候车室的联系，整个车站有了从南、北两个方向进站的可能性，这对之后上海站北广场乃至上海北部地区的发展起到了重要的作用，也为日后高铁车站大量运用的高架线上式候车形式打下了基础、提供了宝贵的经验。较为可惜的是因为当年建设条件和资金的问题，未能完成站前城市高架道路与高架进站方式的对

图 2.84 上海站南站房

图 2.85 上海火车站南广场鸟瞰

图 2.86 上海站北站房拱廊

图 2.87 上海站北站房

图 2.88 上海站北站房图解

接,但其仍然无愧为中国高铁车站的先驱和示范。之后上海站为了满足城市发展和对快速增长的客流量的需求,分别进行了两次改扩建——1998年对南站房进行改扩建,2007年扩建了北站房。其中在南站房改造中增加了一个进深14米,面阔100米的玻璃体量,与老站房对比并置。北站房的设计一方面表达了对南站房的尊重和延续,另一方面使用了单元式独立巨伞结构作为新的屋顶形式。

新的进站方式萌芽——南京站

如果将以北京南站为代表的第一批新型铁路旅客车站称之为高速铁路车站,那么也许上海站和南京站可以说是我国高铁车站建设的前奏和开篇。南京站始建于1968年9月,

高铁车站 >

图 2.89　20 世纪 70 年代的南京站

与我国著名的南京长江大桥同时建成开通。南京站是上海铁路局下属的客货特等站，坐落于南京古城城北玄武区龙蟠路，地处扬子江畔，紫金山下，面临玄武湖、后枕小红山，依山傍水、景色宜人、环境优美。

改革开放加快了南京建设的步伐，愈加繁忙的客流使得早年的车站应接不暇。1999 年的一场大火烧毁了老旧的车站候车室，但为加速南京站改造迎来了契机。2002 年 6 月，南京火车站改建工程正式启动，由原铁道部、江苏省、南京市三方合资建造，新站房外形选用了法国 AREP 集团的设计方案：钢结构的桅杆、膜状的屋面，造型酷似帆船，如同玄武湖畔的一叶扁舟，寓意了南京的发展启程。南京站的空间布局则采用当时中铁第四勘察设计院设计的交通方案布局，将城市高架道路提升至铁路线上方的车站入口处，让旅客能够直接进入铁路线上方的车站候车室。这是当时我国铁路站房最新的上进下出客流模式，功能性强，流线清晰便捷。此外，站房的墙面采用了全玻璃幕墙体系，视线非常通透，旅客可以在站内候车厅瞭望玄武湖全景，感受南京最著名的地标性景致；站房的面积则是原来的 6 倍，客流高峰期每小时可容纳 1 万名旅客候车，比原车站的旅客候车能力增加 4 倍；中国第一台实时查询、预售客票的铁路无人自动售票机在南京站投入使用；全新的系统化中英文导向标志，使旅客能清晰地辨别进站、出站方向；出站大厅直接和地铁站及停车场相连等诸多创举和特点，成为当时全国铁路客站的典范。

准高铁车站——上海南站

上海南站落成于 2004 年，虽然当时车站并没有贯通高铁列车，却也可以说是中国首个建成的新型铁路车站。车站建筑由法国 AREP 集团和华东设计研究院集团有限公司联合设计。车站的功能和设施完全依照新时期的标准和需求而建，并预留了与今天高速铁路接通的所有条件。上海南站站房总建筑面积达 5 万余平方米，主站房为巨大圆形钢结构，颇具

> 第二章 高铁车站雏形

图 2.90 南京站鸟瞰

图 2.91 南京站站台

图 2.92 南京站落客平台

图 2.93 南京站候车大厅

图 2.94 南京站跨线天桥

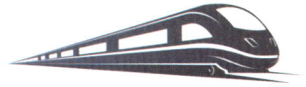

55

高铁车站

图 2.95　上海南站鸟瞰

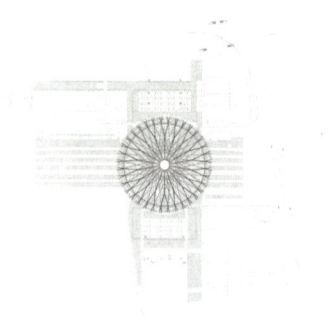

图 2.96　上海南站总平面图

特色，高 47 米，圆顶直径 270 米。建筑整体结构轻盈通透，气势磅礴，无论在白天还是夜晚，都能成为城市各个方向的视线焦点。南来北往的列车可从主体建筑的下方停靠或穿行而过。没有喧嚣的高音喇叭，没有混杂的往来客流，圆形车站的创意，带来的是井井有条的大空间概念。上海南站的主站房共 3 层：上层是出发层，有 700 米长连通城市道路的环形高架车道和落客进站平台，圆形站房的外圈功能是进站前

图 2.97 上海南站室内大厅

厅、售票厅和站内配套商业服务设施,内核是可同时容纳 1 万多名旅客的候车大厅和下站台的检票单元,外圈用房和内核候车大厅之间设有 10 米宽的环形旅客通廊;中层是站台层,与城市地面持平,连通车站的南北广场,接纳来自地面的客流进站,同时设有贵宾候车室、车站公安派出所等配套服务、管理设施;地下是到达层,设有旅客出站地道、宽敞的地下换乘大厅、售票厅、机电设备用房等。

上海南站的建筑造型具有区域城市的标志性,形态上摒弃了所有多余的建筑装饰,充分展现结构本身表现力和空间表现力,使建筑形象更具生命力与时代感。候车大厅以下部位主要采用清水混凝土材料,达到粗犷、稳固的视觉效果,候车大厅以上部位暴露主体钢结构:两列圆形钢柱,18 组"人"字形钢梁支撑屋盖体系,体现出建筑的力度和美感。新型屋面材料、连接精密的钢结构体系、铝合金遮阳系统,通过材料的虚实对比、质感变化和节点处理,形成精致的外观效果。

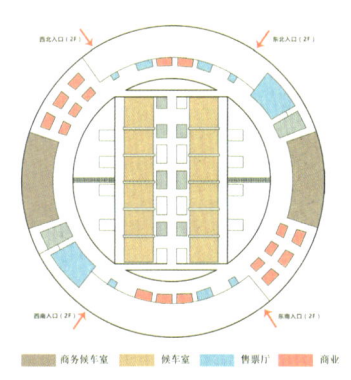

图 2.98 上海南站平面布局示意图

高铁车站

图 2.99　上海南站候车大厅

图 2.100　上海南站黄昏效果

整体建筑形象气势磅礴，具有极强的视觉冲击力和标志性特征。屋面体系的材料组合，使白天室内产生漫射光线的效果，为旅客带来良好的视觉心理感受和独特的车站空间体验。夜晚，在灯光透射下，站房作为一个均匀发光体，晶莹剔透，为城市增添了一道靓丽的风景。

一系列新型车站的建设实践，实现了铁路车站从平面到立体的旅客乘降空间转变，并在合理性和人性化方面得以很好体现，也为后期真正的高铁车站来临，种下了果实。

【知识链接】新艺术运动

19世纪末20世纪初在欧洲和美国产生并发展的一次影响面相当大的"装饰艺术"运动。新艺术运动涉及十多个国家，从建筑、家具、产品、首饰、服装、平面设计、书籍插画一直到雕塑和绘画等艺术领域都受到影响，延续长达十余年，是设计史上一次非常重要的形式主义运动。

第三章 车站新时代

一、梦想实现

二、车站建筑新起点

三、高铁车站建设成就

四、典型高铁车站

一、梦想实现

1. 百年一跃

铁路的修建开启了近代中国的发展之门，追溯中国铁路规划历史，早在一个世纪以前，中华民族的有识之士就对中国的现代化拥有美好的憧憬，并萌生了建设发达的铁路网愿景。孙中山先生在《建国方略》的"实业计划"部分中，提出了一系列交通开发计划，其中第一项就是"铁路——十万英里"，绘制了一张"十万英里铁路规划图"，构想了近代中国铁路网规划的美好蓝图，并激励了无数仁人志士投身这项伟大事业。一百年后的今天，经过新一代铁路人呕心沥血、脚踏实地的努力奋斗，一个宏大而现实的铁路网布局正在中国大地生长、蔓延。

2008年，中国经历了雪灾和地震，也经历了奥运和"神七"飞天，而在这一年，中国铁路的新篇章也同时奏响。2008年8月1日，京津城际高速铁路正式营运，中国铁路开始进入高铁时代。那一年《中长期铁路网规划》出台，计划"到2020年中国铁路营业里程达到10万公里，主要繁忙干

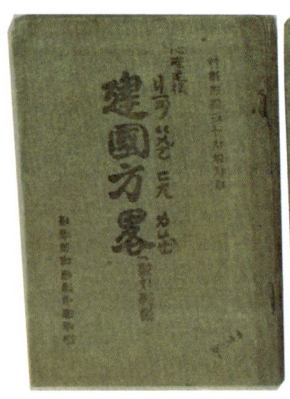

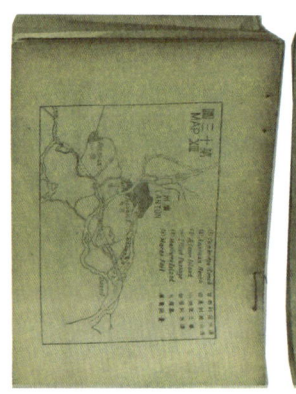
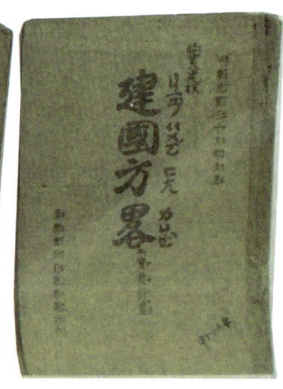

图3.1　1949年8月版《建国方略》

线实现客货分线,建立省会及大中城市间的快速客运通道,以及环渤海地区、长江三角洲地区、珠江三角洲地区3个城际快速系统。高起点、大手笔的"四纵四横"铁路网规划再一次开启了中国新时代高速铁路建设的新里程。

2. 宏图规划

时至今日,"四纵四横"规划线路基本完成,中国高速铁路系统的网络骨骼逐渐成形。"四纵四横"串联起了中国的主要城市,扩大了客运专线的覆盖面,初步织就了中国的高铁网络,形成了大城市之间的"一小时高铁经济圈",以及包括西安、郑州、武汉等多个连接八方的"米"字形高铁交通枢纽。至2017年,我国铁路营运里程达12.7万公里,其中高铁占2.5万公里,惠及了180多个地级市和370个县级市。高铁让我们重新认知了时空,打破了城市的边界,缩短了城市间的距离;资源被重新分配,城镇之间的物资交换和互动变得方便而快捷;产生了新的生活方式,让人们在异地生活、工作成为可能。这一战略规划的实施,奠定了国家整体城市发展的基础建设格局。

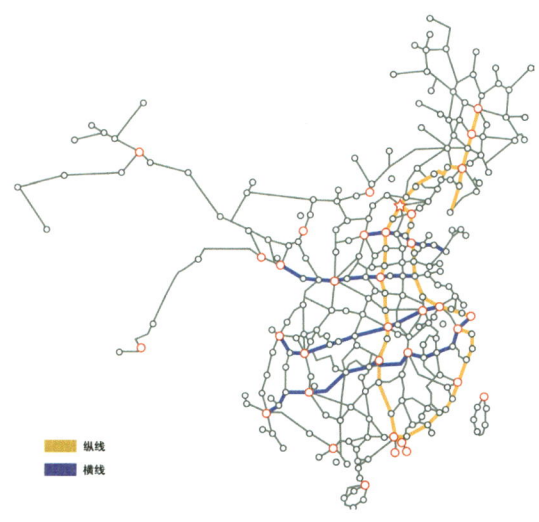

图 3.2 铁路"四纵四横"规划图

高铁车站 >

2015年底,全国铁路营运里程就已达到《中长期铁路网规划》在2008年设定的目标。此外,中国高铁路网覆盖范围不断扩大,路网结构不断优化提升,技术方面以高速、高原、高寒、重载(青藏铁路)铁路发展为依托,不断提升自主发展能力与核心竞争力,逐渐成为中国现代铁路走上世界舞台的新名片。

从2004年,国务院批准了《中长期铁路网规划》,到2008年,国家发展改革委对规划进行了修编调整。2016年6月29日,李克强总理主持召开国务院第139次常务会议,再次审议并原则通过。规划期限为2016—2025年,明确到2020年,铁路网规模达到15万公里,其中高速铁路3万公里,覆盖80%以上的大城市;到2025年,铁路网规模达到17.5万公里左右,其中高速铁路3.8万公里左右;展望2030年,基本实现"内外互相连通、区际多路畅通、省会高铁连通、地市快速通达、县域基本覆盖",并将中国高铁网络由"四纵四横"升级为"八纵八横"。

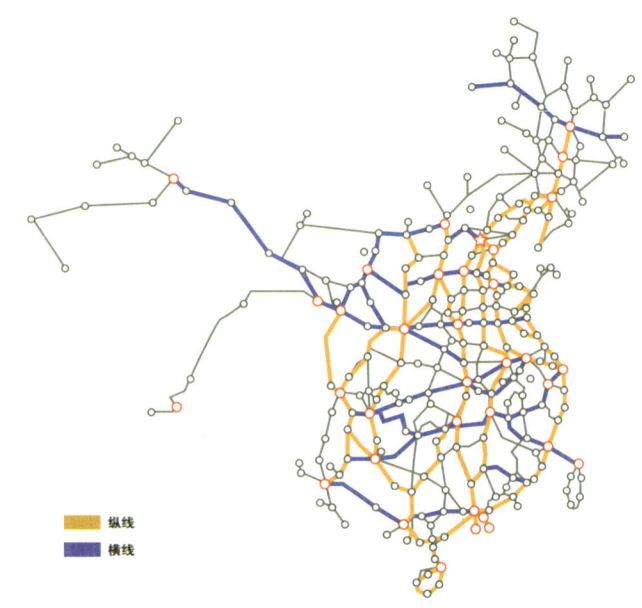

图3.3 铁路"八纵八横"规划图

"八纵八横"布局方案,全面制定了高速铁路网在"四纵四横"基础上的扩展和补充的战略目标,完善了普速铁路网提升既有路网质量,推进周边互联互通的发展布局,更进一步提出了建设综合交通枢纽与城市和谐发展、共同建设的新思路。形成了优化铁路客货运枢纽布局,形成系统配套、一体便捷、站城融合的现代化综合交通枢纽建设新理念,全面实现客运换乘"零距离"、物流衔接"无缝化"、运输服务"一体化"。并在深化投融资体制改革、培育壮大高铁经济、科学组织项目建设、构建综合交通运输体系、强化人才科技支撑、提升可持续发展能力、健全规划实施机制、加强过程监管评估等八个方面制订了保障措施。

《中长期铁路网规划》的实现,将极大地方便不同地区间的运输,大幅缩短相邻城市通勤时间,并覆盖中国大部分地区。高铁车站规划建设也在同步跟进,以展现高铁建设的风采并助推城市化发展进程,为完成"十三五"规划任务、实现中国绝大部分城镇和地区全面进入小康社会目标提供有力支撑。在可持续发展建设观念的指导下,高速铁路网以全面完善国家交通基础设施建设、促进城市化进程和城镇之间的物资、经济、文化交流为宗旨而登上了历史舞台,承担起"交通强国、铁路先行"的使命。

二、车站建筑新起点

1. 科学推动发展

21世纪深化改革开放的中国,社会经济、技术得以全面、快速地发展和提高,高速铁路建设的"四纵四横"战略规划的实施,标志着中国城市和经济发展迈入了一个崭新的时代。在这样的背景下,高铁车站就注定了其建设高站位的发展方向和全新的科学价值观,而不是传统的在既有火车站基础上的局部改造、维系和修缮的保守规划。2008年京津城际高速铁路的

高铁车站 >

开通和北京南站的启用，孕育了中国新时代铁路车站的诞生，并赋予其新的内涵。无论在规划理念、设计技术、建造标准、空间品质或是工艺细节等方面都显现出与以往火车站的不同。

早在2006年1月，《铁路旅客车站设计指南》出版，为新型高铁车站建设制订了新的标准和原则。原铁道部以科学创新为主导，率先对高铁车站建设提出了系统化提升功能、多方位服务旅客、融入城市地域环境的全面发展新思想、新理念，让高铁车站以高科技、唯安全的崭新姿态和重文化、升品质的高起点目标呈现于世人的面前。同时注重科学，在规划、设计、实施的建设过程中，倡导精益求精、勇于探索、不断突破的工匠精神，坚持科学推动创新，将高铁车站建设的终极目标锁定于"国内先进、国际一流"的高度。立足于完善的城市交通功能、全面的高科技系统设施、先进的技术装备，满足并符合中国文化审美以及社会经济发展，并以推动城市发展、经济建设为核心，创造舒适的旅客出行环境，综合提升铁路客运服务功能和城市交通功能。

本质上，社会科技进步支撑了高铁车站现代化建设的外部条件。电气化铁路全面覆盖，穿梭于城市之间的高铁降低了繁杂的噪声和空气污染对城市生活的干扰。新的材料、技术的系统应用及整体建造水平的提高，也为新时代高铁车站建设插上了科学的翅膀。由大跨度的轻型钢结构、通透明净的节能玻璃幕、清晰可辨的交通信息导向标识、便捷的自动扶梯步道等设施组成，集候车、乘降、综合问询、休闲、商业服务等功能于一体的高铁车站，以其建筑形式、空间特色等方面在城市环境中独树一帜，告别了以往陈旧、拥挤、狭小、灰暗的公共空间，改变了"脏""乱""差"的火车站固有形象，化解了"春运"期间一票难求、出行艰难的铁路交通状况，转身成为城市建筑环境有益的组成部分，呈现出新时代特征。

显然，今天的高铁车站在国家经济繁荣、科技进步的基

图 3.4 新时代高铁站候车环境

图 3.5 以往火车站的候车环境

础上进一步放眼世界，打造国际合作技术交流平台，创建智慧车站，形成全面开放发展的新格局，并兼容城市建设的协调发展，统筹规划，提升城市综合经济竞争力和可持续竞争力，让高铁生活成为新的生活方式。

高瞻远瞩的发展理念充分体现了现代科技、人文关怀、品质至上的高铁车站建设的含金量，其卓越的贡献也终将载入中国交通建筑的史册。

2. 完善车站功能

早期的火车站始终是城市中相对独立的一个交通节点，内部交通行为比较孤立且功能单一，由于早期车站建造技术条件的制约，车站整体的交通连接关系基本上以扁平化的发展模式为主。在社会发展的今天看，传统火车站已经无法满足当代交通在容量、环境、速度等方面可持续发展的诉求，也很难保障旅客出行的便捷性、舒适性、多样性和安全性等需要。因此，有高科技含量的新一代高铁车站——一种集快速交通、舒适环境、节能环保于一体的综合型的新型高铁车站呼之而出。

铁路速度提高改变了铁路车站功能的内在关系。高速铁路技术的掌握及其运用，是高铁车站彻底改变传统火车站慢速营运模式的最重要动因，也是区别于传统火车站的一个显著特征。高速铁路提升了列车的运行速度，而提供到达与出发旅客的上下列车服务，以及城市公共交通与高铁车站的快捷联络则是车站与城市之间实现高效连接的首要条件，快进快出是新一代高铁车站便捷通行功能与高铁速度同步对接的主要目标。现代科技让铁路桥梁与车站站房建筑有机结合为一体，立体化的人车交通分行规划可以说是当代高铁车站与传统火车站在交通组织上的根本分水岭，其结果是大大缩短了人、机动车、铁路之间的距离，并化解了相互间的干扰，功能关系变得愈加紧密。

高铁为城市带来了更大的客流量，高铁车站在扩大建筑

图 3.6 高铁车站立体化的交通功能布局

容量的同时，应当满足不同类人群的旅行需求：应不断健全车站功能，以快捷交通功能为核心，植入信息、商业、文化、环境、安全等多元化功能，使车站为旅客提供高效、丰富、便利的全面服务，以适应新时代城市生活的节奏。

3. 融入城市建设

一直以来，火车站在城市当中总是如同机场、客运港口、长途客运站等交通建筑独立存在，高铁车站建设之初也是依照这种方式规划建设。而随着越来越多的高铁车站投入运营，城市客流量不断被放大再放大。人群的聚集、需求的增强，促使高铁车站以及周边地区的发展从量变转化为质变。综合城市的地铁、公交、长途客运、旅游观光等集散交通枢纽逐渐形成，不同的商业业态也在慢慢渗透、扩大，车站周边的土地价值不断攀升，一个又一个的交通综合体开始出现，以高铁车站为核心的城市新区应运而生。高铁车站改变了城市结构，改变了区域经济，改变了传统的生活方式，并使得异地工作和生活被人们接受，成为可能的选择。这是真正意义的高铁时代来临。

铁路战略规划网络的形成，为我国铁路交通发展打下了

高铁车站 >

图 3.7　高铁车站规划谋求与城市协同发展

坚实的基础，也系统地奠定了高速铁路车站的规划建设格局。以旅客出行便利为主导思想，通过简明、快速引导的流线组织，高效的人性化服务意识，舒适、合理的空间布局，无论从城市外部衔接、车站内部环境、旅客行为、安全措施、经济效益等方面，针对车站的不同规模、不同地域特征条件，全方位实行因地制宜的规划设计，制订原则、统一标准，强化车站功能的系统性、先进性和完整性，提高出行便易度和交通的导向性以及活动行为的多样化。原先单纯的高铁车站站房规划已经无法继续适应这种被迅速改变的城市状态，以及新开启的社会生活方式，于是铁路车站与城市之间的屏障在这历史的一刻被消除瓦解，使高铁车站在中国刚刚成型便迅速走向新的开端——谋求与城市的共同发展。

三、高铁车站建设成就

1. 理念指导创新

高速铁路的大规模建设、综合交通体系的逐步完善对高铁车站建设提出了新的要求,并赋予了新的内涵。高铁车站建设以系统工程理论为指导,运用项目群管理的方法,制定并实施了"理念—技术—管理"三位一体的创新路径和创新理念,推动了我国高铁车站的持续创新发展,取得了累累硕果。

站在国家经济建设的战略高度上,高铁车站新理念提出了"适应时代需求,服务交通功能,体现地域文化,构建以铁路为主的绿色综合交通枢纽"体系;相继推出了《铁路旅客车站设计指南》《中国当代铁路客站设计理论探索》《铁路旅客车站细部设计》等高铁车站建设指导性著作,为高铁车站的规划设计、服务目标、科学创新、品质提升、文化传承,指明了方向;连续多年坚持展开广泛的国内外技术交流,为新理念在工程实践中的贯彻奠定了基础;在高铁车站本体设计的基础上,拓展到对区域规划的研究,把城市轨道交通引入车站,实现了高铁、地铁、公交等多种交通方式的无缝衔接,缩短了旅客"门到门"的旅行时间。

近年来我国高铁车站建设取得了如下重大成果:

第一,全面丰富了车站规划设计理论,从理论上研究解决了铁路车站规划与总体布局、功能设置与流线组织、空间形态与文化表现等重大问题,形成了包含价值取向、设计理念、专业设计、评价标准等内容的现代化铁路客站设计理论,为高铁车站设计提供了理论支撑。组织研究并建立了一套适应不同气候区和规模的绿色车站评价标准,丰富了我国绿色建筑评价标准体系。

第二,推动技术创新,组织建立高铁车站技术创新平台,整合国内科研资源和力量,统筹实施重大科研和技术攻关,

取得了超大跨度空间钢结构等27项技术创新成果。实现了"站桥合一"空间结构新型式,解决了列车振动影响、结构整体受力特性、抗震性能等关键技术难题,满足了车站综合交通枢纽的功能需求,成果应用于北京南站、上海虹桥站等58座大型高铁车站。

第三,实现了同步管理创新,构建起高铁车站工程项目群管理新模式,解决了大量高铁车站同期建设导致的规模与资源、工期与质量两大难题。高铁车站建设技术的逐步成熟,也越来越多地应用于老站的更新与改造工程之中。

2. 收获丰硕成果

进入21世纪以来,一座座高铁车站踏着时代的脉搏接踵而至,以全新的形象和气息改写了我国铁路车站历史的面貌。2006年上海南站投入使用;2008年北京南站落成;2009年广州南站、长沙南站亮相;2010年上海虹桥站建成并成为世界最大规模的综合交通枢纽;2011年南京南站开通;2012年哈尔滨西站、沈阳站、长春西站、大连北站相继建成;2014年丝路明珠兰州西站建成;2015年合肥南站建成、2016年昆明南站建成;2017年底重庆西站建成通车……中国高铁车站的建设历时虽短而步履艰难,但从决策到实施、从学习到应用、从起步到发展的每一步跋涉,既惊心动魄又蔚为壮观。

近20年来的实践,尤其是党的十八大以来,中国社会经济全方位迅速发展,高速铁路建设的崛起更是取得了开创性的历史性成就,赢得世界瞩目,由此引发的高铁车站建设也蒸蒸日上,收获了丰硕的成果。截至2017年底,全国共建成高铁车站1 094座,其中站房建筑面积达5万平方米以上,包含各省会和副省会城市在内的特大型高铁车站54座,建筑面积达3万平方米以上的大型高铁车站17座。它们犹如镶嵌在2.5万公里高速铁路线上的璀璨明珠,散布在中国大地。

中国共产党第十九次全国代表大会确立了习近平新时代

中国特色社会主义思想，作出了交通强国的重大决策部署，预示着中国高铁车站建设将再一次站在新的起点上，以不忘初心、勇于探索、不断进取的姿态在新时代精神的感召下，向着"创新、协调、共享、绿色、开放"的更高目标坚实迈进。

3. 高铁车站建设年鉴

截至2018年底，我国完成高铁车站新建以及既有站房改扩建1 200余座。具体建设情况请见附表。

4. 高铁车站脸谱图

高铁车站脸谱汇集了全国重要枢纽城市的高铁车站，直观地反映了近年来我国在高铁车站建设中的成长足迹和成就。详见附图。

四、典型高铁车站

1. 最早的高铁车站

回顾最早建成的高铁车站，这些车站自中国高速铁路建设的起步阶段就陪伴着我们的高铁旅程，见证了我国高速铁路从无到有、从落后到先进的发展历程。它们有的由旧站重建而成、有的由老站扩容改造而成，通过不同的方式完成各自的蜕变，以崭新的面貌在新世纪呈现。

北京南站

2008年，我国第一座真正意义上的高铁车站——北京南站作为2008年北京奥运会的重要配套项目工程横空出世。这座坐落于北京丰台区，南二环以南、南三环西路以北的特大型车站，拥有13座站台，24条股道，是当时亚洲最大的铁路枢纽站之一。北京南站作为我国铁路建设飞速发展的特殊时期建成的大型高铁车站，是我国新型车站建设的先行者，在各方面都起到了积极的探索和示范作用。

高铁车站 >

图 3.8 北京南站夜景

图 3.9 北京南站候车大厅

翻阅岁月的史册，可以看到北京南站的前身为英国人监造马家堡火车站。车站于 1896 年动工，1897 年夏天竣工，主体三层，是典型的英式风格。车站建成之后，周边涌现出许多新的商铺、茶馆、旅店，一时间马家堡成了当时永定门外最繁华的地段。历经短暂的芳华，车站在之后的义和团运动中于 1900 年 6 月被付之一炬。时隔两年，又在旧址北侧约 1 公里的京汉、京沈铁路旁修建马家堡临时停车站，被称作永定门站。1957 年，在距离永定门站以西约 1 公里处修建永定门客运站，1988 年永定门客运站正式更名为北京南站。当时的北京南站一直承担着中短途慢车客运乘降业务，是来京民工往返出行的重要车站。老北京人对这里的红瓦屋顶、蓝色砖墙与红蓝白相间的蛇皮袋一定印象深刻。2006 年 5 月

> 第三章　车站新时代

9日晚，随着最后一辆2141次列车缓缓驶离，老北京南站结束了历史使命，次日老北京南站正式开始封站改造。2008年8月1日，新的北京南站正式开通运营，并以一个现代化车站的姿态呈现在世人眼前。

由于北京南站的用地条件限制，北京南站与北京市正南北的城市轴线形成42°的夹角，为了消除这一矛盾，弱化大体量站房与周边环境的冲突，新的北京南站采用椭圆形的建筑形态，使站房与周边的城市与环境取得了最佳的共融效果。北京南站站房设计的灵感来源于天坛。天坛的三重檐成为北京南站的抽象原型：第一重檐是候车大厅的屋顶，正中央设置巨大的天窗，为候车大厅提供充足的采光。而第二重檐和第三重檐则共同组成站台雨棚，向两侧层层推叠出去，巧妙

75

高铁车站 >

图 3.10　20 世纪 80 年代的北京南站

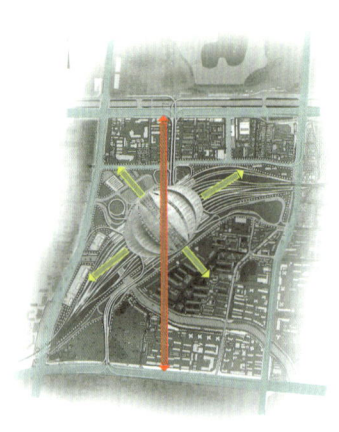

图 3.11　北京南站与城市轴线关系

地将传统的古典建筑元素整合进现代化的交通建筑中。

北京南站主体站房建筑面积 25.2 万平方米，站台雨棚建筑面积 7.1 万平方米，高架环路 2.3 万平方米。主体站房竖向共有五层，其中地上二层，地下三层。地上部分分别为高架候车层和拥有地面进站大厅的站台层，地下一层为出站大厅，换乘中心和双层汽车库，地下二层和三层分别为地铁 4 号线和 14 号线站台层。

北京南站实现了多种交通方式的便捷换乘，到达旅客可在地下一层换乘中心前往南北两侧的地下公交车场换乘公交车离站，也可前往东西两侧的汽车库换乘出租车或私家车离站，乘坐地铁的旅客可以在中央大厅进入地铁付费区前往地下二层或三层换乘地铁离站。进站旅客可以乘坐出租车或私家车通过高架桥前往东西两侧的落客平台直接进入位于二层

> 第三章 车站新时代

图 3.12 北京南站造型设计概念图解

图 3.13 北京南站剖透视

候车大厅，也可以乘坐公交车抵达位于南北两侧的地面层公交车落客平台，通过地面层进站大厅乘坐自动扶梯进入二层的候车大厅，或者乘坐地铁通过地下一层的快速进站厅直接进站，需要等候的旅客可以通过南北两侧的共享大厅乘坐自动扶梯进入二层候车大厅等候进站。

北京南站在设计理念、设计方法等多个层面都进行了有益的尝试。将站房同城市紧密结合，而不再视站房为一个孤立的点，实现了交通枢纽同城市的共赢。北京南站的建成通车对我国之后的高铁车站设计和建设都具有重要的影响和深远的意义。

2. 超级高铁车站

铁路车站规模由客流量的大小和到发线路、站台数的多少所决定，一些特大型城市拥有超大的始发和终到客流，如北京、上海、广州、深圳、杭州等；另一些重要的交通枢纽

高铁车站 >

图 3.14　上海虹桥站

城市，如武汉、郑州、西安、合肥、重庆等，作为区域中心同样拥有巨大的中转换乘客流。特大型铁路车站的建成，极大地促进了这些城市的进一步发展。

近年来，在我国高铁建设飞速发展的历程中，随着客运规模的不断增大、列车车次的不断增多，高铁车站的规模也相应地越来越大。跟传统的车站相比，庞大的高铁车站往往拥有十几个站台、几十条到发线，这是以往普速车站所不可想象的，在铁路网络论坛上，车迷们甚至创造出"亚洲东""宇宙南"等称号来调侃、描述这些特大型高铁车站。而如今，这些超级高铁车站正在高铁大动脉的重要节点发挥着举足轻重的作用。

上海虹桥站

于 2010 年 7 月投入运营的京沪高铁上海虹桥站，与其他高铁车站有着显著的不同，因为它不是单独的车站，而是一体化建设的虹桥综合交通枢纽的一个重要组成部分——枢纽

第三章 车站新时代

图 3.15 虹桥枢纽鸟瞰效果图

从东到西分别为虹桥 T2 航站楼、东交通中心、磁悬浮站、高铁站、西交通中心。综合交通枢纽高度集合，融航空、铁路、磁悬浮、城市轨道交通、公路客运等多种交通方式于一体，各设施建筑空间水平贴临，垂直叠合，无缝衔接，是客运综合交通枢纽建设的典范。在上海城市发展层面，虹桥枢纽不仅是 2010 年上海世界博览会的重要配套项目，而且也是上海继"大浦东"之后"大虹桥"发展战略的重要引擎。它的建成对上海城市空间规划发展产生了深远的影响。

虹桥站站房长 412 米，宽 168 米，室内净高约 23 米。地上站房建筑面积 24 万平方米，站台雨棚建筑面积 6.8 万平方米。站房竖向分为五层：地上二层为铁路上方的高架候车厅并分设南北进站入口连接城市高架快速道路；地面层为站台层，设有地面进站厅、售票厅，服务地面和乘坐城市轨道交通的进站旅客；地下一层为高铁出站厅、配套零售商业和两条 24 米宽，连接东侧机场和西侧交通中心的换乘通廊；

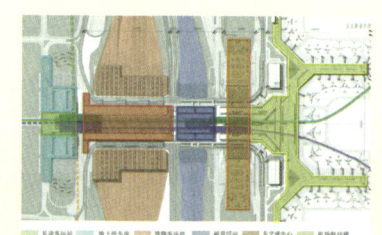

图 3.16 虹桥枢纽功能分布

高铁车站

图 3.17　虹桥站鸟瞰

图 3.18　虹桥站地下商业设施

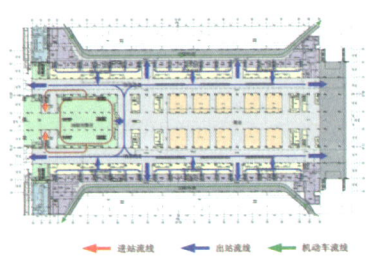

图 3.19　虹桥站出站层流线图

中央区域为城市轨道交通换乘大厅，出站旅客可以在本层选择轨道交通、公交、长途巴士、出租车或者私家车近距离换乘。地下二层和三层则分别是轨道交通 2 号线和 10 号线的站台层。上海虹桥站这种"上进下出，下进下出"的客流组织形式为旅客提供了多种进、出站换乘的交通方式，极大地提高了旅客的出行效率。上海虹桥站在地下换乘中心和候车层都配置了大量的商业服务设施，方便旅客的同时也为旅客提供另一种候车方式——在站内"逛街"或者在咖啡厅、茶座悠闲地打发旅行前的候车时光。

上海虹桥站的建筑造型设计，遵循"功能性即是标志性"的理念，并没有采用张扬的建筑形态，而是通过两个简洁和富有雕塑感的几何体块穿插契合形成建筑的整体空间关系，立面处理则用富有速度感的分段横向线条，营造出一种内敛而不失品质的国际范，与城市的气质和特征一脉相承。

建成 8 年，上海虹桥站每天有 1 028 趟列车到发，年发送旅客量超过 5 600 万人次，见证了京沪高铁等几条重要高铁线路的贯通，也见证了上海的飞速发展。今天，融入上海西区城市建设的不仅仅是一个航空港和高铁站，虹桥综合交通枢纽已然成为名副其实的长三角地区客流交通中心和区域的经济发展中心。

广州南站

广州南站是华南地区最大的高铁车站，于 2010 年 7 月竣工，站房总建筑面积 59 万平方米，主体站房建筑面积 33.8 万平方米，其中地上建筑面积 22.1 万平方米，地下建筑面积 11.7 万平方米，站台雨棚建筑面积 20.8 万平方米。广州南站同样集合了城市公交、出租车及城市轨道交通等多种交通方式于一身，成为一座现代化的超级车站。广州南站以竖向功能分布，主要分为高架候车层、站台层、地面出站层三个层次，地下为城市轨道交通、停车场以及辅助用房。合

图 3.20　广州南站

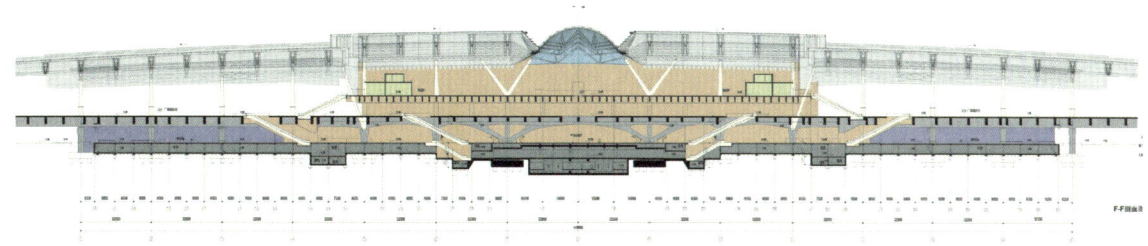

图 3.21　广州南站剖面图

高铁车站

图 3.22　广州南站鸟瞰

图 3.23　广州南站拱形采光顶

图 3.24　广州南站出站厅

图 3.25　广州南站雨棚

理的功能分布满足了旅客以不同城市交通方式抵达或离开高铁车站的需求，形成了便捷、清晰的交通流线。

这是一座颇具南国风情的高铁车站，建筑造型以"绿叶"和"花街"作为主题。芭蕉叶状的屋面单元层层相叠，简洁流畅，同时与站场形态对应，真实反映了车站内部功能。一条348米长的弧形拱顶中央天窗，形成一条透明的屋脊将屋顶一分为二。薄膜拱顶结构天窗不仅为车站内部提供了大量的自然光，而且通过形态的变化为内部空间提供了清晰的导向性——拱顶天窗采用薄膜天窗在中央区域最窄，向两侧入口处逐渐变宽。入口雨棚轻盈别致，站台雨棚同站房屋顶轮廓协调统一，共同形成了流畅的建筑主立面轮廓线条。简洁、通透的造型和建筑材料的强烈质感的对比，一同勾勒出人们心目中具有地域风格的城市印象。

武汉站

武汉站位于武汉市青山区容家下咀，于2009年12月开始投入使用。武汉站拥有客车到发线20条，站台11座，总建筑面积约35万平方米，其中客运用房建筑面积约10.6万平方米，

图 3.26　武汉站

图 3.27　武汉站鸟瞰

高铁车站

图3.28 武汉站中庭

图3.29 武汉站候车厅

图3.30 武汉站站台雨棚

图3.31 武汉站出站厅

无站台柱雨棚建筑面积约13.4万平方米。武汉站是中国高速铁路快速发展时期的典型铁路车站代表,无论在结构技术、空间流线,还是在设计理念、规划布局上都堪称创新之作。

武汉站站台层与地面层广场之间的高差有10米左右,在设计上,舍弃了过去的高堆土路基形式,在国内首次采用铁路站场全高架的形式。被释放出的桥下空间设置进出站广场、铁路售票厅、地铁换乘中心、出租车场、社会车场等其他交通服务设施。这一设计不仅提高了土地的利用效率,而且化解了铁路线路对城市两侧的阻隔。武汉站另一个让人印象深刻的亮点是其内部可以洞穿铁路站台的巨大中庭,高架候车层的整体布局都围绕这个中庭展开,周围设置候车厅和进站广厅等功能空间。这一中庭将候车厅、进站广厅与站台联为一体,室内与室外相互渗透,增强了室内空间的可识别性和导向性。进站的旅客在大厅中就可以看到站台的列车,这一宏大的场景给众多的旅客带来一份视觉上的震撼体验。

武汉站的建筑造型也有着独特的韵味和含义。崔颢的一首"昔人已乘黄鹤去,此地空余黄鹤楼。黄鹤一去不复返,

> 第三章　车站新时代

图 3.32　武汉站总平面图

图 3.33　武汉站剖面图

白云千载空悠悠",将武汉与"白云黄鹤"建立了千丝万缕的联系。武汉站的建筑造型设计立意正是源于此,站房的中部屋顶高高耸起,两侧低垂,站台雨棚一片片徐徐展开,与站房的屋顶浑然一体,好似一只翩然展翅的黄鹤;另一个层面,那犹如水波状向两侧徐徐荡开的屋顶,又暗合了素有"千湖之省"美誉的湖北省和有着"江城"之称的武汉。

3. 高线位高铁车站

如果以地理高度计算，海拔 5 068.63 米的唐古拉站一定是中国最高地区的车站，甚至可能是世界上海拔最高的铁路车站。

高线位高铁车站（术语称之为线下式车站），通常是以铁路线的高度（术语称轨顶标高）与城市地面的相对高差来确定的。一般情况下，以线下候车方式建造的高铁车站铁路线位相对较高。当铁路线是以高架桥梁的方式进入城市，且铁路线下方有 10 米左右的空间可利用，如果再将候车室建于铁路线上方则不尽合理，所以往往会将铁路车站建于铁路线下，这样既利用了空间，又使得旅客的进出站流线短而快捷。我国新建的下进下出车站并不多见，主要代表有佛山西

图 3.34　珠海站形态生成图解

图 3.35　珠海站站台

图 3.36 佛山西站剖透视

站和广珠城际铁路的珠海站、中山站等。

佛山西站

广东省面向西部的门户佛山西站是广州铁路枢纽的第二大高铁车站，其铁路线位距离城市地面高达 10 多米，是我国目前最大的下进下出的线正下式高铁车站。佛山西站集铁路、城际、地铁、公交、长途巴士、机场候机楼、出租车、私家车等多种交通方式于一体，是代表佛山城市形象的最大的客运站和广佛都市圈重要的客运枢纽。车站有贵广、南广、深茂铁路及广佛肇城际、广佛环线城际铁路共五条铁路线引入。高铁车站部分已于 2017 年 8 月建成启用，侧站房开发部分仍在建设中。

佛山西站南北两侧站房采用综合楼的形式，共 12 层，其中地上 9 层，建筑面积 21 万平方米；地下 3 层，建筑面积 4.7 万平方米。南北两侧综合楼中央部分为国铁车站入口大厅，两侧集合了公寓、酒店、办公、会议中心等功能性用房。站房充分利用了铁路桥下空间，集约利用土地资源，与周边各类城市交通相融合，在其周边、地下及上盖进行大规模物

图 3.37 佛山西站功能构成

高铁车站

图 3.38 　福州南站

业开发，实践"站城融合"新理念。

福州南站

福建省的省会城市福州市，于2010年建成了福建省第一座特大型高铁车站——福州南站。主站房分设在铁路站场的两侧，目前营运的东站房主要服务于东侧主城区客流，而西侧站房为铁路线西侧的未来城市发展预留。车站共设7座站台，14条股道，下进下出的客流交通组织方式，是我国为数不多的线侧下式站房，颇具特色。

福州南站处于起伏的丘陵地带，所以车站典型特点是铁路线位很高，站台面距城市地面高差为14.6米，使人感觉高铁列车是"飘浮"进入站内。但因该站并不是严格意义上的线下式车站，铁路线下净空高，所以将进站候车抬起分为三层：地面层是铁路旅客出站层，中部为108米宽的出站大厅，既是城市轨道交通2号线的公共换乘空间，也是跨越铁路的东西联络通廊；二层是线侧式旅客进站厅和候车空间，由站房前提升到6米高度，连接城市交通的高架道路和落客平台，

图 3.39 　福州南站鸟瞰

> 第三章　车站新时代

图 3.40　福州南站剖透视

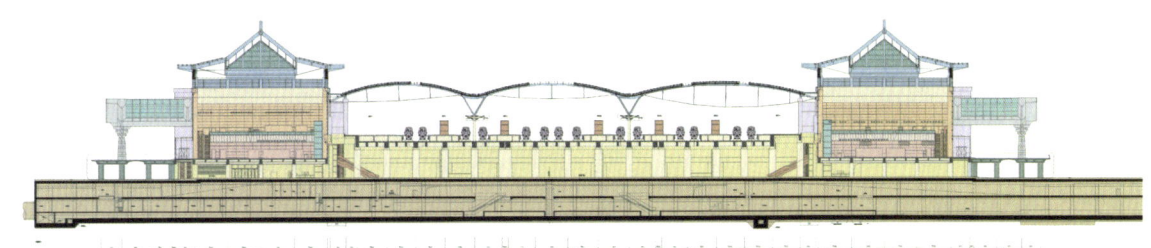

图 3.41　福州南站剖面图

运载旅客抵达进站大厅。检票口连通地面出站厅上方，设置铁路线下的进站通道，再由上行自动扶梯通往 14.6 米高的各个站台；三层是站台层，实际上也是二层候车大厅在临靠站台侧上方设置的候车夹层，为将要进入铁路站场两侧基本站台的旅客提供候车服务。

福州南站建筑形式以现代的结构技术建造并兼具了浓郁的地方文化色彩，是高铁车站中高线位车站的一个特殊案例。

4．优美的小型车站

我们先后认识了最早建成的高铁车站、规模最大的高铁车站与最高铁路线位高铁车站，它们几乎都是规模巨大、服务于大城市的高铁车站。而在广袤的中国大地上，还有许许多多的小型车站，它们可能服务于偏远地区或中小型城市，但它们同样是优美而精致的车站。

高铁车站

图 3.42　桂林西站

图 3.43　晋江站

图 3.44　泉州站

图 3.45　阳东站

图 3.46　阳江站

图 3.47　威海站

图 3.48　成都南站

> 第三章 车站新时代

图 3.49 德阳站

图 3.50 榕江站

图 3.51 台山站

图 3.52 衡阳站

高铁车站 >

图 3.53 拉萨站鸟瞰

图 3.54 拉萨站侧透视

> 第三章 车站新时代

图 3.55 拉萨站正透视

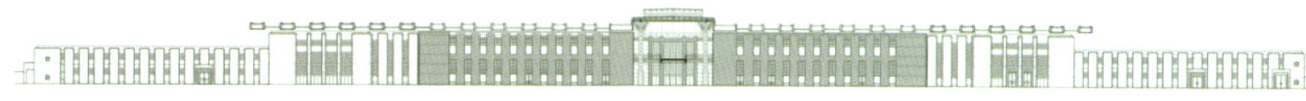

图 3.56 拉萨站剖面图

拉萨站

拉萨是我国海拔最高的省会城市，也是我国最后一个通火车的省会城市。2006 年，随着世界海拔最高的铁路——青藏铁路通车，拉萨站也在海拔 3 641 米的高原落成，整座建筑拥有浓浓的藏区建筑风格。虽然目前高铁尚未接入拉萨，但这座车站完完全全是依照高铁车站的标准修建而成。站房通体雪白，正中间宽阔高远的进站大厅面向广场，两侧有两层通高的窗洞整齐地镶在站房墙面中，使站房正立面看起来凹凸有致，营造了强烈的节奏感。褐色的椽子构成的窗檐从建筑窗洞中伸展出来，点缀在雪白的墙体间。整座车站以背后的大山为背景，远远看去，让人恍惚间想起山中鹤立的布达拉宫。在《回到拉萨》的歌声中，列车缓缓驶入这座耐人寻味的车站。

图 3.57 拉萨站主入口

高铁车站

图 3.58　拉萨站室内连廊

图 3.59　拉萨站中央大厅

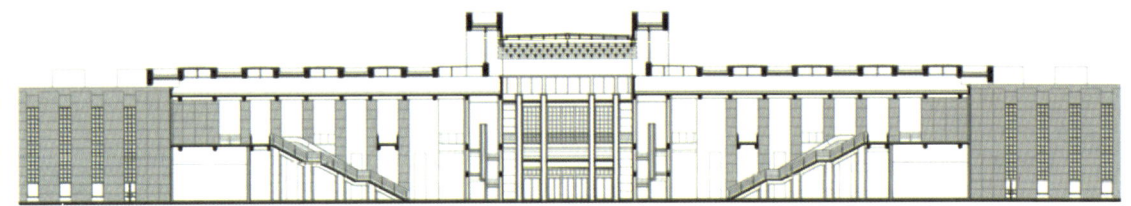

图 3.60　拉萨站剖面图

图 3.61　拉萨站候车大厅

车站的中央大厅按照传统的藏式宫殿设计，八根高大的柱子直通天顶，柱顶端有简化的层叠斗拱，柱子是钢结构的，外表面由经过处理的红松木包裹，处理后，这些松木能够满足防火要求，还可以防腐、防紫外线、防变形。红色的墙柱、红白相间的高级防滑石材铺就的地面让人仿佛置身于传统藏式宫殿。高海拔地区使得有些旅客会出现高原反应，拉萨站内配有医务设施，为这些旅客提供必要的帮助，事实上，不仅拉萨站，进藏列车的车厢也都设有供氧设施。

现代技术使得拉萨站在适应地方文脉特色的同时给旅客以现代的出行体验，人性化的考量使拉萨站能够更好地满足旅客多样的需求。西藏以其独特的魅力吸引了无数游客，而

图 3.62 亚布力南站侧透视

图 3.63 亚布力南站远景

拉萨站作为无数游客进藏旅行的重要通道，成为象征藏族文化的城市门户。

亚布力南站

千里冰封的黑龙江南部，有一座颇具特色的小型高铁站——亚布力南站。车站建于 2007 年，距离闻名遐迩的亚布力滑雪旅游度假区仅 1 公里，车站建成后大大方便了慕名而来体验滑雪的游客。亚布力南站不属于任何一个狭义上的"城市"，它专为亚布力滑雪旅游度假区而建，这座车站只有两个站台，有着淡黄色粉墙、白色窗线、暗红色瓦顶，是一座精致而玲珑的旅游小站。

有着高耸尖塔的亚布力南站站房总能让人联想起哥特式建筑，整座车站处处都是"纤细"和"高耸"的设计语言：外墙整齐排列着高耸的装饰柱，装饰柱之间的墙面上是连续的尖券样式，每个尖券又套着细高窗户顶端小一些的尖券，车站仿佛被裹在了具有强烈节奏感的雕饰之中。站内空间，更像是尖券的变奏，交织连续券拱构成了富于质感的白色天花，两侧对应外墙的间隔又演化为排列规整的双柱，精致的镏金柱头连接天花的券拱底座，尽头的墙面依然是中心对称

图 3.64 亚布力南站站台

高铁车站

图 3.65　亚布力南站远景

图 3.66　亚布力南站候车厅

图 3.67　亚布力南站室内连廊

的尖券形浮饰，仿佛进入了一座来自中世纪的教堂，处处透着神秘的异域风情。

亚布力南站的候车大厅与售取票厅整合在一起。站虽小巧，但候车厅却依旧宽敞明亮，阳光透过细高的窗户洒入厅内。一排低矮的围栏内种植了绿色植物，为车站带来一抹亮色的同时将整个大厅明确分为凭票区域与免票区域。

走出车站几百米就是亚雪公路，亚雪公路的另一侧就是林海雪原。在远离车站的地方眺望，但见淡黄色的"古堡"若隐若现于皑皑的山林之间，远山成了画面背景，朦胧间仿佛穿越到了中世纪欧洲的城堡面前。

博鳌站

博鳌站坐落于海南省东部琼海市境内，是海南东环铁路线上的重要车站。车站距博鳌论坛会址10公里左右，由此也可以乘坐列车直达海口美兰机场。站房在铁路线侧，建筑形式简洁明快，尺度宜人。

图 3.68　博鳌站

车站建筑创作灵感来源于对博鳌万泉河口玉带滩上椰子林的感受，结合海南的气候条件，在进站口、出站口、售票厅前的入口平台设计了一排钢结构透明阳光板顶棚的柱廊，形成可遮阳避雨的半室外空间。束状的结构柱模仿出椰树树干的效果，顶部树枝状的结构杆件连接成整体支撑着透明的屋顶，让旅客在进出站的过程中有种置身于椰子林的空间体验。站房运用现代化和工业设计的手法展现了海南独特的自然景观，让建筑形式与使用功能相融合。建筑立面采用双层表皮，玻璃幕墙和墙面的外侧包裹着一层木色的金属遮阳百叶格栅，在绿色的环境背景下衬出建筑非常醒目的基调，营造出朴实亲切、自然生态的场景，白色的椰树状棚架映衬在蓝天下，呼应了博鳌论坛永久性标志——精美的白帐篷。建筑整体感觉轻盈、秩序并富有时代特色。

高铁车站

图 3.69 博鳌站侧透视

5. 地下高铁车站

如果高铁车站都能建造于地下，对城市建设发展而言也许是最佳的方式，因为地下交通有诸多优势：节省城市地面土地、运行安全、无噪声、无污染、少干扰。然而，地下车站的建造极其昂贵，成本高于地面车站数倍，而且建造难度大、周期长，尤其对于发展中国家来说困难很大，所以在我国已经建成的高铁车站中地下车站为数不多。目前我国最深的地下高铁站是重庆的沙坪坝站，铁路线建在深达40米左右的地下。不久的将来，也许"我国最深的地下车站"这一称号将被北京八达岭站所取代。天津滨海新区的于家堡站和深圳的福田站已于2015年建成通车，是我国现阶段规模较大、设施完善的地下高铁车站。

于家堡站

京津城际延伸线工程起自天津站城际车场，沿津秦客运

图 3.70 博鳌站室外柱廊　　图 3.71 博鳌站遮阳节点

图 3.72 博鳌站雨棚单元节点

> 第三章 车站新时代

图 3.73　于家堡站候车厅

专线经塘沽站至于家堡站，线路全长约 45 公里。于家堡站是京津城际延伸线的终点站，为地下尽端式车站。总建筑面积为 8.62 万平方米，于 2015 年 9 月建成通车。

地面上的车站建筑如同合置在绿色广场上的清澈贝壳，夺人眼球。平面呈椭圆形，长 143 米，宽 80 米，形成独特的视觉特点。"贝壳"面层由薄膜材料与低辐射节能玻璃组合，使建筑与结构完美结合，满足了地下大厅的自然采光。

于家堡站作为大型地下铁路车站，建立了以地下高铁车站为中心连接整个滨海新区中心商务区的城市地下空间，旅客可以从车站便捷地进入该区域地下步行系统。作为首座建在公园内的地下高铁车站，于家堡站解决了城市中心区的大客流地面集散疏解的难题，将铁路、地铁、公交、出租车等各种交通形式的换乘厅集中布置于同一高度的地下空间内，实现了真正意义上的无缝接驳换乘，为旅客提供了舒适、便

图 3.74　于家堡站鸟瞰

高铁车站

图 3.75　福田站

捷的交通环境，展现了城市的新面貌。

福田站

深圳福田站综合交通枢纽是我国第一座位于城市中心区的交通枢纽，也是亚洲最大的全地下综合交通枢纽。它坐落于深圳市福田区中心，益田路与深南大道交叉口，是集高速铁路、城市轨道交通、公交、出租车等多种交通设施于一体的综合交通枢纽工程，总建筑面积约30万平方米，已于2015年12月开通运营。

福田综合交通枢纽作为超大型全地下交通枢纽，其中地下一层建筑面积达14万多平方米。从心理学角度，在如此大规模的地下空间中，容易使人产生压抑、不安、枯燥、单调等情绪，且在地下空间中重复单调的视觉信息会使人失去方向感。为避免类似状况的发生，车站建筑在地面绿化带中设置了大量天窗，引入自然光线来改善地下空间环境，由被动式的人工照明采光向主动式的自然采光系统过渡，使地下空

> 第三章 车站新时代

图3.76 福田站剖透视

间地面化。

车站室内空间将照明与装饰结合，照明成为展现室内装饰主题的重要元素。在功能相对单一的换乘空间内设置大量展示空间，作为公益或商业展览平台，吻合深圳设计之都的属性和城市魅力。福田站还利用中国文字作为基本图案元素，结合建筑构件细部，在天窗、墙面、站内家具、小品等处，巧妙布置，不仅增强了空间的识别性，也成功地将传统文化体验融入现代空间。

【知识链接】城市轴线

通常是指一种在城市空间布局中起空间结构驾驭作用的线形空间要素，是一种线性的空间组织手法。通过轴线可以把城市空间布局组成一个有秩序的整体。作为广义或狭义的城市轴线，往往与城市的物质形态相结合，像城市中的主要建筑、街道、广场、绿化等实体都是构成城市轴线的核心要素。

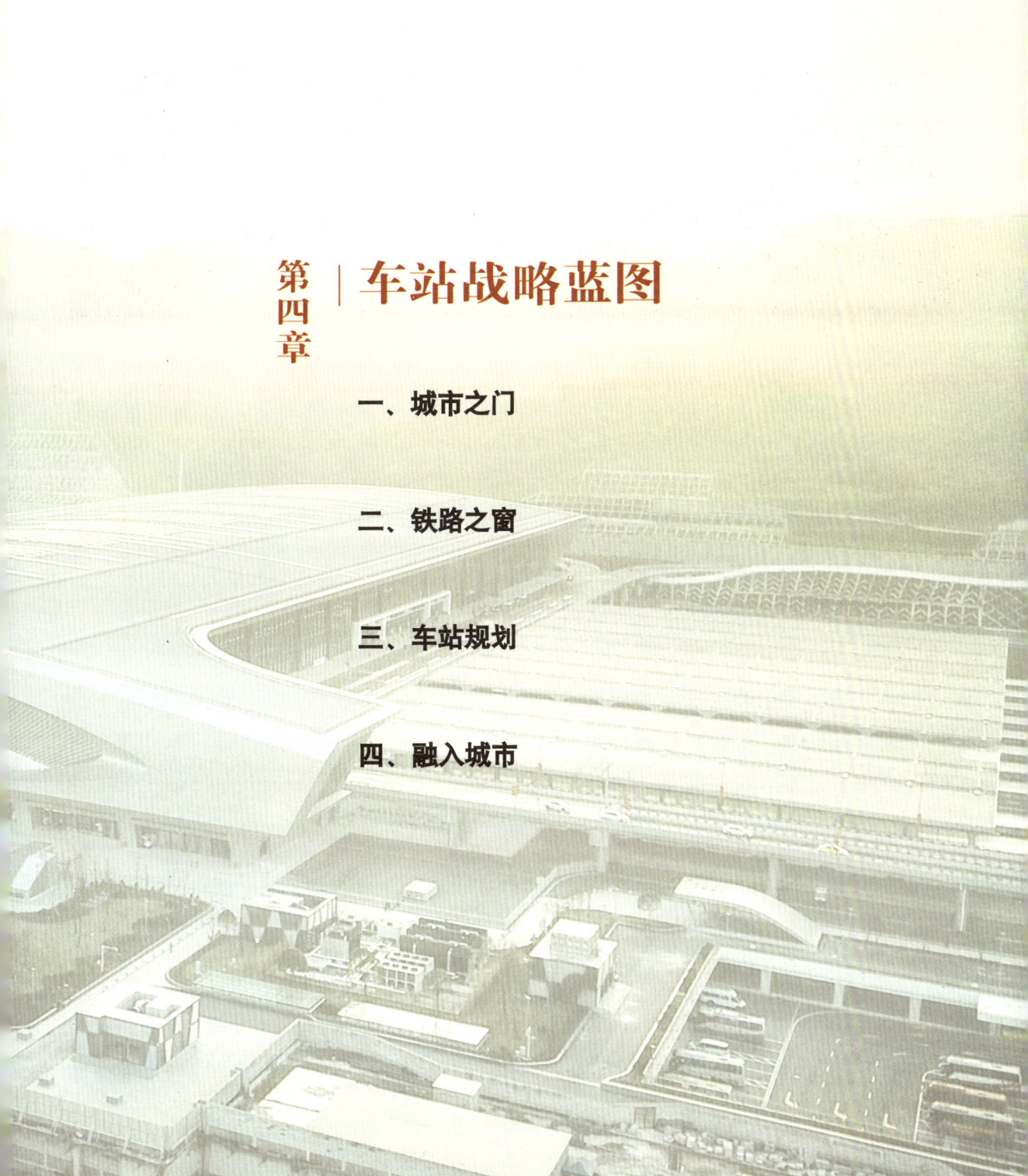

第四章 车站战略蓝图

一、城市之门

二、铁路之窗

三、车站规划

四、融入城市

高铁车站 >

图 4.1 车站的城市"门户"形象

如同高铁建设与国家宏观战略发展关系密不可分一样，优秀的高铁车站作为重要的交通类建筑与每一座城市的规划和发展息息相关。它是时代科技和艺术的结晶，也是铁路历史与荣耀的写照，它将伴随着城市的文化、生活、环境共同成长而为人留存下恒久的印记，更将成为城市之门、铁路之窗、凝固的音乐、石头的史诗。

一、城市之门

高铁车站的"门户"形象一说由来已久，源于车站是城市与外界进行人流、物流、信息流交换的重要通道和场所。众所周知，一列火车带来的客流少则几百、多则过千，高铁的速度优势使得车站每天发车的间隔时间大大缩短，而到发班次数量骤增。在大城市，车站高峰期内持续的人群集散量相当于当地一个大型体育场馆或大型影剧院的散场客流。高铁车站集散巨大的客流对城市的影响，好比人体制造脉冲血液的机器，强烈而有序的搏动，成为城市交通的心脏，并为城市带来生命的活力。客观上，高速铁路车站因受众之多、

> 第四章　车站战略蓝图

占地之大、辐射之广、影响之深、关注之高，而具有了代表城市"门户"形象的功能。

"千里之行，始于足下"，从出发到归来，从造访到离别，高铁车站是过往旅客出行的必经之地和万众瞩目的焦点。万千过客，万千思绪，这里铭记了一幕幕相见的喜悦和分别的惆怅，讲述了一段段踌躇满志的出发和衣锦还乡的辉煌，多少个日日夜夜的期盼，无数次岁月蹉跎的守望，千姿的霓虹、百态的众生，无不让车站成为希望之门和心灵之门。

1. 城市入口

道路、边界、区域、节点和标志物，是认知现代城市的五项要素。高铁车站作为城市中唯一或者为数不多的对外交通连接点而成为旅客进出城市的重要节点。视觉形态上，由于高铁车站是旅客进入城市的第一道"风景"，而往往被塑造成区域性的标志建筑、城市的门户形象，使之成为人们了解这座城市的第一个入口。

对于城市中那些具有久远历史的火车站，其承载的功能不仅是人们进入和感受这座城市形象的入口，而且也是了解这座城市历史和文化的起点。

图 4.2　大智门火车站

位于素有九省通衢之称的武汉的汉口火车站，其前身为大智门火车站，原芦汉（京汉）铁路南端的终点站。在 20 世纪 80 年代的铁路电气化改造中，汉口火车站迁建至现在汉口站的位置，当时的武汉北部新城边缘。随着铁路运输干线网的建设发展，汉口站的客运量不断攀升，规模不能满足使用需求。2008 年，原铁道部和武汉市政府决定在原址改扩建汉口火车站，新站房于 2010 年投入使用。改造前的汉口火车站，中央进站口两侧粗壮的圆柱和顶部横向线条酷似大门的形象，左右两侧对称而简洁的横向线条配楼更加强化了这一意象。改造后的汉口站，在保留原站房总体构图的基础上，融合了大智门火车站的意象：将原站房进站口两侧的竖向大

图 4.3　汉口火车站

105

高铁车站

图 4.4　汉口火车站正透视

图 4.5　汉口火车站站台

柱改造为两座对称的高度达 47.6 米的站房钟塔,中间部分则由平顶改为高度达 31 米的弧形拱顶,更加强化了站房在区域中的门户入口形象。进站口两侧的配楼以架空柱廊的形式向外加设了裙楼,使站房整个立面形成横向三段式的构图,两端的综合楼也进行了统一风格的立面改造。新的汉口站不仅传承了具有百年历史大智门火车站站房的形象,而且延续了改造前汉口站的城市门户入口的特色,留住了过往的记忆。

　　高铁车站作为城市的"门户"并不仅仅要求车站建筑的形象具有门户的象征意义和标志性,其内涵事实上更为广义、更为丰富:展开车站地区的全面规划,使得其在空间结构、功能分布、交通行为、建筑环境等多方面相互保持通畅、运作方便,让旅客集散有序、人车流疏导便捷、服务配套健全、区域景色宜人,才能使车站的"门户"形象实至名归。

> 第四章 车站战略蓝图

图 4.6 上海虹桥火车站的区域"标志"形象

2. 区域标志

如人们所见,在一些影视作品中,镜头所到的火车站场景,尽管会避讳故事发生的现实城市背景,但是观众还是会很容易从影片的片段中,判断出故事发生的城市或地区。我国城市化进程的加速发展,全面促进了各地的经济建设,高速铁路的建设发展,加强了区域之间的联系,推动了区域经济的繁荣发展。位于高速铁路线路节点上的高铁车站,已跨越了交通建筑的单体形象,正在上升为区域经济发展的标志。人们越来越清晰地看到了高铁对于社会结构和经济发展的推动作用,从近年来各地上演的"高铁车站争夺战"中也可以窥见一斑。近年来,中国城市圈的协同发展使得高铁车站的布点不再是以城市为服务单元,而拓宽、辐射至满足区域的需求,充分发挥一线城市为核心的区域作用。因此大型城市

高铁车站

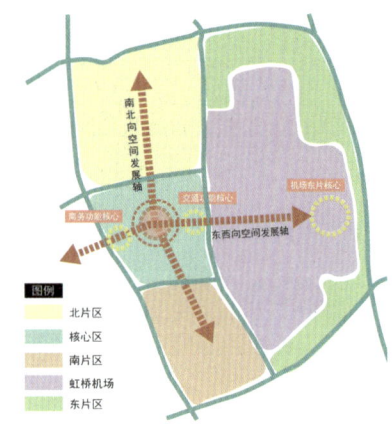

图 4.7 虹桥火车站的区域核心作用

的多站分布建设策略成为应时、应地的需求。高铁车站在城市中的多点分布的战略意义也将从城市"门户"转向成为区域"标志"。

2010年上海虹桥综合交通枢纽建成,从中可以感受到,高铁车站作为城市标志已经不单单是依赖其宏伟的外形,而与城市公共交通的无缝衔接,往往会让你感受到不同于传统意义上的火车站形象。虹桥枢纽作为上海乃至长三角地区区域城市发展的核心和导向"标志",更多的是通过其综合的交通能力对周边经济发展的带动而树立起来的。如今虹桥火车站已经成为新型交通方式带动区域经济、产业发展的典范。

2017年建成通车的佛山西站,地处广东省中南部的佛山市,与广州站、广州东站、广州南站一起形成广佛都市圈的"四主"客运站。佛山西站的落成对佛山以及珠三角向西南的辐射和拓展、产业向内地的转移都具有重要的意义和作用,成为珠三角区域建设发展的标志。

3. 地理形态

我国高铁车站建设一般有两种情况:一种是利用既有站改造;另一种是择址新建。既有站改造通常位于主城区,新建高铁站一般在中心边缘区或者边缘区外围,利用高铁车站的带动能力,发展周边城区。近十年来,我国大量城市规划都会选择在即将新建的高铁车站周边布局新区,或对老城区边缘的既有火车站进行更新改造,以谋求发挥铁路的优势,带动车站周边城市区域的开发建设。

我国幅员辽阔,各地域的地貌条件大相径庭。不同地形地貌条件下铁路的线路接入城市的相对高度不同。根据各城市的地形条件,站房与铁路线的相对位置关系,可以分为线侧式、线正上式、线正下式、线端式等多种车站类型。相应的旅客进出站方式有"上进下出""下进下出"等类型。

在引入的铁路线高度与城市地面基本相同,且站房规模不大的情况下，通常采用线侧平式站型较为合理。将车站站房布置在线路一侧，客流通过跨线天桥组织进站流线，通过出站地道组织出站流线，这也是我们最为常见的"上进下出"流线组织方式。如武夷山东站就是一座典型的线侧平式高铁车站，拥有3台7线，站房建筑面积近3万平方米，采用了"上进下出"客流进出车站的形式。而铁路线路高度大大高于城市地面时，通常采用线侧下式站型，通过地道组织进出站旅客流线。哈大高速铁路的四平东站就是线侧下式站型，拥有2台6线，通过跨线地道实现"下进下出"的进出站形式。相反铁路线路高度明显低于城市地面，站房位于线路的一侧时，通过天桥组织旅客进出站的流线，这一类站型称为线侧上式。

图4.8 武夷山站

当铁路线路以高架桥梁的形式进入城市，且高架桥下方有足够的空间（通常高度在10米左右）时，高铁站房或可设置在高架桥下方，这一类型的车站称为线下式（高线位车站）。如无锡东站就是典型的线下式车站，站房设置在高架桥下方，整体采用三段式圆筒式造型将站台雨棚和站房造型作整体考虑。同样的苏州北站也是线下式车站。线下式车站可以充分利用桥梁下部空间，节省用地，同时也方便城市的地面交通穿越铁路线。

如果铁路站房位于线路上方时，称为线上式站型。线上

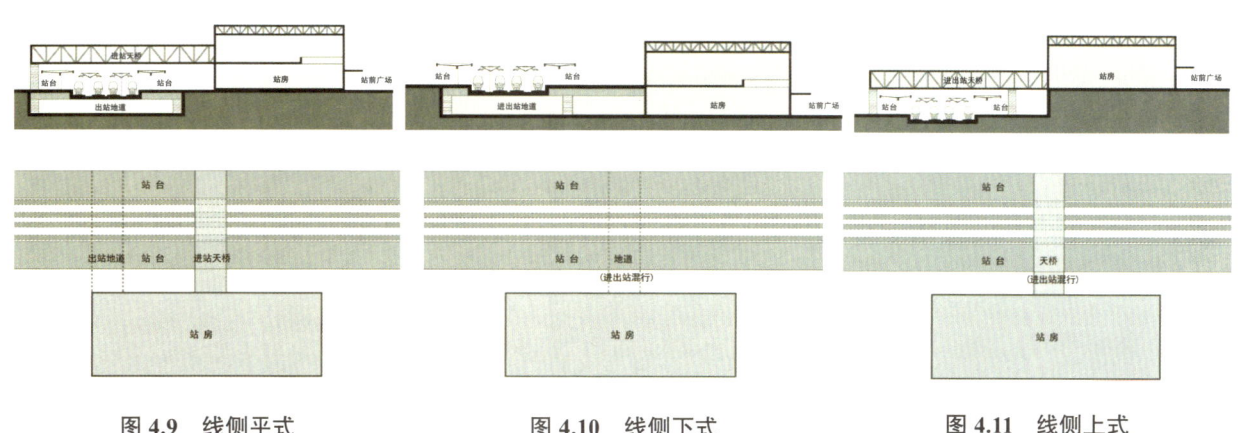

图4.9 线侧平式　　　图4.10 线侧下式　　　图4.11 线侧上式

高铁车站

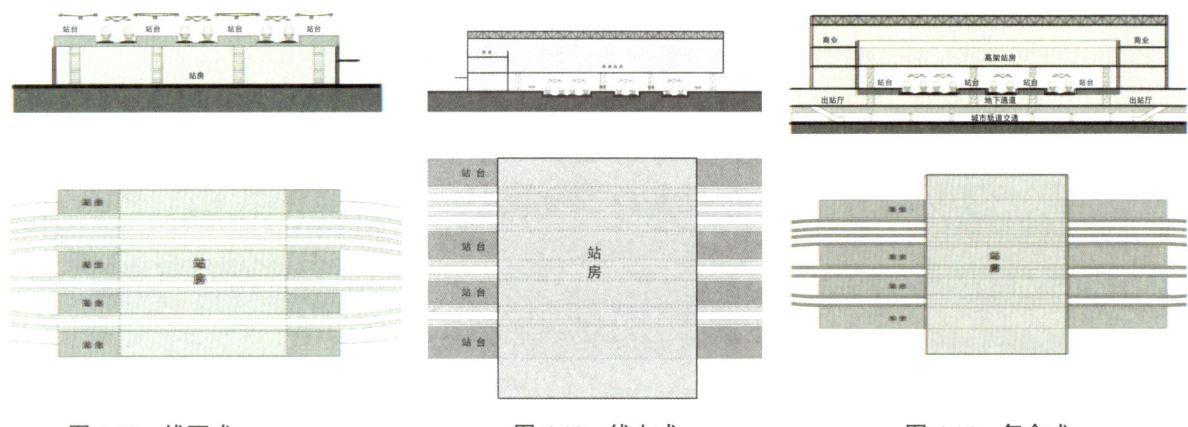

图 4.12　线下式　　　　　图 4.13　线上式　　　　　图 4.14　复合式

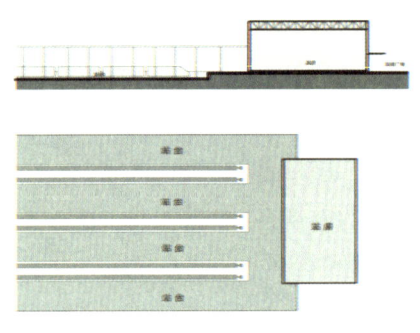

图 4.15　尽端式

式站房通常与侧式站房结合，位于线路上方的高架部分作为候车厅，线路两侧的侧式站房作为进站广厅部分。此类站房往往规模较大，流线复杂。省会级的大型站房往往采用线上高架的形式。如广州南站、武汉站、天津西站等。

尽端式车站是铁路线在站内截止，而站房则设置在铁路线的尽头。这种车站形式在国内比较少，多见于欧美国家。因国情和建设条件的不同，建造这种站型的原因也不尽相同：有些火车站是铁路线路的起点和终点，有些是因为铁路线穿城难度较大而不得不中断，还有一种原因是西方国家铁路分属不同的铁路公司，彼此不共享车站。英国伦敦市内共有11个尽端站，把伦敦围了一个大圈。由于铁路在城市中心穿越影响太大，但又都希望把铁路修到城市中心，于是有铁路公司在北面修一个尽端式车站，另一家公司在南边修一个尽端站……各自为政，难以共享，各站之间的联络也相对困难，也就会出现像伦敦的国王十字火车站和圣潘克拉斯国际火车站，两站仅仅一街之隔的有趣状况。我国早期的尽端式车站有：南京西站、北京前门站、上海北站。随着中国铁路的发展，许多末端的线路被连接、延长，使得尽端式车站渐渐消失。我国现存为数不多的尽端式车站，有北京北站、青岛站、

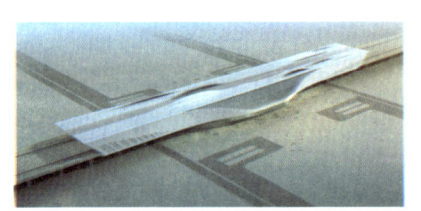

图 4.16　苏州北站

图 4.17　米兰中央车站

图 4.18　青岛站

重庆站、珠海站等。

不同城市的地理条件决定高铁车站的形式，也造就了高铁车站建筑形态各异的展现方式，使得许多特殊地理条件的高铁车站打造出风格迥然的城市门户和区域标志的形态。

二、铁路之窗

一座高铁车站就像一个小小的社会，聚拢了全国各地的旅客，包罗了男女老幼等各类人群，高铁轨道串联起沿途大大小小的城市，高铁车站则成为展示新时期铁路文明的一个个窗口，也是铁路为旅客提供服务的窗口。为满足不同人群

高铁车站 >

图 4.19　帕丁顿车站内的雕塑

图 4.20　大西部铁路战争纪念雕塑

的出行需求，体验细致入微的车站服务，高铁车站的空间设计充分依据国家有关建设的法律法规，并制订了特色的行业细则，为南来北往的旅客提供周全人性化的服务。

1. 交汇的站城文化

服务于城市交通是高铁车站的建设之本，而作为城市与铁路文化展示的载体则是新一代高铁车站建设的社会附加值。从旅客购票进站开始，候车、上车、下车、出站，高铁车站必须充分保障并方便旅客的基本交通行为，在此基础上，车站不再单一地满足交通出行功能而是期望成为兼顾城市多功能服务的场所，许多现代高铁车站既考虑了满足旅客精神需求和营造城市历史的文化氛围，又致力于成为铁路和城市文化双向展示的窗口。

于1854年开通的伦敦帕丁顿火车站由著名建筑师伊桑巴德·金德姆·布鲁内尔（Isambard Kingdom Brunel）所设计，如今车站的中央大厅内摆放了一座设计师的雕塑，使过往的

图 4.21　佛罗伦萨火车站历史展示区

图 4.22　佛罗伦萨火车站出站厅

图 4.23　昆明南站内的历史展示区

图 4.24　昆明南站展示区细部

图 4.25　昆明站候车厅主题雕塑

图 4.26　阳朔站进站厅假山石

旅客通过熟知的建筑师来了解车站历史。在帕丁顿车站的一个月台上还树立着一座大西部铁路战争纪念雕塑，刻画的是一个正在阅读信件的士兵。这座雕塑出自英国雕塑家查尔斯·萨吉特·贾格尔（Charles Sargeant Jagger）之手，由丘吉尔在 1922 年于终战纪念日揭幕，以此来纪念在第一次世界大战中丧生的大西部铁路员工。意大利的佛罗伦萨火车站则单独设置一个区域来展示车站建设过程中的一些历史照片以及报纸报道，使旅客更清晰地了解这座车站的历史故事……这些看似简单的雕塑或者展示图片，却能从侧面反映出铁路或者车站的特有的文化，给旅途中的游客带来一丝精神上的享受。

在中国新建的高铁车站内，也多有富于地方传统和特色文化的空间展示。如新近建成的昆明南站在候车大厅中单独开辟出展示滇越铁路历史的区域，而山东的曲阜南站、宁夏的银川站、云南的昆明站、广西的阳朔站、福建的厦门北站等，则在车站内部环境的塑造中透射出对地域文化的尊重和人文

图 4.27　改建后的天水站

高铁车站

图 4.28　天水站保留壁画

图 4.29　天水站第三候车厅

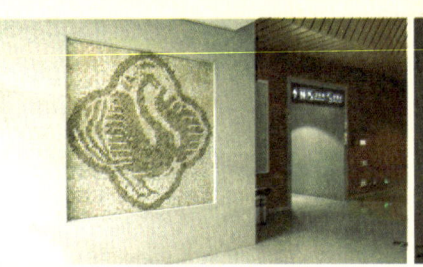

图 4.30　天水站迁移的壁画　　图 4.31　天水站售票厅屏风

图 4.32　天水站第一候车厅

图 4.33　天水站进站厅

图 4.34　天水站进站厅照壁

图 4.35　天水站第三候车厅局部

精神的展现。

　　于 2017 年底完成改造通车的天水站，位于甘肃省天水市麦积区，是兰新铁路上的重要节点，也是西北腹地城市——天水的重要对外窗口。在天水站的改造设计中，对老站房采取保留修缮的策略，不仅对站房结构完整保留，而且保留其基本建筑形态，并使之更加地精致化。在站房内部空间的改造、重塑过程中，进站前厅的挡墙土演化为中国传统的"照壁"，壁上勾勒了改造前天水站造型剪影图案和老一代国家领导人的题词，完整保留并修复了原有站房内的马赛克壁画，而且在不影响功能交通流线的前提下分区域增设了一些文化展示窗口，如进站厅检票口两侧设置壁龛，移植了原马赛克壁画中表达"丝

> 第四章　车站战略蓝图

图 4.36　重庆西站内部商业布局

绸之路"和"天水奇迹"的图案纹样，商务茶座区设置了天水车站文化历史窗口的展墙，站房内外选用红砖墙面装饰保持与"麦积山"山体同色，并在售票厅内安设了伏羲文化的镂空艺术屏。整个扩建改造使新站房在满足交通功能的同时，成为保存城市记忆和展示天水文化的博览窗口。

2. 完备的乘降服务

今天的高铁车站与以往的火车站已经不能相提并论了，铁路速度的提高使得城市间的距离不再遥远，旅途时间大大缩短，旅客出行愈来愈方便。现代化及科技与人性化服务在车站建设中全面升级，"等候式"车站模式转化为"快进快出"的高效率乘降体系。出行旅客可以提前在手机上订票；乘坐地铁、公交等多种交通工具到站；根据健全的导向信息指示方便行动；

图 4.37　上海南站内部商业布局

115

图 4.38 南京南站候车厅

图 4.39 长沙西站候车厅

图 4.40 南昌西站候车厅

图 4.41 南宁东站候车厅

图 4.42 重庆西站进站厅

图 4.43 重庆西站候车厅（一）

图 4.44 重庆西站候车厅（二）

图 4.45 重庆西站候车厅夹层商业布局

通过高铁车站内全面配套的电、扶梯自动乘降服务设施自如地上下；快速、方便而安全抵达站台乘坐列车；提早抵达车站的旅客可以就座休息等候，也可以在高铁车站内餐饮逛街。完备的服务体系使异地、异城搭乘高铁出行如同逛商场一样方便。

3. 舒适的候车环境

由新技术、新材料、新系统筑造而成的高铁车站，提高了营运效力、提升了候车环境品质。全空调加新风系统满足冬暖夏凉的温度环境；天花上间隔有致的分缝条板不仅美观，而且能够让大空间嘈杂的声音穿过并被隐藏的吸音棉吸收而减少声音反射，降低声音在室内混响；楼、扶梯的倾角减小而适合负重旅客舒适上下行；平台侧的玻璃栏板采用双层钢化夹胶并加高的安全玻璃可防止行李的无意撞击和物品不小心坠落；卫生间不再设门，略带曲折的布置在于方便拖带行李的旅客进入，并尽量降低异味对公共空间的影响。新型高铁车站在细节处林林总总为民着想、点点滴滴为客服务，让旅客感受实实在在的便捷出行体验、完完全全的城市窗口美誉。

4. 温馨的人文关怀

20世纪，当人们提起火车站，自然就联想到一年一度恼人的"春运"，脑海里浮现出拥挤、嘈杂、混乱、无奈、恐慌的各式场景。近年来，令人生畏的铁路"春运"情形已成为了过去式。车站作为铁路窗口，不仅在日常努力做好为旅客的基本服务，春运期间各个车站纷纷为返乡旅客服务献策献计，上演了多出温馨、感人的好剧。2016年除夕，银川站在候车室内举办了一场"新春大拜年"的文艺联欢活动，主动搭建百姓大舞台，车站职工或自编自导献演，或邀请旅客登台，提前在车站上演了"春节联欢晚会"。2018年元月，西南地区最大的车站——重庆西站建成之际，举办了一场别开生面的名为"重庆西宝宝"的欢庆活动，邀请了建设、管

图4.46 各地车站内的人文活动

高铁车站

理、设计、施工等参建单位中所有在车站建设期间出生的宝宝和亲属到场,进行亲子游戏活动并拍照留念,以谢参建者,以喻前赴后继,彰显铁路人的情怀。

三、车站规划

新规划的高铁车站犹如一块石子落入城市待开垦区域的平静水面而激起涟漪,高铁"门户"区域的规划蓝图由此渐

图 4.47　兰州西站站区规划

渐展开。铁路线引入成了该地区的一条重要交通轴线，而车站作为连接铁路线城市两侧的节点自然形成了一条与铁路线相交的城市发展轴线，两轴相交将周围土地切划为四个片区，因此形成了我国铁路车站区域典型的"一心、两轴、四片区"的基本规划格局。目前我国高铁车站建设处于付诸实施阶段，真正意义的战略规划包含了区域城市规划、站前交通规划和站区城市设计三项主要内容。区域城市规划主导发展方向，确定土地范围、权属、用地性质和功能、建设规模，主、次道路系统结构，以及各地块的开发容量；站前交通规划量化分析区域机动车流量和进出站交通与过境交通的关系，优化规划路网、立体化梳理人车交通分流组织和安全信号控制，以及解决各种城市公共交通车场的分布与高铁车站的换乘对接；站区城市设计则是建立规划构想与建筑设计之间的桥梁，主要目标是实现高铁车站与城市相邻地块的具体功能，设定旅客进行各种交通换乘的路径以及建筑组群的空间分布形态。

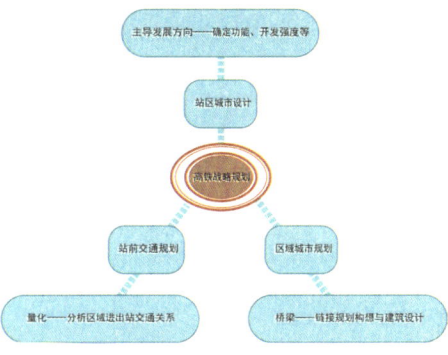

图 4.48　站区规划图解

1. 站区布局

根据客流交通行为以及适宜步行距离的经验，在充分保障交通功能优先的前提下可以将最靠近高铁车站的 300~500 米核心区域规划为进出站客流的步行换乘区域，紧凑设置各类城市轨道交通、公交、旅游巴士、出租车、社会车辆接驳高铁客流的交通设施和场地，并穿插、渗透各类直接服务于高铁旅客的配套商业，以及改善环境的绿地、广场，引导并缓解大客流量的集散。高铁车站之外的一平方公里范围是高铁核心区的扩展与城市功能紧密衔接的地段，设置相对密度较高带有酒店、会展、商业、办公等相关功能的建筑，提高土地使用的效率，满足与铁路交通输送相关的产业分布。而再往外部的空间规划，则以衔接城市生活为主，设置有片区居民住宅、学校、医疗、商务、休闲和文体活动

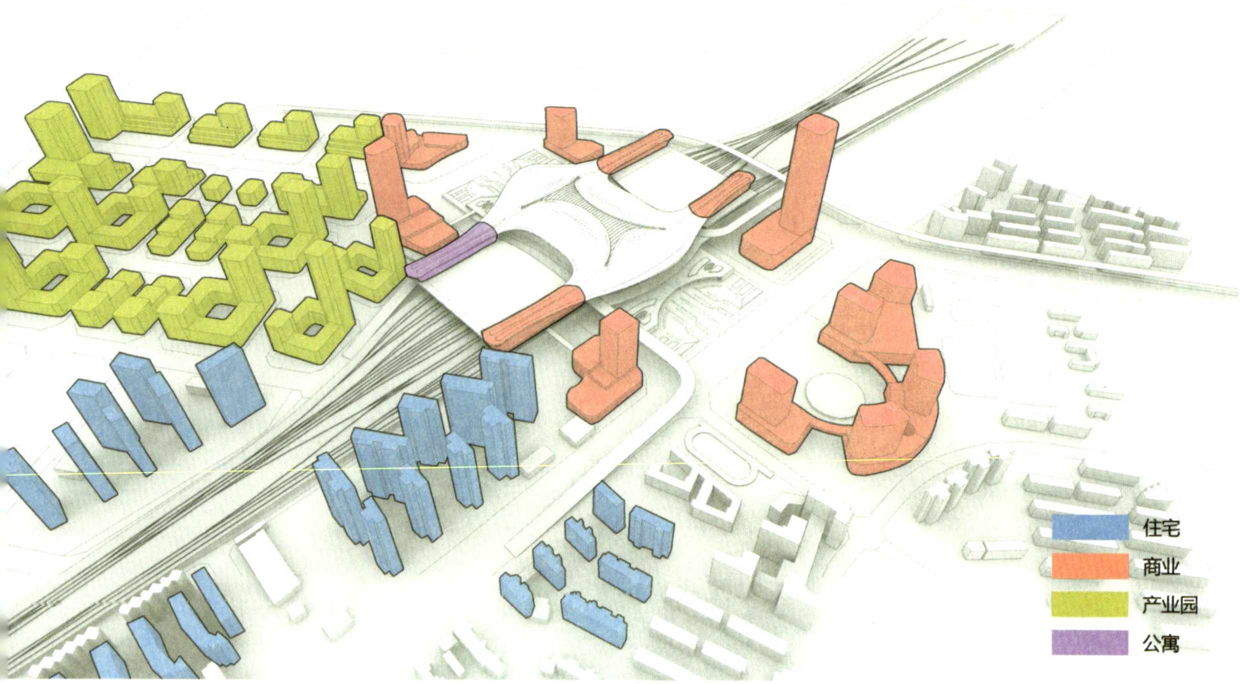

高铁车站 >

图4.49 城市高铁片区功能分布

图4.50 高铁站圈层理论图解

等日常城市活动场所。这种层层外扩的规划模式被业界称之为"圈层"发展，其形成的空间形态以高铁车站为核心，从低平而开放的内层交通圈逐步扩展为紧凑高效土地利用的经济圈和便利的城市生活圈，规划的建筑组合密度、强度和高度由低到高再到逐步缓冲连接城市，并形成区域整体发展疏密结合、张弛有度的开发节奏和空间次序。

高铁车站被视为城市的交通节点、铁路与城市之间连接的纽带。从传统意义上讲，它具有行政、文化和交通功能等多种属性，站前广场的作用则很大程度上诠释了这种多重性。作为车站前广场，通常具有被看、被用、被感受的作用，人们通过空间开放的广场完整地感受车站的形象，接受城市文

图 4.51　重庆西站站前广场

化在车站形态上些许反映的信息，当然更重要的是交通的接驳与集散功能。站前广场需要有效地组织交通流线，使进出站的人、车行为分离，各行其道、安全有序。分离进出站的人流，以免不同方向的客流对冲。我国的高铁车站面对城市方向的立面对称而工整，以突显城市的官方属性，因此，一般设定为车站的中部为进站口，一侧为出站口，以方便旅客辨识。而广场的两端分别设置公交车站和小汽车停放场地，将大小车辆的出入口分离，也有效地解决了不同车辆的分类管理和客流组织次序。通常其布局的方法是以公交优先的原则为设置依据，即接驳换乘客流量大的公交车场、旅游大巴集散车场会优先考虑布置于更为靠近车站的场地，而将社会车辆停泊场地适当远离。一些大型城市的车站，接驳换乘交通的流线组织和场地布置方式更趋于立体化设置，比如，设置高架桥输送旅客进站，设置地下车道和小汽车停车库，以方便出租车抵达地下出站口，快速接上出站旅客离开，或社会车辆接送旅客停泊。合理的人车流交通规划，方便了旅客，提高了效率，也保障了安全。

2. 交通引导

在交通规划方面，高铁车站相比以前的火车站增加了诸多城市公交接驳方式，大大提高了客流交通便捷可达的输送效率。大型城市的轨道交通疏解了几乎三分之一或以上的铁路到发客流，但作为大运量铁路交通，城市道路的连接、疏通问题依然严峻。在每个高铁车站的设计初期，专业人员便依据城市的年客流运量以及高峰季每小时的客运量，精确推算出城市接驳交通的最大需求总量，并确定了合理的不同接驳交通工具分量，从而制定交通分流的道路网格体系以及进

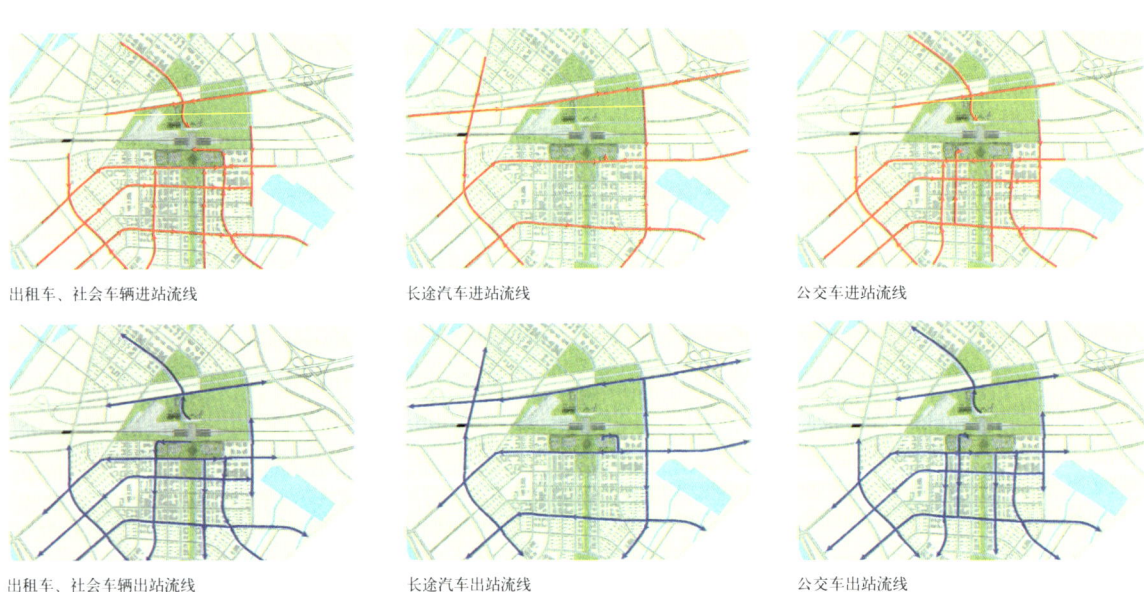

出租车、社会车辆进站流线　　　长途汽车进站流线　　　公交车进站流线

出租车、社会车辆出站流线　　　长途汽车出站流线　　　公交车出站流线

图 4.52　高铁站站区交通流线分析

站与离站的大小车辆分行原则、人车分流的布局策略,同时通过先进的计算机模拟技术,在可能发生的规划交通路段进行模拟测试和分析,采取相应措施将交通拥堵防患于未然。今天,我们所见到的站前区单向分流循环的机动车道、为过境车辆专设的地下隧道,以及最少的交叉道路和最少数量的交通信号灯设置,都是设计前期车站交通专项研究的成果,最终目标只有一个:最大限度保障车站地区的车流顺畅,越简洁的交通流线带来越快捷的交通疏解效率。

广州南站,是华南地区最大的客运枢纽,车站位于广州市番禺区钟村镇,是广佛都市圈地理中心位置。广州南站地区规划范围为35.7平方公里,核心区2.5平方公里。对于广州南站这一综合性交通枢纽而言,除了车站内部交通设计外,良好的外部交通环境是保证车站交通效率的重要因素。对于外围交通网络的衔接,规划道路系统由两纵两横的快速路和三纵三横的主干道组成,路网基本格局为方格网加放射状。另外,设置专用匝道连接车站与高速公路,进一步提高交通

图4.53 广州南站核心区平面布局

高铁车站 >

图 4.54 广州南站核心区鸟瞰

效率，并且优化广州市轨道交通网规划，垂直站房方向引入轨道 2、7 号线和佛山 3 号线，在站房东广场平行引入轨道 12 号线，保证站区的车流通畅，提升交通疏解效率。

3. 城市空间形态

城市设计在我国是一门由西方引进的综合规划与建筑的学科，它介于宏观的城市规划控制和微观的建筑设计之间，既用于检验街区规划的适用性，又适合指导房屋建筑设计的合理性。大量区域发展城市规划由于多以设定控制性原则和用地性质导向为主，而缺乏建设的系统标准以及对由组群建筑构成的城市空间形态的有效控制。另外受到实施建造周期的变化、地块开发业主的更替等因素的影响，难以真正主导区域城市的建设发展。车站地区城市设计方案以城市区域规划为基本依据和初始条件，深入展开高铁车站与地方区域城市发展的关联性研究，包括动、静态交通组织与衔接、相邻地块的业态渗透与用地平衡、不同区域的开发密度与强度影响分析、建筑与城市空间形态构成、区域城市建筑风格与色调协调以及分期建设、成本投入分析等多项研究，为车站地

图 4.55 昆山站片区城市设计　　　　图 4.56 南京南站片区城市设计

区的城市建设提供了详细的技术实施导则和可持续发展的动态建设依据。

高铁车站区城市设计区别于其他城市设计类型，主要体现在围绕高铁站作为规划设计的重要节点，而对周边区域城市土地、空间高效使用进行研究。利用高铁带来的客流效应形成以车站为核心的辐射状区域城市发展圈并层层展开。

如在昆山站片区城市设计中，整个站区以高铁车站为核心，首先解决铁路与城市交通的便捷接驳换乘，随后在其周边以环形辐射状布置开发强度较高的商务办公圈层以提升土地的价值，并在其中设置标志性高层建筑，作为统领全区的视觉焦点。在商务办公圈外围，则是以居住为主的城市生活圈层，它们之间通过开放的自然环境空间相互穿插、衔接，形成城市的活力。

此外，一些城市的高铁片区为了突出高铁车站的核心位置和标志性，通常会以车站为节点，规划出一条垂直于铁路、延伸向车站的景观轴线，贯穿站前整个片区，在轴线两侧布置商业或者特色景观，形成轴线型城市形态。

比如，南京南站正好处于南北向的城市发展主要轴线上，从古至今这条城市轴线一直是南京城市发展的重要线索，站区规划以该条城市轴线为基础，设计了一条从枢纽站房到秦淮新河风光带的中央景观轴，通过景观视线与步行交通的密

高铁车站 >

切联系，从空间景观上进一步强化了城市主轴的发展脉络。中央景观轴向北与景观大道玉兰路相连，沟通雨花台风景区；向南与景观大道利源路相连，沟通百家湖与九龙湖。

规划先行，体现出中国高铁车站与城市整体布局结合、共同发展的先进性和系统性，表明了中国高铁车站建设的宏图描绘正在走向成熟，越加趋于理性。

四、融入城市

1. 城市单向发展——火车拉来的城市

火车站历来都是带动城市发展的重要因素，国内不少城市都因火车站而起，因火车站而兴。譬如郑州、石家庄等就有"火车拉来的城市"之说。

郑州在民国时期还是一个小县城，隶属开封。1904年京汉铁路郑州站开通，此后又随着陇海铁路建成通车，郑州逐渐成为中国连接东西南北两大主要干线的重要枢纽。大批的商品随着铁路汇集到这里，郑州的商业日益繁荣，至1954年河南省政府由开封迁往郑州，郑州从此成为河南省的省会。与郑州一样被深深烙下"铁路"印迹的石家庄也是因为铁路

图 4.57 郑州站两侧城市发展状况

的引入而蓬勃兴起，1907年随着正太铁路竣工通车，原本的小村庄成了京汉和正太这两条华北重要铁路的交汇点，由于铁路的原因石家庄成为沟通京津及华北东北与山西能源和经济的重要枢纽。石家庄也逐渐成为现代化的大都市。

然而在铁路引入这两个城市之初，铁路车站是采用线侧式布局的形式。站房一侧面对城市中心方向，由于车站人流的带动，逐步扩张、蓬勃发展，而另一侧则逐渐没落。长久以来，铁路线几乎成为一座城市的切线，火车站则成为切点。至今在一些城市也能见到这样一种景象：火车站的一面正对老旧的中心城区，另一面朝向建设中的新型城区，线路两侧互不贯通或弱势连接，各自为政，交通独立。一个站成为城市的两个交通体系尽端，道路交通无法分享，客流优势难以互补（改造之前的天津站、上海站、西安站），一侧是高层林立、尽显繁华，另一侧却暗淡无章、陈旧没落，形成了铁路线两侧的资源强弱极其不平衡状况，势态优劣明显。

2. 三维多向发展——"消融"的火车站

现代车站正在通过各种技术手段的运用，政策和策略的调整，扫除传统规划的不足和盲区，努力改善城市单向发展的不利影响，使城市得以均衡发展。

今天城市中心区的高铁车站在规划设计阶段就考虑到这个问题，目的是转换由铁路带来的大容量、大客流拥堵而造成的混乱和不堪，化作为由众多人群带来的商机优势和道路资源的互补分享。规划上，让城市主要干道非常顺利地从铁路线的上方桥梁或下方隧涵穿越，方便车辆过境贯通，并结合站房的地下或地面出站通道，独立设置连接铁路线两侧地区的城市通廊。这类在规划上称为"缝合城市"的设计方法大受欢迎，频繁运用，不仅将高铁客流有效地疏散，并成为周边城市经济发展的活力因子，也使高铁车站不再成为城市生活的屏障，相反成了交通引导城市发展的原动力，这也是

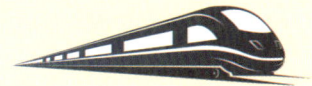

高铁车站

图 4.58　葡萄牙里斯本东方车站

图 4.59　德国柏林中央车站

图 4.60　沙坪坝车站剖透视

图 4.61　沙坪坝车站鸟瞰效果图

源于著名现代西方规划思想"TOD"理论（以公共交通为导向的发展模式）。从我国近年建成的高铁车站的周边发展来看，这种方法收效明显，许多经济发达地区已经着手扩大这种优势，研究更加多样化的对策来消除铁路对城市的分隔，逐渐使车站消融在城市中。

比如葡萄牙里斯本东方车站、德国柏林中央车站、深圳福田站等国内外铁路站房就已经开始尝试用新的思路来解决火车站造成的城市分离问题。这些车站不仅将站房两侧用地当作一个整体规划，而且将城市公共交通、商业零售、信息服务三位一体综合考虑布局，集约发展，更加高效。

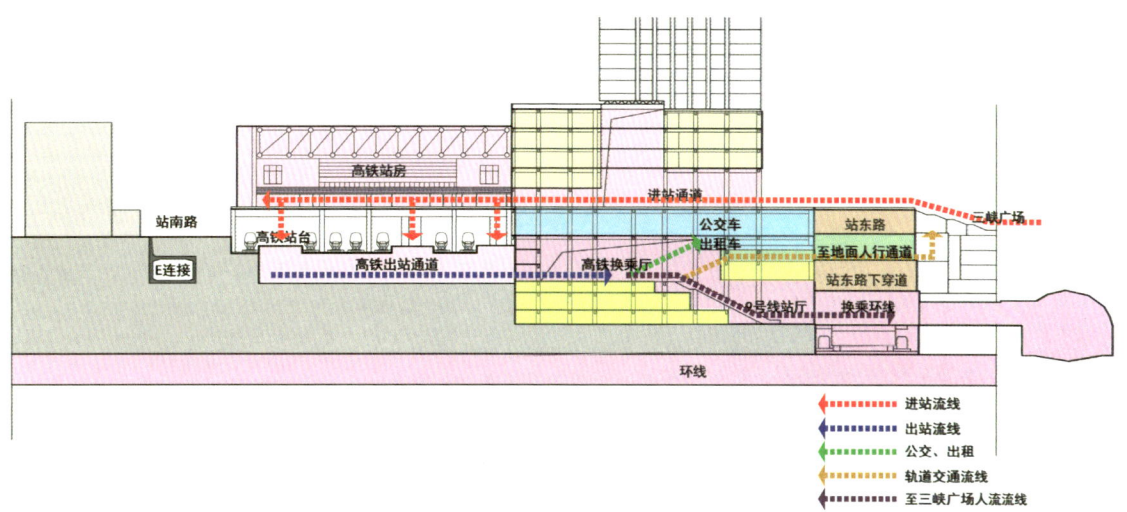

图 4.62 沙坪坝车站剖面图

类似的高铁车站在我国开始出现,如 2017 年建成开通的重庆沙坪坝站,铁路线深埋于地下,车站隐匿于周边紧密围绕的城市建筑群中,地面的交通道路井然有序,城市生活未受干扰,高铁带来了源源不断的客流,为城市增添了活力,城市的繁华则为车站平添了情趣,站与城相互交融、相得益彰。

第五章 创新中传承

一、独特的形态寓意

二、文脉的潺潺延续

三、交织的技艺呈现

高铁车站 >

建筑总是借助于造型、材料、色彩等"语汇"来表达特定的趣味、意境和愿望,从历史典故、自然风貌、文化传承中汲取创作元素,传递刚正与柔和、坚实与通透、厚重与轻盈等不同的情感。高铁车站作为建筑学科门类中交通建筑的一种类型,同样也在承袭其历史的规律和文化的精华,适应时代的需要而谋求新的发展,在不断探索和创造中延续文脉,为车站注入新的活力而续写辉煌。

一、独特的形态寓意

如同北京南站的站房造型源于天坛神殿的意象,每一座城市的高铁车站都具有不可替代的城市文化传承和表征城市精神的意义,抑或折射自然、人文、政治、经济和科技等多重社会含义。另一方面,高铁车站是新时代交通需求的产物,是城市中受到民众高度关注的公共场所,也是城市对外宣传的名片。因此,无论官方还是民间,无形中高铁车站俨然已成为了城市形象的代言,输出社会、政治、经济、文化观念的附加值。

1. 显性的形态呈现

一些具有特定历史文化积淀的城市,在设计车站时首先会选择本土极具代表性的历史建筑、古城墙、著名桥梁、出土的文化器物等直接的形象特征,并采用现代科技和艺术手段,将最富有城市特质的属性,强烈地体现在车站的造型之中,并以此作为城市或本地区的至上荣耀,展显出城市的尊严和地域文化的自信。在我国高铁车站建设中,站房造型多姿多彩,有的形式源于中国传统建筑;有的是由上古历史文物的形态演变而来,或具有某种地方特色器具的神韵;还有一些取型于典型民俗文化图案或生命万物的自然姿态等,以一种显性的形态来表达独特的文化寓意。

具有唐代出挑深远屋盖形式的西安北站,与古都建筑风貌一脉相承;演绎蒙古包篷帐而成的呼和浩特东站,游牧文化一目了然;厚重沉稳的郑州东站则具有"青铜鼎"神韵;线条流畅、现代感十足的重庆西站如同凝视世界的"西南之眼";泾县站以宣纸平坦、舒展的中国式挂卷,成就了宣城的特色美誉;石家庄站挖掘了位于河北赵县境内赵州桥的文化内涵,吸取了其外形要素,通过建筑形态的塑造,创造出一座现代化桥梁的意象;唐山站以筒拱的形式表达"旭日东升"的意境;重庆北站以层层后退的阶梯状造型来塑造山城重庆群山层叠的形象。

图 5.1　西安北站

图 5.2　呼和浩特东站

图 5.3　郑州东站

> 高铁车站

图 5.4　重庆西站

图 5.5　泾县站

图 5.6　石家庄站

图 5.7　唐山站

图 5.8　重庆北站

> 第五章　创新中传承

图 5.9　西安北站夜景

唐风汉韵——西安北站

汉唐盛世的古都长安举世闻名，西安北站作为其标志性建筑，折射了西安的地域文化特征。建筑形态通过提炼汉唐建筑飘逸深远的屋盖以及厚重的西安古城墙等形态特征，运用现代结构技术逻辑、建筑材料和构造细节进行形态转译，抽象地表达了唐代宫殿建筑大屋顶的神韵，让人们感受中国传统建筑空间的壮阔，描绘出古都西安的"唐风汉韵，盛世华章"。最终的建筑形态既符合大型交通建筑的特征，又体现出城市的文化底蕴。

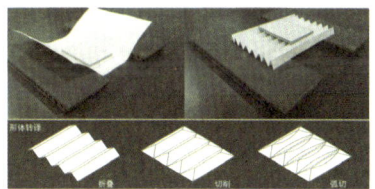

图 5.10　屋顶生成图解

西安北站的建筑形态塑造在体现地域文化特色的同时，也充分体现结构受力的真实性及合理性。利用结构构件形成一定的韵律，体现结构自身的形式美——用 11 个折板钢网架结构单元组成站房的屋盖，并在每一个单元的屋脊处设置梭形天窗，结合遮阳百叶为室内营造良好的自然采光和通风环

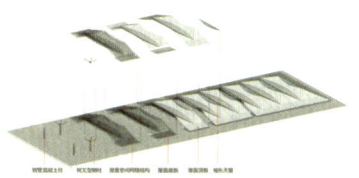

图 5.11　屋顶结构图解

高铁车站

图 5.12　西安北站候车大厅

图 5.13　西安北站挑檐柱

图 5.14　西安北站挑檐夜景

境。阳光透过半透明的天窗形成丰富的光影，产生具有视觉冲击的室内空间效果。同时，隆起的弧形屋脊与舒展的两翼挑檐形成了中国传统建筑庑殿顶重檐深远的空间意象。

游牧篷帐——呼和浩特东站

地处内蒙古自治区首府的呼和浩特东站以"草原穹庐、展翅雄鹰、白云故乡、青色之城"作为造型立意。远远望去，车站主体部分挺拔的竖向墙体和玻璃窗虚实相间，半椭圆的穹顶凝聚了整体空间，如一座洁白的蒙古包散落在了眼前。俯瞰东站，结合站台风雨屋顶向两侧展开，呼和浩特东站宛若一只雄鹰，有机地将地域文化融入于现代化交通建筑之中，成为呼和浩特向远道而来的客人展示地域特色的新地标。

呼和浩特东站以中央"穹庐"覆盖下的大厅为中心，广

> 第五章 创新中传承

图 5.15 呼和浩特东站

图 5.16 呼和浩特东站穹顶　　图 5.17 呼和浩特东站大厅

场层中央部分为出站大厅，两侧散布设备及辅助空间。落客平台层中央部分为进站大厅、候车厅，左右两翼分别设置售票厅、贵宾厅等功能空间，办公等车站内部功能设置在左右两翼售票及贵宾厅的上层空间通过中央庭院进行组织。通过楼扶梯和无障碍电梯联系候车层和广场层，方便广场层旅客换乘。室内中厅结合采光天窗塑造出一个层层收跌的穹顶形象，不仅体现出蒙古包的空间意向，而且在功能上起到节约了能耗增加了自然采光的作用。

呼和浩特东站通过对内蒙古民族元素和地域文化进行演绎，创造出了一座具有鲜明特色的现代化高铁车站，最大限度地为旅客提供便捷、舒适的出行环境，满足不同层次旅客的出行需求，有效缓解既有呼和浩特站的运输压力，并与城

137

高铁车站

图 5.18 "双连壶"

图 5.19 郑州东站局部透视

市布局相适应，提升了铁路客运服务的质量和水平。

鼎盛中原——郑州东站

郑州东站是我国重要的铁路枢纽站，设有 16 座站台、30 条铁路到发线；总建筑面积近 40 万平方米，主体站房建筑面积约 15 万平方米。高铁车站设计为高架候车形式，采用上进下出的客流交通组织，集城市公交、长途客运、轨道交通、出租车等多种交通换乘方式于一体。

郑州地处中原大地，历史悠久，是中华民族的发祥地之一，孕育了极其灿烂的中原文化。早在公元前 3600 年，这里就是商王朝的重要都邑，历经千年的洗礼，郑州所沉淀出的厚重、沉稳与恢宏，成为中原文化的精髓。

郑州东站作为城市标志性的门户建筑，被赋予表征中原文化的使命。车站的建筑形态传承了当地出土的文物礼器"鼎"的形象寓意，结合内部功能，借鉴"双连壶"的和谐构图，主立面呈现了"双鼎相连"的意象。建筑的细部和室内装饰设计采用了青铜器上的纹饰，内外呼应，协调统一，体现悠久的文化底蕴。整体形象如抽象的雕塑，稳健而厚重，浑然一体，充分展示了中原文化的特质。

图 5.20 郑州东站

2. 含蓄的意趣隐喻

从字面解释，隐喻是一种修辞手法。隐喻是指一种自觉的象征，是在形象化中从意义出发的比喻。在粗略地体验建筑时，许多人会说："这房子意味着什么、它令我想起……"这些大致的含义和带感情色彩的评论是很常见的。而这些隐喻的形式和内容往往都是大家熟悉的，比较著名的建筑有纽约环球航空公司（TWA）航站楼——展翅的大鸟，悉尼歌剧院——航行的风帆等。含蓄的隐喻是指设计师在进行建筑创作的过程中通过特殊的空间、造型处理手法来暗示建筑同传统文化、人与自然、历史的关系。例如金字塔隐喻了一种永恒不变秩序，希腊柱式则是对人体的隐喻——多立克柱式象征着男性，爱奥尼柱式则被认为是女性的代表。

图 5.21 纽约 TWA 航站楼

图 5.22 悉尼歌剧院

大连北站以简洁的几何形体塑造出"海水雕琢巨石"的形象，隐喻北方滨海城市建筑的坚实、厚重与浪漫、灵动。站房两侧东西延展的雨棚，则被塑造成"波浪的造型"，仿佛海水的波动。乌鲁木齐站的站房屋顶微微隆起，形成圆润流畅的天际线，犹如一颗冉冉升起的宝石，含蓄地表达了"丝路明珠"的意境。南昌西站以立面疏密有序的横向百叶隐约刻画出"荷叶"的形态，被赋予了"和谐、和平、和睦"的寓意。

图 5.23 大连北站侧透视

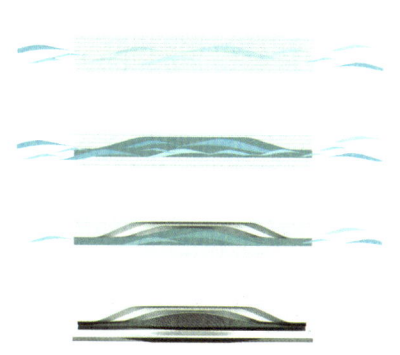

图 5.24 大连北站形态图解

139

图 5.25　大连北站夜景鸟瞰

图 5.26　大连北站正透视

图 5.27　乌鲁木齐站鸟瞰

图 5.28　南昌西站正透视

钱塘潮涌——杭州东站

杭州是中国最负盛名的风景旅游城市之一，依山傍水，自然环境秀美，气候宜人。深厚的历史文化底蕴，使杭州形成自然环境与人文环境完美融合的独特城市气质。进入 21 世纪随着钱江新城的崛起，杭州城市走出西湖时代，开启了迈向钱塘江时代的新方向。

图 5.29　杭州东站站场

被视为现代化的交通枢纽的杭州东站，位于钱江新城的核心，总建筑面积约 34 万平方米，车场规模达 15 台 30 线，预留 3 台 4 线的磁悬浮车场。车站采用高架候车、上进下出的流线组织方式，与城市交通紧密结合，无缝衔接，以缩短旅客的步行距离，方便旅客换乘，提高旅客出行效率。在出

图 5.30　杭州东站

图 5.31　杭州东站候车厅

高铁车站 >

图 5.32 杭州东站组图

站厅所在的地下一层设置主要的换乘空间,实现与国铁、地铁、磁浮、长途巴士、公交、出租车等各类城市交通工具的换乘。

杭州东站拥有简洁、流畅、空灵的建筑造型和充满动感的空间,不仅呈现出交通建筑的特征,而且使得内部功能和结构逻辑自然流露。"未来主义"的车站建筑形式,散发着杭州城市面向未来发展的气息。造型流畅而舒展的轮廓曲线,源自宋代马远的《层波叠浪》图中关于水的刻画,抽象传达了"钱塘浪涌"意象。站房的灰白色调,呼应江南城市色彩的主基调,幻化为粉墙黛瓦的"水墨淡彩"意境。

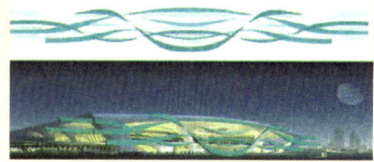

图5.33 杭州东站概念图解

城市拱门——天津西站

天津西站位于天津市中心城区西北部的红桥区,是天津铁路的西大门。旧时的车站始建于1909年,是一座由德国建筑师设计的典型德式建筑,虽历经风雨,却依然保持着独特的魅力,目前作为天津市重点保护文物在一旁静静地凝视着新西站的辉煌。

天津西站站场规模13台26线,站房主体高度约57米,站房建筑面积约10万平方米,采用上进下出的流线组织模式和高架层"腰部"进站的方式。高架候车大厅东西宽约282米,南北长约381米,高高架起横跨铁路车场,成为天津新区的一座面向未来的交通枢纽和城市标志。

图5.34 老天津西站

天津西站的造型由一个颇具动势的半圆拱和两侧水平展开的柱廊构成,超级拱顶的尺度造就了城市门户的崭新形象。拱顶结构采用编织的形式并微微前倾,寓意拉动天津城市发展的"火车头";圆拱的立面幕墙划分被处理成放射状百叶的形式,表现出光芒四射的意象;圆拱结构不仅创造出简洁大气的外形而且塑造出极具震撼力的室内空间效果。置身于这个极具古典风格的拱筒结构空间内部,柔和的阳光从优雅的钢结构拱顶缓缓洒下,自然会让人深受那一种特有的、跨越时空的感召。

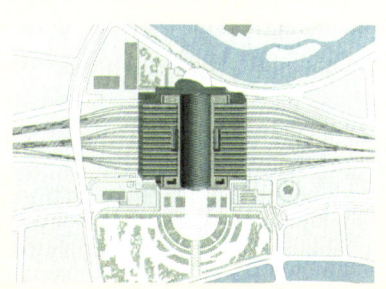

图5.35 天津西站总平面图

高铁车站

图 5.36　天津西站

图 5.37　天津西站剖透视

图 5.38　天津西站屋顶细部

图 5.39　天津西站主入口立面

3. 符号化的城市地标

　　一座城市的标志性建筑代表着城市的历史、现在和未来，是城市之魂的体现。因此标志性建筑的创作需要在城市历史、文化的基础上寻求创意的核心和表现的方法。标志性建筑总是凝聚了人们的情感、城市的历史和时代的成就，契合特有的地理环境，秉持城市的风貌，尊重城市的传统，以此提炼城市文化的特质，构想城市未来愿景。然而，作为建筑个体却难以堆砌展示众多的信息，优秀的建筑往往是通过其特有的语言，高度抽象的"符号"，表述人们可以联想或能够被广为接受的典型形态信息，并为一座城市或地区代言，就像悉尼歌剧院、巴黎埃菲尔铁塔、北京故宫、比萨斜塔、东京铁塔、纽约自由女神像等世界上著名的标志性建筑一样。

　　由于高铁车站的特殊性，它往往是一座城市联系外界的

> 第五章　创新中传承

图 5.40　南宁东站

图 5.41　贵阳北站

重要交通节点，并且往往又先期建设于所在区域的其他待开发地块。彰显特色并努力成为城市建筑的标志，自然而然成为高铁车站设计创作的重心，兼具高度融入、协同周边的城市整体建设发展的重任和使命。犹似当年上海陆家嘴核心地区的三栋超高层建筑，它们与周围其他建筑互补共赢，形成闻名世界的、独一无二的新上海天际线。

近十年来，高铁车站的建设舞台上，又出现了一批优秀的可以担当起一座座城市形象地标的车站建筑作品。如南宁东站，屋面菱形纹理呈网状交织，形如枝繁叶茂的大树冠，寓意广西多民族团结互助、众木成林；贵州北站，重檐层叠，横向三段式展开的形象，唤起大众对"梯田""瀑布"的联想。

145

> 高铁车站

图 5.42　昆明南站

图 5.43　昆明南站鸟瞰

图 5.44　昆明南站主入口特写

羽雀都城——昆明南站

云南是孔雀的故乡，优雅美丽的孔雀舞也是云南留给世人的难以忘怀的印记。昆明这座升腾于高山、覆盖着彩云、高照着艳阳的高原明珠被赋予了春天的概念。昆明是一座春城，也是一座舞动绽放的魅力之城。昆明南站以"雀舞春城，美丽绽放"为主题，创造出别具一格的建筑形象；建筑立面整体由七束扇形盛开的孔雀羽毛构成，宛如盛放的孔雀之灵在跳动美妙的七彩云南之舞。

昆明南站中部的悬挑屋盖营造出极具魅力的室外空间，中部为带有民族特色的坡顶主入口，仿木构的雨棚颇具西南地方特色。恢宏的尺度与精致宜人的细节对比，起翘的屋檐如同振翅欲飞的孔雀之首，演绎出雀舞春城的生动情节。主入口两侧各有四片羽毛，与中部形体共同组成孔雀开屏的优美造型，欢迎八方宾客的到来。外墙的表皮采用云南特有的银饰纹样组成"羽毛"的肌理，形成浮刻质感，体现浓郁的地域特色。站房扇形主体由钢结构体系构成，内部为站房功能用房与商业休闲空间，集形式与功能于一身。站房造型轻盈舒展，璀璨绽放，体现出春城缤纷浪漫的城市文化特点。主立面大面积实面的立面处理以及主入口竖向百叶有利于遮阳，屋面光伏板组件以及薄膜太阳能

图 5.45　昆明南站"羽毛"造型

图 5.46　昆明南站候车厅

高铁车站

电池的利用,使站房不仅具有浪漫、精致的造型,同时具有节能环保与可持续发展的实践意义。昆明南站是一座充分利用自然地理气候资源的绿色车站,它的落成也进一步突显了"春融万物,和谐发展,敢为人先,追求卓越"的昆明精神。

丝路之驿——银川站

连接中东地区的丝路驿站——银川站分为东西两个站房。西站房始建于1985年,有南北两个候车厅,建筑面积3 000多平方米。高高矗立的钟塔以及富于韵律的造型成为当时车站建筑中的精品。扩建的新站房位于东侧,于2011年12月15日建成启用,建筑面积约为3万平方米。

新建东站房造型特色显著,采用了一排连续的尖券拱结构形式,以呼应当地建筑文化符号。站房中部三个高起的尖拱凸显了车站的入口,同时在立面造型上,借鉴了新艺术运动的美学手法,使缠绕与编织成为形式主角,简练的造型节奏刚好吻合了车站两翼候车区的水平延展与尖券构成的垂直向开放空间的功能关系,使整车站的整体造型更为流畅与自然。

车站的室内部分,采用了与室外同样的材料、构造、造型元素、设计手法以及细部原则,无论是站房,还是天桥雨棚,都达到了室内与室外装饰效果的完美统一。整个车站内部空间追求典雅宁静的空间氛围。站房一层中部为基本站台候车室,南北设置出站厅、售票厅等功能空间;二层为跨线候车室,南北两端设置商业、餐饮等服务空间。一、二层候车室的东西两侧均是落地的玻璃幕墙,拥有开放观景视野。在二层,站在东侧的玻璃幕墙边极目远眺,银川市的金凤区城市风貌尽收眼底。

银川站在充分满足交通功能的同时,体现了"人文绿色"理念,烙印了回族地区的文化符号,展现出浓郁的民族风情。

图 5.47 老银川站

图 5.48　银川站

图 5.49　银川站正透视

图 5.50　银川站局部特写

图 5.51　银川站室内透视

图 5.52　银川站室内场景

二、文脉的潺潺延续

城市文脉是一个抽象的概念，关联着城市历史文化的产生、传承和延续，包含了城市人文、建筑、景观以及自然环境中的各种显性形态要素，也具有城市的经济文化、宗教以及社会风俗等隐性要素。建筑作为构成城市风貌的重要物质元素，是其所在城市的社会文化、自然环境、意识形态等的视觉呈现。高铁车站作为城市建筑中的重要类型，不仅是一个城市的门户，而且是一个城市与铁路历史文化的双向视窗，具有传达信息的功能。因此车站会通过形态造型或空间塑造等建筑的语言，来传承城市的文脉，体现所在城市的自然环境风貌，反映城市文化特征，延续历史传统。

1. 融入自然环境

建筑不是孤立存在的个体，它存在于一定的环境中，共同参与其秩序的构成。因此每一个建筑的生命之初就要考虑同城市空间、自然环境的协调。高铁车站由于其体量大、占地面积大等特殊因素，对城市自然环境产生的影响更大。高铁车站在中国辽阔而各具特色的地域气候条件下，就产生了建筑空间与自然环境的不同对话，充分利用环境特点与优势，通过对周边山体、水系、林木等自然景观的分析，使高铁车站能更好融入自然环境，成为大地景观的一部分。

长沙南站将山峦的起伏曲线提炼为站房的建筑造型语言，将水的波纹转化为站台雨棚的形式，烘托出建筑与自然山水环境的融合，"山水交响"的主题和长沙"山水洲城"的形象特质一脉相承。位于贵州黔西南布依族苗族自治州普安县的普安站，地形复杂、局促，甚至没有一块足够布置站台的平整地面，而且有虎跳河横穿基地。普安站建筑利用这一地形特征将大部分站台都建在桥上，将地面空间留给站房，

图 5.53　长沙南站鸟瞰

图 5.54　长沙南站落客平台

图 5.55　长沙南站站台雨棚

图 5.56　普安站站场全景

图 5.57　普安站卫星图

图 5.58　普安站连接站台的连廊

151

高铁车站

图 5.59　阳朔站

图 5.60　井冈山站

形成了横跨两市、州的"河谷上的高铁站"。

这样的高铁车站还有很多，一如阳朔站依山就势采用逐级跌退的方式化解高差，实现站房与环境的和谐；井冈山站将站房屋顶和站台雨棚统筹考虑，和周边绵延的山体相呼应。它们都深深地与所在地的气候、地形等自然特征融合，因地制宜地创造出舒适的人工环境和和谐的建筑形态，透射出广袤中国大地上多彩的地域特色。

南国风情——三亚站

流畅的屋顶、充满热带风情的夸张出挑……一座热情奔放的高铁车站坐落在祖国的"天涯海角"——三亚市。三亚站那片连绵的坡屋顶给人以强的烈视觉冲击，优美的曲线寓意"波浪"，与背景连绵的群山和谐一体，延绵的屋顶向两侧出挑，并非完全出自美学的考量，也是对原先精致小巧的三亚火车站的致敬。事实上，由于三亚的纬度很低，全年大部分时间太阳高度角都较高，三亚站屋顶的轮廓线是根据太阳角度来设计的，屋檐的出挑长度在脊顶处最长，而在曲线

图 5.61　三亚站外观组图

图 5.62　三亚站室内组图

> 第五章 创新中传承

图 5.63 三亚站远景

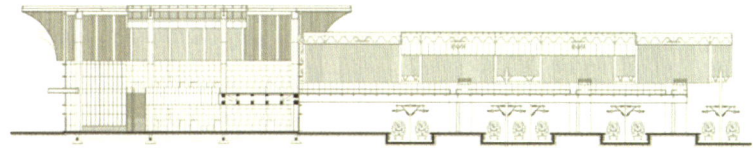

图 5.64 三亚站剖面图

中点处最短。这样的设计减少了首层阳光直射,并遮蔽了立面上的玻璃幕墙,大大降低了用于室内制冷的能耗负荷。

三亚站的外墙体采用了玻璃幕墙,使整个建筑无比通透。幕墙选用木色金属坚挺疏密有致,自然、温馨富有节奏和韵律;内部空间以候车大厅、进出站大厅和售票厅等通高空间为中心,结合功能用房左右延展,一字排开,交通辨识度清晰;流畅的曲面屋盖延绵起伏,形成连续的空间产生轻松活泼氛围;中间部分附加遮光膜的采光天窗让阳光均匀洒下,增加了空间的情趣。整体的木纹暖色和金属的冷色形成对比,搭配浅色的大理石地面,营造出契合三亚自然环境的清新淡雅的基调,成为国境之南颇具文艺气质的车站和世界旅行者的目的地。

图 5.65 三亚站天桥

图 5.66 三亚站外幕墙

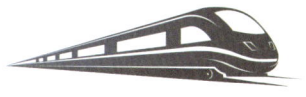

高铁车站

图 5.67　黄山北站渲染效果图

图 5.68　黄山北站实景　　　图 5.69　黄山北站侧透视

奇松迎客——黄山北站

黄山景区不仅是黄山市的名片，也是中国的一张名片。黄山不仅坐拥知名的山岳风光，更是徽文化核心区，集世界文化与自然遗产于一身。徽文化以其广博、深邃，成为中国传统文化精髓的代表之一。竹帛所载，丹青所画，徽州文房四宝以物化的载体书写着千年中国传统文明，徽文化不仅筑造在粉墙黛瓦中，也书写在经史书画和黄山的山水性情之中。

黄山北站的建筑造型提取了中国山水画的元素，以国画的抽象笔法表达出传统徽派意蕴，同时兼顾对黄山磅礴雄浑、天然巧成的形象特征进行全新的诠释。车站建筑表面富有韵律变化的横向格栅营造出宣纸般纯净的背景，以凸显模拟迎客松及黄山石意象的造型构件。站房基座采用云纹图案搭配黄山石的自然色彩肌理，呼应黄山云海奇观。黄山北站的整体造型雍容大度，立面构图流畅开放，如同迎客松伸开臂膀欢迎远道而来的客人，同时也和周边自然山峦环境相映成趣。

2. 折射地域文化

表达地域文化特色已然成为我国新时代高铁车站建筑精品创作的主流趋势。地域文化色彩的显现提升了高铁车站附加值，吻合其作为城市文化展示窗口的身份，而地方独特的历史文化、传统习俗、意识形态以及由此形成的城市肌理和建筑环境，都将是高铁车站建筑创作的丰富源泉。

图 5.70　南京南站

我国幅员辽阔，地区间的经济文化、人口分布、历史传统等方面都存在较大的文化差异。在运用新技术和现代建筑审美的前提下，须从地方人文环境的历史性、文化性、社会性等方面归纳特征，尊重城市和地段已形成的整体布局和空间尺度，才能在站房建筑体型、体量、空间布局形式乃至材料和色彩等方面与地域文化融为一体。

如以"基础""柱廊""重檐""斗拱"等传统建筑元素为设计语言，营造出具有地域风格和独特气质的南京南站，以及在建筑造型上运用象征手法表达"山体随着黄河水波动"这一概念的兰州西站，都是对地域文化的真实写照。

图 5.71　兰州西站

高铁车站

图 5.72　成都东站

图 5.73　成都东站鸟瞰

古蜀文明——成都东站

成都，地处于中国西部，是"蜀文化"的中心，其中三星堆和金沙文明则是"古蜀文化"的精华，是长江上游古文明的典型代表，是中华文明的发源地之一。金沙文明的"太阳神鸟"传达了古蜀人对生命和运动的敬畏，三星堆文明的青铜艺术以其独特、神秘、古朴的特征和精湛的工艺水平，成为古蜀文明辉煌成就的代表。

铁路站场规模 14 台 26 线，站房建筑面积约 10.8 万平方米的成都东站是我国西部地区最大的综合交通枢纽之一。成都东站的建筑形式是对四川古蜀文化的致敬。主站房入口一对宛如青铜面具雕塑的立柱采用青铜仿古涂饰技术，在视觉上传达了金沙文化和三星堆古蜀文明的艺术精华与成都独特的历史渊源。颇具雕塑感的立柱在侧向视角甚至也可被解读为两枝绽放的芙蓉，热情迎接四方来客，其实际功能却是支撑主站房外挑

> 第五章　创新中传承

图 5.74　成都东站夜景

图 5.75　成都东站候车厅

宽大顶棚的结构立柱。力与美、现代与传统在此交相呼应。

　　站房舒展的屋顶的檐口装饰纹理则来源于金沙文明中太阳神鸟张扬的火焰形体。檐口的地域传统纹饰与前广场立杆照明的灯饰设计遥相辉映，使车站建筑与环境浑然一体。站房内部空间结合自然采光，舒适明亮。成都东站具有古蜀文化底蕴的建筑形态，赋予了车站鲜明的地域特色。立面幕墙则融入当地传统的"竹编"和"青砖"意象，幕墙整体如同披上了一层竹编造型的外套，避免阳光辐射的同时也契合成都竹文化的地域气质。

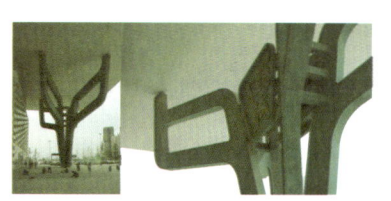

图 5.76　成都东站檐口立柱

157

高铁车站

图 5.77 苏州站

姑苏窗棂——苏州站

苏州是一座拥有 2 500 年历史的文化名城、江南水乡，充满风雅的曲桥水网、细碎的粉墙黛瓦、斑驳的花光水影，浓浓地凝聚着吴文化的精髓。

苏州站处于新旧城区交接的位置，南临苏州古城护城河，北接平江新城。新建的苏州站就如同一座"桥"连接起苏州的古与今。具有强烈地方建筑色彩的菱形体作为基本构型要素，形成赋予地方特色的屋顶桁架体系，化解了巨大的建筑体量，使站房、雨棚如同闹市中的一片街区。苏州站作为一座现代化的交通枢纽，兼容了地域的历史文化，成功镶嵌在这座千年古韵的城市之中。

2010 年苏州站北侧站房建成投入使用，2013 年南侧站房建成，历时 5 年苏州站全面投入使用。南站房入口营造了

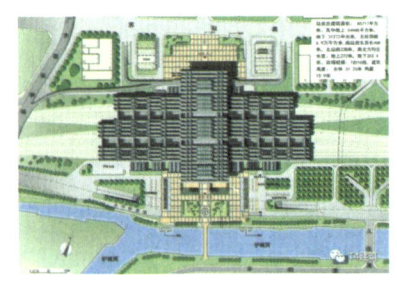

图 5.78 苏州站总平面图

> 第五章　创新中传承

图 5.79　苏州站组图

半室外的集散空间结合下沉广场、绿地，把建筑和自然景观相融合，园林特征明显。建筑整体以灰、白、栗三色为主，深灰色铝板屋檐是灰瓦的寓意；白色穿孔板吊顶敷以栗色骨架组成的连续折板造型，是传统木构建筑的语言；外墙部分采用栗色的金属格栅幕墙，则是传统民居中"窗棂"的再现；广场前两组菱形灯笼柱撑起大跨度的屋架，栗色的结构杆件呼应着粉墙黛瓦，在吴门烟雨中讲述着水巷船家的故事，站前宜人尺度的粉墙将站房各部分空间联成整体，藏藏露露，缥缥缈缈，古朴、时尚而静谧。

站房的室内风格与室外高度统一，白色菱形天花嵌着栗色结构杆件，形成丰富的表情，粉墙黛瓦、栗色花窗格栅、灰色的墙踢脚和窗框，共同构成了苏式韵味十足的室内界面和肌理。贵宾室的造型汲取了园林建筑的空间处理手法，再

图 5.80　苏州站候车厅

159

高铁车站

图 5.81　苏州站站台

现传统宅邸的空间层次——错落的影壁，自由的景观水体，风格明朗清雅、朴素自然。竹子和格栅用作公共卫生间与等候区的分隔，疏密有致，光影婆娑。

站台雨棚在造型上与站房整体融为一体不分彼此，线路上空通透，给旅客带来阳光和清风。全新苏州站以新颖、细腻、现代的建筑手法以及新的技术和工艺，塑造了一座"苏而新"的车站建筑精品。

3. 承载历史传统

建筑是记忆的载体，传承昨天的历史，而今天也终将成为明天的记忆。可见，高铁车站建筑创新的基础源自于对铁路文化的精髓传承和更新、对现代科技的认知和应用以及对未来发展的高瞻和远瞩。中国铁路百年，留存了许多经典的建筑文化财富，它们见证了历史和文明的发展进程，早已成为一个城市的符号并留传至今。

图 5.82　正阳门火车站

图 5.83　大智门火车站

在中国城市和高铁建设的大浪潮中，一些早期的火车站近年来逐渐淡出历史舞台，或被改造为博物馆，如正阳门火车站、大智门火车站、湾里火车站等，或遗憾地消失在历史的长河中的老济南站、老长春站等。而幸存下来的具有历史价值和鲜明时代特色的火车站也陆续面临着更新、扩建和改造，以适应现实的功能需求。在新时期铁路站房更新过程中涌现出了一批传承与创新共生的优秀车站作品，如新的汉口站，一方面保留了 20 世纪 90 年代汉口站的结构布局，另一方面融入原芦汉铁路大智门火车站的意象，清晰地体现了汉口站的历史传承；新建的哈尔滨站则重现了昔日中东铁路哈尔滨站装饰艺术风尚的辉煌；武昌站的建筑造型，在现代建筑风格中融入楚汉文化的内涵。

修陈若旧——沈阳站

在东北地区原中东铁路和南满铁路沿线，能保持历史原貌的车站建筑为数不多，其中沈阳站东站房迄今已有一百多

图 5.84　湾里火车站

> 第五章　创新中传承

图 5.85　老济南站

图 5.86　老长春站

图 5.87　汉口站

图 5.88　哈尔滨站

图 5.89　武昌站

年的历史，是保存最为完好、"辰野式"风格最为鲜明的一座车站。老沈阳站建于 1899 年，时称"谋克敦"（满语，意为上天恩赐喜爱的城市），后改称"奉天驿"，是由当时日本建筑大师辰野金吾的两位弟子创作设计的。他们的设计方案沿袭了辰野所设计的东京站的风格，绘制了沈阳站的图纸。在平面上讲究严格的轴线对称，正立面横纵均为三段式，中央两翼角楼上各设大小不一、不同特点的绿色铜皮穹顶，穹顶上开设圆形天窗，形成良好的构图。富有韵律的山花墙，增加了节奏感。红砖墙壁与白石砌成的墙踢脚、门窗框、墙角交相辉映，色彩明快。

2012 年，老沈阳站扩建为高铁车站，在完整保护、修复老站造型的同时，新站房扩建采用简洁纯净的半圆拱形，仿佛一轮红日烘托在老站房背景上，使大尺度的新站房与小尺

图 5.90　历史中的沈阳站

图 5.91　东京站

161

高铁车站

图 5.92 扩建后的沈阳站

图 5.93 修缮后的老站房

图 5.94 修缮后的老站房侧透视

图 5.95 修缮后的老站房大厅

图 5.96 扩建后的候车厅

度的老站房之间取得呼应。新站房整体外观仍为棕红色，相对简洁形态、干挂砖红色陶土板和精致的灰色金属装饰线条让新老站房保持协调。新老合一的沈阳站传承了历史和城市建筑的文化底蕴，又摒弃了过于复杂的装饰肌理，让百年老站重换新颜。

文脉延续——青岛站

碧海蓝天、绿树红瓦映衬下的美丽海滨城市青岛，得益于得天独厚的自然环境和众多的近代优秀历史建筑，而形成了独特的城市风貌。胶济铁路是青岛近代城市的发端，1900年建成的青岛火车站，那高耸的钟塔造型几乎成为几代人对青岛的记忆。

第五章 创新中传承

图 5.97　1991 年重建的站房

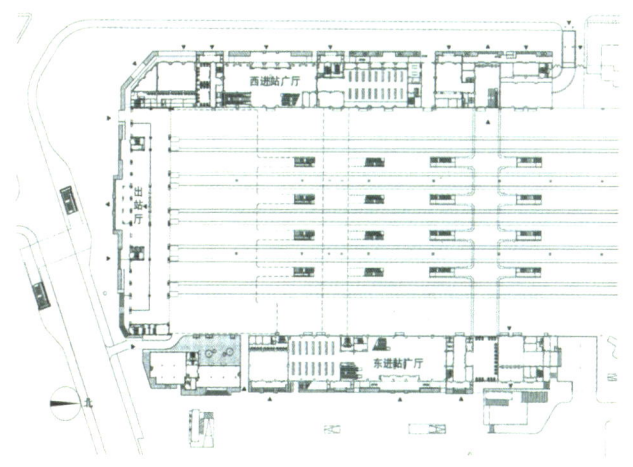

图 5.98　青岛站鸟瞰

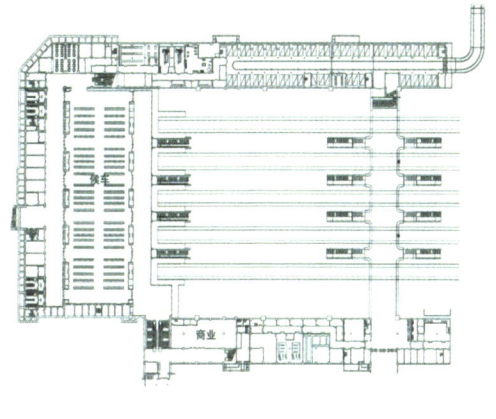

图 5.99　青岛站地下一层平面

图 5.100　青岛站一层平面

青岛站是国内现存为数不多的尽端式车站，原站房由德国人于 1900 年设计建造。1991 年站房改造中，为延续老站风格，南移重建了老站房。2008 年为迎接奥运会，青岛站进行了改扩建。新设计结合用地现状，沿用了国际上传统尽端式车站的经典布局方式，以老火车站的钟楼为中心和控制点，将站房建筑三面围合铁路车场形成"U"字形的围合布局——东、西两侧均设进站厅、候车厅、售票厅，南侧设置出站厅和商业。同时充分利用地下空间，在站场端头站台下方设置

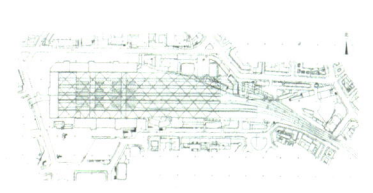

图 5.101　青岛站总平面图

高铁车站

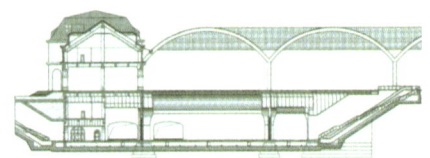

图 5.102　青岛站纵剖面

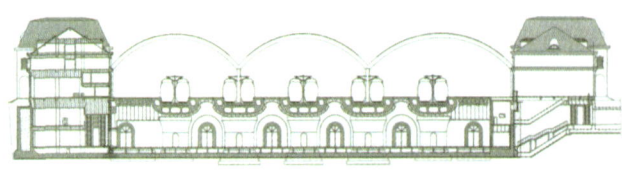

图 5.103　青岛站横剖面

图 5.104　青岛站站台雨棚

地下候车厅，与周边地下商业及地铁站相连接，方便换乘。站场各站台上设无柱雨棚。原有的德式钟楼和部分售票厅被保留改作胶济铁路博物馆。

改建后的车站与古典钟楼交相辉映，中心突出，主次分明，形式统一，使得车站的历史和文化得以继承和延续。

异域新译——哈尔滨西站

2012 年建设的哈尔滨西站为集多种交通方式于一体，融合铁路站房及地下空间、换乘中心、广场景观、商业开发等功能的大型综合交通枢纽。

哈尔滨西站的建筑空间融入了老哈尔滨站的记忆元素：屋面强烈的拱形轮廓线取自老哈尔滨站的曲线原形；主立面富于节奏和变化的竖向划分表现出韵律感，两侧柱廊浑厚而

图 5.105　青岛站跨线天桥

图 5.106　哈尔滨西站

图 5.107　哈尔滨西站候车厅

坚实,衬托出中部入口拱形空间细密柱列的优雅与细腻。车站设计张弛有度、层次分明,使其在满足乘降功能需求的同时,成为城市历史文化的载体,体现了车站文脉的延续和新旧的文化传承。哈尔滨西站在继承早期欧式"新艺术风格"的同时,去除了多余的装饰,呈现的整体造型更加现代、简洁、坚固,符合21世纪的时代精神。

哈尔滨西站候车厅选用暖色系的米色石材,局部配置了呼应外立面的红色色调作为点缀,形成温暖、明亮的视觉效果,表现出冰城哈尔滨的热情暖意;乳白色系微孔铝板吊顶和精美的天窗花格,不仅对室内光线起到极好的漫反射作用,使室内光线柔和均匀,同时兼顾大空间的特殊吸声要求;地面铺装采用同色系的米灰色石材,与室内立面材质及模数相呼应;颇具特色的商业夹层,犹如历史城市街区的拱廊,又宛如远东风情的大型剧院包厢。

时光交错,漫步车站,依稀让人们感受到这座城市的历史变迁,一座车站,一座城市,一扇窗户,一部历史。

图 5.108　哈尔西站商业拱廊

高铁车站 >

图 5.109 杭州南站

图 5.110 济南西站

图 5.111 中山站

三、交织的技艺呈现

1. 赋予人文特色

中国高铁车站的另一个特色是对车站所在地区人文事件的纪念,包括了地区的著名文化典故、人物或具有特别影响力的事件,通过现代建造技术手段以建筑的语言在同一个空间场景、造型中表达并传递那些为人熟知的信息。例如透过杭州南站的立式镂空百叶可以看出江南园林建筑的神韵;看到济南西站卷曲的屋面自然想起济南的泉城称号;中山站连续的拱券造型会让你觉得它和孙中山故里是如此贴切。

图 5.112　宁波站鸟瞰效果图

天一化水——宁波站

宁波站的造型既展现了宁波城市的人文精神,又具有鲜明的时代感,也是"天一生水,水生万物"的哲学思想的诠释。源于水文化的传承和建筑创意一直伴随着宁波站发展所经历的三个不同的历史阶段:1958年的宁波站,入口采用折线形的造型设计来描述水的波纹;1998年的宁波站,入口以波浪形的造型将折线进一步变化为弧线;2013年新建的宁波

图 5.113　20世纪50年代末的宁波站

图 5.114　20世纪90年代末的宁波站

图 5.115　宁波站

高铁车站

图 5.116　宁波站侧透视

图 5.117　宁波站外立面局部

图 5.118　宁波站进站厅

图 5.119　宁波站候车厅

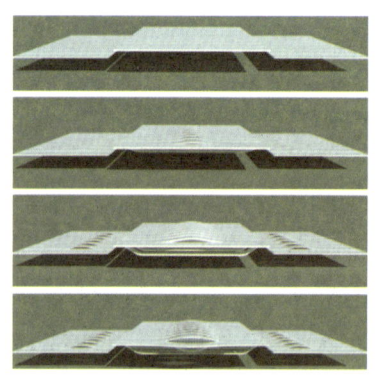

图 5.120　宁波站形态生成图解

站，造型中部的"水滴"向两侧绵延至雨棚形成"水波"。新宁波站建筑形态的构思显然是对历史的宁波站建筑文脉的延续，对"水"文化主旨的再度升华，赋予了车站建筑的灵魂，一脉相承的主旋律经过半个世纪的漫长岁月依然在整个宁波站的空间中回荡。

宁波站的建筑造型，是对江南水文化的演绎，也是创意设计的实践。宁波站整体似一张纸片，通过简单的水平裁剪，形成纸条，纸条的中部整体提升，形成中间高、两边低的车站功能格局，通过每一片纸片局部凸起与下降自然形成水波的形态，最终形成新宁波站的雏形，也展现了"天一生水"的意向。车站入口上方的一颗晶莹剔透的"水滴"造型成为水波中的焦点，让宁波站轻盈地展现在世人的面前。

图 5.121　遵义站鸟瞰

图 5.122　遵义站候车厅

图 5.123　遵义站拱廊

图 5.124　遵义站室内局部

红色文化——遵义站

遵义是我国著名的历史文化名城之一，"遵义会议"的召开，又让这座城有了"转折之城，红色之都"的称号。

遵义站于 2018 年 1 月投入使用，是渝贵高铁上最大的中间站，车站总建筑面积约 1.7 万平方米，站房总建筑面积约 1.2 平方米，车场规模 4 台 11 线。站房造型是对遵义会址的演绎和致敬。站房建筑整体采用横向三段式构图，吻合高铁车站的空间特点，同时汲取了遵义会址的特色——传统的歇山屋顶、小青砖外墙砌筑、白粉线勾勒细部、连续的拱券外柱廊、浅灰色石材基座和暗红色窗棂。通过对这些特色元素的重构，构建出稳重、精致的高铁车站形态，引发历史的联想，展现出遵义的历史文化精髓。

图 5.125　遵义站侧透视

图 5.126　遵义会议会址

高铁车站

图 5.127　青岛北站鸟瞰

2. 展示现代科技

建筑作为"社会的缩影""石头的史诗",是一个时代的写照,时代精神决定了建筑的主流风格。高铁车站建设无论外部形态或者内部空间的塑造都期望注重体现时代形象和新时期中国铁路文化,力求表现先进的科技观念,适应大众的时代审美观。现代高铁车站是大量采用新结构、新材料、新技术、新设备的时代科技产物。昔日敦实厚重的传统火车站形象正在被轻盈、细腻、通透的崭新形象所颠覆,大跨空间技术的应用一改大众对传统候车环境的认知。

图 5.128　青岛北站侧透视

图 5.129　青岛北站候车室

如青岛北站给人印象最为深刻的便是其大跨度结构屋盖以及其轻盈、独特的结构造型,其建筑灵感源于青岛的滨海印象,灵动飘逸的造型给人以无限的遐想。"展翅飞翔"的主体站房屋盖东西长约 350 米,南北宽 168～213 米,却没有丝毫的沉重之感,配以纤细的钢索结构,一直延续至整个内部空间,轻盈地捧起整个屋面,造型极具动感,挺拔有力,宛如一只振翅高飞的海鸥,更呈现出特殊的建筑品质、高科技的空间特征。再如改造后的广州东站从建筑形态到结构支撑都采用参数化模拟生成,与环境契合的同时也呈现科技特色。

图 5.130 广州东站

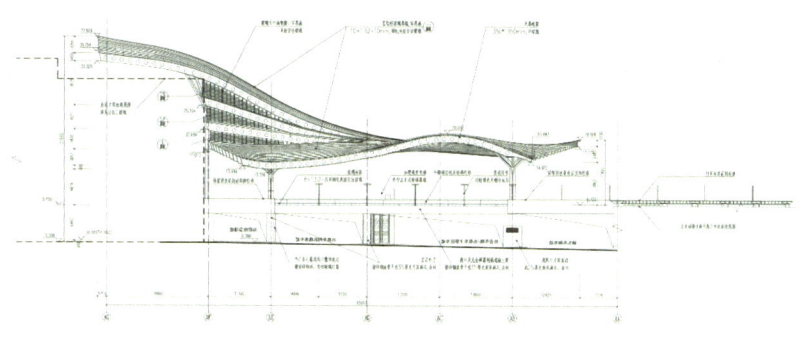

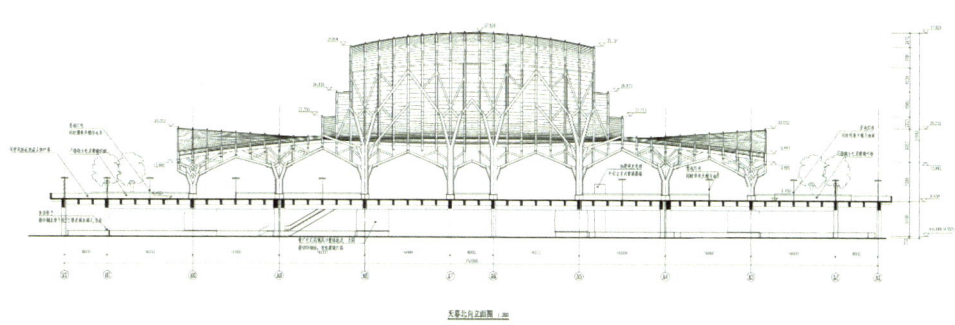

图 5.131 广州东站剖面图

> 高铁车站

图 5.132　广州东站雨棚

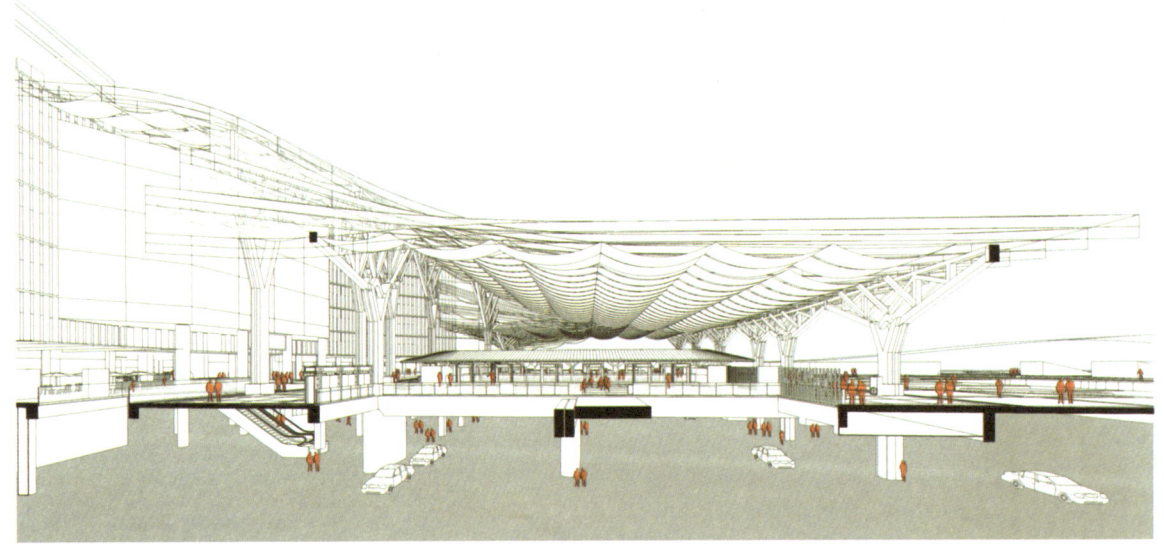

图 5.133　广州东站剖透视

> 第五章　创新中传承

图 5.134　深圳北站

彰显技术——深圳北站

深圳是一座富有科技创新精神的新兴海滨移民城市，具有开放、自由、包容的城市性格，其城市建筑也多体现出这一城市精神。

深圳北站的总建筑面积约 18 万平方米，站场规模 11 台 20 线，是深圳北交通枢纽的核心建筑。站房东西长 409 米，南北宽 208 米，钢结构屋盖最大跨度 86 米。钢结构最大悬挑达到了惊人的 63 米，其独特的建筑造型充分展示了现代建造科技的卓越成就。深圳北站建筑以"海浪线"为主题构思，舒展的横向线条是"轨道线""海岸线"的双重隐喻，同时契合了"空气动力学"的结构逻辑。站房屋盖与蓝白相间的波浪线条组合成"上平下曲"的形态，形成主题鲜明的建筑语言，营造出明快、通透及富有"海洋气息"的空间特质。深圳北站以现代化的材料和高科技技术手段，铸就了超尺度的建筑体量、标志性的空间和强烈的视觉冲击效果。

图 5.135　深圳北站鸟瞰

高铁车站

图 5.136　深圳北站远景

图 5.137　深圳北站剖面图

深圳北站站房最大的亮点是城市轻轨线像一道彩虹，轻盈地穿越了形态简练的高铁车站，这是我国首个结合场地条件将城市轨道交通以高架形式接驳高铁车站的成功案例，也是首次采用了"上进上出"的客流动线，实现了铁路客流与城市轨道交通在上空衔接的换乘关系，使设于高架层的候车

图 5.138　重庆西站

大厅得以与东西广场平接，旅客可以从轻轨线下方进入车站，形成充满活力的城市公共空间，创造出全新的空间环境体验。

西南之眼——重庆西站

重庆市地处西南腹地，是我国最大、最年轻的直辖市，国家历史文化名城之一，也是现代制造业的重要基地，更是西南地区的综合交通枢纽、战略发展的平台和重要引擎。重庆西站站场规模 16 台 33 线，总建筑面积为 12 万平方米，站台雨棚建筑面积为 9 万平方米。站房纵深约 450 米，其中东侧站房进深为 64 米，高架候车部分为 386 米。站房面宽约为 300 米，高架候车大厅最高点近 25 米。无疑，重庆西站是中国西南地区的一个重量级高铁车站。

车站的站台雨棚是我国高铁车站首次应用清水混凝土技术打造的一个集安全、美观、耐久、免维护于一体的站台候车空间。连绵的雨棚以精巧而简约的结构形式，细腻而利落的建筑风格一气呵成，一改想象中混凝土建筑的粗糙和笨拙。雨棚特别配置了定制设计灯具和暗藏 Y 形双向落水管，完整

高铁车站

图 5.139　重庆西站候车厅

图 5.140　重庆之眼

图 5.141　重庆西站侧透视

图 5.142　重庆西站雨棚

展现了建筑、结构、机电设备一体化设计施工的共融之美。

重庆西站房主立面以流畅的造型强烈体现现代交通建筑的韵味，大跨度组合拱形钢结构保障了组合幕墙的实施；双层开放式插挂铝板幕墙体系内侧暗置了排水槽，免去了金属板表面在重庆地区酸雨气候条件下，板面挂渍、腐蚀等维护保养问题；主立面造型内柔外刚、刚柔并济，银灰色金属质感，在阳光下熠熠生辉，象征重庆城市的地域个性；向外弧出而通透的玻璃幕墙与上部半透明的内倾阳光板幕墙交相辉映，体现建筑技与艺的完美结合，彰显重庆城市从往昔的山城文化走向国际化都市的时代特征。人们将其造型形象地视作为"重庆之眼"，这是个恰如其分的比喻：一个透过站房看重

图 5.143　天水站细部设计

庆的眼睛,一个通过重庆看西南的眼睛,一个立足西南看世界的眼睛。

3. 细部文化渗透

现代高铁车站在总体上坚持弘扬民族文化与科技创新的建设原则,并渗透于建筑的细部。精致的建筑细部一直伴随着建造的精细化发展,是建筑形态的深入点缀,是展现建筑技术、艺术、历史、文化的一个微型窗口,是提升车站的整体品质的保障。

细部元素的文化性往往取自历史的图腾,传统的构件,片段的记忆场景,典型的材料、色彩或地域文化的符号,在建筑的局部展现,形成品味建筑空间的层次,不经意间让人感受、体验和发现。

高铁车站

图 5.144　展现文化特色的细部节点组图

图 5.145　合肥南站

皖风徽都——合肥南站

合肥南站饱含徽派建筑的风格特征，轻盈舒展的屋面让人不禁联想到徽派建筑中四水归堂的建筑形式；屋檐下的空间，由细腻的徽派建筑传统石雕纹样自然过渡引入主站房；连续的透明采光天窗让阳光洒落在宽敞的候车厅内；被点缀了"马头墙"符号的进站单元，有序地分列在主空间两侧；行走在候车厅，恍若游走于徽州的传统老街，引人入胜的细部设计在时代的空间中延绵。

图 5.146　合肥南站外幕墙细部

车站外墙采用了具有当地特色的黄山石为整体建筑基调，其厚重与质朴的特点与金属、玻璃等现代材料完美结合，并以技术建构逻辑来演绎当地的传统风格。浅灰色系的室内色调，透射出建筑的文化性和时代气息，实现了建筑功能与经济、文化的高度融合。

图 5.147　合肥南站候车厅

高铁车站

图5.148　太原南站

三晋之首——太原南站

太原市古称"晋城",作为一个历史文化名城,太原南站的建筑风格充分体现了其城市的文化历史特征。

太原南站的室内空间塑造,抽象地表达了唐代宫殿之中斗拱和飞檐的意象,通过挺拔的立柱结构单元来体现建筑形式之美,不仅使整个站房建筑的结构轻盈而美观,同时也展现了中国传统建筑结构与空间的华丽和典雅。明清晋商的辉煌,造就了汾河两岸精美、华丽的砖石民居建筑。模仿空花青砖砌作法的外幕墙,让人联想起山西民居特定的建筑细节,呈现了地方建筑文化渊源,展示了"唐风晋韵"的雅致格调。

> 第五章 创新中传承

图 5.149 太原南站侧透视

图 5.150 太原南站候车厅

图 5.151 太原南站斗拱意象对比

【知识链接】

未来主义建筑：20世纪初期起源于意大利的建筑形式，特点是反历史主义，往往运用长线条，象征速度、运动、紧迫性和抒情性。它是未来主义艺术运动的一部分，是受诗人菲利波·托马索·马里内蒂于1909年发表的《未来主义宣言》影响而在建筑业界引发的设计思潮。

辰野式建筑：指日本著名建筑师辰野金吾的建筑特征，主要是根据英国"自由古典风格"，在红砖墙面上将白色石材以带状环绕几圈的立面结构。辰野金吾的另一个典型设计特点，就是将这种鲜明亮丽的外观与半圆形屋顶组合构成，被后人称为"辰野式建筑"。

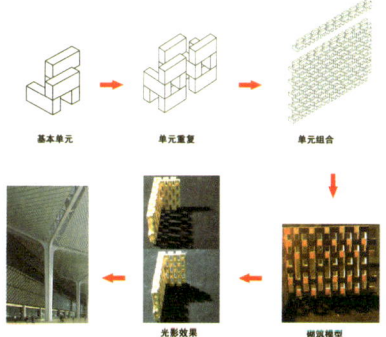

图 5.152 太原南站幕墙生成图解

181

第六章 漫游空间片段

一. 站前广场

二. 进站前奏

三. 舒适候车

四. 邂逅列车

五. 离站写真

高铁车站

铁路车站本质上是由有序的进出站旅客行为构成的一连串不同的功能空间,是行程的开端,也是旅途的终点。那里有我们熟悉的广场、进厅、售票室、候车厅、天桥、站台、地道等空间场景……对比今昔,有助于我们更加直观地"阅读"高铁车站建筑的点点滴滴。

一、站前广场

1. 万象舞台

记忆中的火车站的前面总是有这么一方旷地,这块空地上貌似什么都没有,又什么都有,仿佛是一个舞台,是社会万象的缩影,它是人们心中火车站的"标准配置"——站前广场。无数行色匆匆的人群低头穿行,抬头一瞥,满眼都是当代社会的标志性符号:春运、人口、改革开放……每一个中国社会发展的关键词都能让人联想到站前广场的画面:曾经那些身着喇叭裤、头戴蛤蟆镜的文艺青年站在这里憧憬即

图6.1　太原站站前广场

图6.2　广州站站前广场

图6.3　长沙站站前广场

图6.4　徐州站站前广场

将展开的旅程，豪放的生意汉子举着"大哥大"高声阔谈，淳朴的学生小心翼翼地结伴而行，即将分离的亲属在依依道别，终年在城市中奔波的务工兄弟挤在春运的人潮中紧靠在铺盖卷上等待着发往故乡的那趟夜班火车……站前广场就是当代社会的浓缩版"现场直播"。

铁路一直是中国人最重要的出行方式之一。早期火车站受制于建设条件，相对较小的站房规模，面对年复一年持续增长集散的客流而显得无法适从，致使站前广场消极地成为应付应急客流集散需要的必备空间，并由于使用情况的不确定而缺少合理的规划。每当节假日出行高峰、特殊的气候条件抑或是意外事件发生，广场便成了急救之地。此外，火车站周边也往往会是城市中最繁华的地段，大流量的旅客聚集，在广场边缘催生了城市的大量商业活动。规划上的无序以及管理上的不便，使得车站广场使用功能模糊不清，无暇应对，不良事故频发，也使人群难以安生，窘迫而无奈。一面是人们对铁路的热望和需求，另一面又是对城市环境的叹息，交织的情感构成了早期"火车站"正负两面的高度反差，从"梦想开始的地方"坠落到"心灵受伤的回忆"。

2．失落的广场

作为车站外部空间的重要组成部分，站前广场在车站与城市的连接中扮演着不可替代的角色。过去，我国城市轨道交通多不发达，市内交通与城际交通没有流畅的衔接，站前广场担当了"进出站通道"的角色。旅客乘坐公交车或出租车到达站前广场一端，穿过广场进站，受不稳定的市内交通影响和慢速铁路的制约，在"赶早不赶晚"的心态驱使下，很多乘客甚至会提前几小时到达车站。由于以往铁路运输系统的运能较弱，车站站内空间相对较小，或是铁路班次延误等频发的原因，旅客无法提前更多的时间进入车站，而只能在广场上等候。站前广场上交杂着出站、购票、问询、

高铁车站

图 6.5 2008 年春运广州南站站前广场情景

购物和排队乘车等不同需求的旅客，缺乏有效管理和空间引导，导致混乱不堪。记得有一年春节雪灾，南方列车大面积晚点，晚点时数甚至达到上百小时，广州站前广场滞留人数达到 10 万人，影响之广，使城市区域交通几乎瘫痪。近年来，随着高铁车站建设观念的变化，高铁运行的稳定性不断增强，市内交通效率不断提升，轨道交通不断发展，往日站前广场人潮如山如海的场景一去不返，取而代之的是井然有序的公交车、长途巴士、出租车等交通功能和绿地的配置。在站前广场的设计中通常会融入一些地方的文化性要素，使得站前广场除了作为高铁车站功能配置的一个重要环节之一外，往往还是一个重要的城市礼仪性广场。与往昔的人头攒动、摩肩接踵的场景相比，如今的站前广场似乎显得有几分"落寞"。

3. 集散化公园

高铁车站正在悄悄改变这样的困境。对于特大城市的超级高铁车站，城市范围的公共交通衔接方式越来越多样化。更多旅客可以经由地铁与巴士专线到达这里，通过流

图 6.6 南宁东站站前广场

> 第六章　漫游空间片段

图 6.7　哈尔滨西站站前广场

畅的地下换乘通道进站。站前广场更具景观性和礼仪性，整齐的绿化、对称的布局，各种建筑小品、休息设施，开放空间的地面升起或下沉，使高铁车站的站前广场看起来更像是一个公园、一个在复杂交通环境中的绿肺。在新型高铁车站建筑映衬下，站前广场规整的布局给人一种强烈而清新的愉悦感。这样的站前广场同时也逐渐成为城市景观的重要组成部分。

　　哈尔滨西站的站前广场中央是两级连续下沉空间，下沉空间的两端，六片绿地铺展开来，导向明晰、环境优美。行走其间，远望车站宏伟流畅的造型，摄人心魄。通过地面进站的人群不必步行穿越站前广场，而可以直接通过地下落客区抵达车站；连接车站的高架匝道与落客平台成为更多旅客快捷进入车站的选择，正像我们在高速公路上经常见到的出口匝道一样，驾车通过站前高架车道停靠落客平台，就能迅速直达高铁车站的入口。进站接驳方式的改变，还原了站前广场的城市功能，上下分流的进站方式，也让旅客享受到如同"道路修到站内"的待遇，使旅客在选择铁路交通出行时，体验到前所未有的便捷和高效。

图 6.8　长春西站站前广场

187

高铁车站

图 6.9　往日的火车站进站口

二、进站前奏

1. 前厅过渡

在经过安检进入候车大厅前，是一段比较难以定义的空间，在以往的车站中，这段空间是一体的，大概可描述为"从站外到站内出发的空间过渡"。进站流程从站前广场就已经开始，导流的方式是一排排简易的栅栏。栅栏在过去的车站中十分流行，从进站口到检票上车，再到出站口，有人排队的地方就有栅栏，曾经的车站内空间比较局促，没有明确的功能区域划分与隔离，似乎没有栅栏的疏导，人群就会陷入混乱。在一些火车站，穿过栅栏，会发现建筑外侧有一段回廊围绕，回廊是室内外交界处的灰空间，可能是早期防风避雨的需要，抑或是旧车站建筑留存的痕迹。从前北方车站中，回廊下还会设置门斗以防止室内外冷热空气的快速交换。冬天，门楣上垂下厚重的绿皮棉布，阻挡室外的风寒；夏天则变成了简单的塑料片门帘，简陋的设施让旅客在进入车站的刹那、开始旅程之初便心生惶恐、小心翼翼。

图 6.10　福州南站高架匝道

在今天新建的高铁车站中，半遮半开的围廊则演变成了站厅前的落客平台和宽敞的进站门斗，由于空间扩大，进站人群的冲突大大减缓。进站前厅空间导向分明，列车信息指示一目了然，演化为现代高铁车站一种新的空间——进站广厅。现代大型高铁车站往往拥有多层，旅客可以根据抵达车站的不同交通方式选择从地下层、地面层等不同高度进入高铁站。进站广厅兼容了竖向交通节点，将不同的到达楼层空间与候车大厅联系起来，在其与候车大厅之间设置安检口，同时还设有咨询台与商业服务设施等。

2. 消隐的售票空间

曾几何时，如果你是临行前才来到车站买票，那么你需要先进入另一个曾经不可或缺的空间——售票厅。售票大厅

图 6.11　福州南站落客平台雨棚

188

图 6.12　重庆西站进站前厅

图 6.13　福州南站进站前厅

图 6.14　北京南站进站前厅　　图 6.15　贵阳北站进站前厅　　图 6.16　兰州西站进站前厅

内并没有明确的功能分区，一个偌大的房间内，几十道长长的队伍从售票窗口甩出，除了没有候车座席，空间特征看起来与候车室相近。售票厅往往单独设置，并没有与整套出行空间整合在一起。由于售票窗口都是人工售票，节奏较慢，买票的人群需要排着冗长的队缓慢等待。

在标准化的现代高铁车站中，这段空间不再像以往一样以某种具体的形象出现。大型站的出行前服务空间已经被完全分解，分散融入于舒适的候车空间中的多个区域，通长的售票窗使空间变得干净，每个售票窗口前配上了隐形的小喇叭，方便旅客在嘈杂的大空间里与售票人员沟通。在售票窗口的一端，还设置了为残障人士准备的低台面专用服务窗口。

现代高铁车站的信息化水平不断提升，预示着售票厅也许将被肢解并退化得更为彻底。互联网售票与电话订票的普及使售票窗口的需求大大减少，取票的需求大大增加，而对于"随到随走"的人群，专门绕过进站口，进入另一个售票

图 6.17　往日售票厅排队场景

高铁车站

图6.18　兰州西站售票厅售票窗口

厅购票，再回到车站入口安检进站无疑是低效的。因此，如果解剖一座高铁车站，你会发现，从地下到地上，从换乘中心到进站广厅，再到候车厅到处都有分散的售票窗口、售取票机，即使是建成年代稍早的车站售票大厅内也几乎全部加装了自助售取票机，人工售票窗口的压力大大得到缓解。

随着2010年1月30日，中国铁路客户服务中心网站（12306.com）开通试运行，中国铁路开始进入网络时代，到2011年12月23日，全路网车次实现网络售票，彻夜排队一票难求的现象不复存在。与之对应的是高铁车站中增设了大量的自助售取票终端机，在换乘中心与候车大厅中都有分布。售票窗口分散布置，作为补充，并处理改签、退票等业务。

三、舒适候车

1. 往日的无序

拥挤、嘈杂、昏暗，似乎就是候车厅的过往——前高铁车站时代的特征，候车环境很难以舒适来形容。过了安检进站后，如果车站比较小，那么整个候车厅就已经一览无余地展露在眼前了。如果是大型站，过了进站口就会来到一个中央大厅，候车大厅往往分为几间围绕着这个大厅布设。旅客需要仔细核对车次才能找到正确的等候空间。走进候车大厅，熟悉的"火车站"场景出现在眼前：顶棚是较为简陋的装饰板，或许会有彩绘艺术画镶嵌在正上方，柱子比较粗大、排布众多、间隔较小，斑驳的粉墙，分隔不大的窗户框，因为不便清洗的玻璃阻隔，阳光总是弱弱地洒入大厅，离窗口较远的地方就不可避免地陷入灰暗之中。由于通风不良，空气中总会弥散着异味，环顾四周，慢速等候的形式无法承载长时间候车的旅客数量，一排排的简陋座椅上坐着各色的乘客或堆放的行李，通道也被充分利用起来。没有座位的旅客坐在自己的行李上，或者索性席地而坐，试图找到一个舒服的姿势，以捱过漫长的等候。如果不幸遇到恶劣天气导致列车大面积长时间延误，候车厅内就更为困难重重，旅客的种种未预见的需求瞬间就会将候车厅演变成一个临时的自助食堂、饮料摊、棋牌室，或一个临时"居所"。一切生活上的不时之需、不便之举，都让旅客和车站无法接受。

当广播通知准备检票上车的时刻，有时会变成一种恐慌，

图 6.19　往日拥挤的候车厅场景

如果是不同的车次而在同一个入口检票进入站台，又将转变为一场争分夺秒的"战争"。很多有过类似经历的人们都无法忘怀这样惊心动魄的"灾难"。

2. 快捷检票

随着管理水平的提升，车站内旅客通行流线设计方法和所有服务措施的更新、施工技术与结构技术的进步，使现代高铁车站有了质的转变和长足的进步，候车厅的状况焕然一新。

在一些的现代高铁车站中，候车厅位于高铁线路的一侧，通常分为两层候车，一层直接通向基本站台，另一层旅客可以平行通过检票口进入天桥，再从天桥下行进入不同的中间站台，进站流线清晰，无须询问即可直接抵达。而对于班次密集、站台数多、旅客量大的大型高铁车站，候车大厅则更多建于站台层的正上方。事实上，这种"线上候车"的方式真正做到了对空间的高效利用。首先可以由城市高架道路运送旅客平行进入候车大厅，或让地面进站的旅客提前通过自动扶梯上行进入大厅候车，这样就能缩短旅客检票后进入站台上车的距离。检票口设在候车厅对应下方站台的两侧，以往单向排队候检改为双向通行，并且配合全面使用的自动检票闸机，大大减少了检票时间从而提高了进站上车的效率。

图 6.20　福州南站站台层候车厅

图 6.21　上海虹桥站落客平台

图 6.22　北京南站落客平台

图 6.23　大连北站落客平台

图 6.24　昆明南站落客平台

图 6.25　重庆西站落客平台

图 6.26　兰州西站进站检票闸机

3. 空间体验

以往，受制于结构技术，线上候车难以真正普及。今天，新进的结构技术支撑让高铁车站实现了候车空间的大的跨度，结合下方站台层的柱与候车厅的柱之间的对位关系，线上候车方式得到了全面普及。

在候车厅内部，我们就会注意到，现代高铁站最显著的特点就是候车厅几乎不再采用分为好几个小厅的布局，一座车站往往只有一间偌大的候车厅，所有的检票口都分布在这一间候车厅内对应站台的两侧。特大型高铁车站的候车大厅甚至可以同时容纳上万人候车，这种大跨度共享空间，解决了人流冲突、采光不佳、资源分散等诸多问题。

通过安检口后，整个大厅内的场景一览无遗，车票上已经标明了进站检票口，一眼望去，清晰的检票口数字标识如同机场值机柜台的标识，导向明确；每个检票口都有多个闸机，自动化的检票方式大大提升了进站效率，看似长的队伍仅仅数分钟就可以通过；检票口间的间距拉大，有效防止了不同检票队伍的冲突。

图 6.27　天津西站候车厅

> 第六章 漫游空间片段

图 6.28　郑州东站候车厅

图 6.29　北京南站候车厅

图 6.30　重庆西站候车厅

高铁车站 >

候车厅更加注重采光，层高往往是普通建筑的两层高甚至更高，侧面玻璃幕墙配合屋顶的天窗，为宽大的候车大厅引入了良好的自然光，白天阳光洒入候车大厅，不仅节约了照明用电，更大幅度提升了候车空间的品质。

在特大型高铁车站中，候车室的空间宽阔而高远，沉重的钢结构在这里展现出轻盈的身姿，现代建筑结构技术实现了候车厅内的柱子数量的减少，突破了前所未有的跨度，从而有更多空间服务旅客。许多高铁车站的候车大厅宽度达到了150米，中间仅仅有两排柱子，柱子的间距达到了100多米（武汉站）。隐藏在周围墙体中、地面下、天顶上的地暖与空调系统默默为旅客调节室内的温度和空气环境，提供冬暖夏凉的舒适出行体验。

4. 优质服务

虽然"快进快出"为车站服务的主旨，但车站依然需要提供出行旅客的不备之需。为进一步满足旅客出行过程的多样化需求，现代高铁车站候车厅内部整合进了更多的商铺，甚至有不少餐厅也进驻了候车大厅，方便上车前有就餐需求的旅客最大限度地把握时间。大厅中配有问询服务台、清晰的导向标识系统和旅客服务设施，包括：巨大的滚动电子屏幕提示着列车到达与出发时刻信息；合理多点分布在大厅周侧的卫生间、饮水间、休息室服务了旅客也方便了辛劳的工作人员；考虑到旅客带着行李不便，不仅在上下楼梯处配有自动扶梯，设置了曲折开放式的卫生间，还在落地的柱子、玻璃墙面都安装了防撞护栏；从安全角度设有全方位的防火水炮、消防喷淋以及玻璃幕墙上方的电动排烟窗。现代化防护安全、通信设备、信息服务、导行标识一应俱全。

大型车站的候车厅内，卫生间、开水间等公共设施，成组分布在大厅边缘，极大方便了旅客，在现代高铁站中，这种做法成为一种范本，相似标准的卫生间、无障碍卫生间等

图 6.31　兰州西站标识系统

图 6.32　昆明南站候车厅内商业设施

图 6.33　兰州西站问询台

图 6.34　重庆西站信息大屏

图 6.35　重庆西站候车厅两侧旅客服务设施

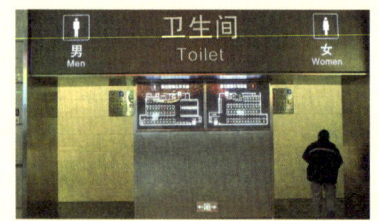

图 6.36　上海虹桥站卫生间信息提示屏

图 6.37　天水站卫生间

便民设施，在候车厅内被均匀分布，让候车旅客在寻找服务空间时更加有迹可循。考虑到新鲜空气的保持、气味与视线的阻断、空间品质与效率的提升等标准化要求，典型现代高铁站卫生间拥有曲折的进入通道，乘客从公共空间先进入前厅或前廊，再转弯进入卫生间内部，曲折的空间有效阻隔了视线，更长的时空距离隔绝了气味。随着信息技术的进步，有些高铁车站的卫生间还安装了实时信息提示系统。一些大型站的所有卫生间前厅或外墙上都挂有电子显示屏，屏幕上是整个卫生间的平面图，每个隔间内都有一个图标，通过图标的颜色实时指明隔间的占用情况。更有一些车站开始出现"第三卫生间"，其中的设施可满足体障、母婴、年迈人士的特殊需求。

图 6.38　固原站站台

四、邂逅列车

　　铁路车站提供列车停泊的长长平台称为"站台",俗称"月台"。"月台"之称源自于古人用来赏月、作诗的平台,古人时常对酒望月、思绪万千,兴致感慨、落寞惆怅,久而久之,"月台"便成了迎送之地、离合之地、悲喜之地的代言。当火车进入中国,"站台"在民间就被称为了"月台"。另一种戏说称之"跃台",因为当时的火车速度慢,旅客小跑一跃就可登上火车,也就有"月台"演化为"跃台"之说了。无论它的称谓如何,人们总能回忆起那些与站台有关的令人感慨的画面,曾经的站台虽然就是一块简简单单的砖砌平台,却总有无数的故事在这里发生,与其说是站台,倒不如说是"铁路的舞台"。

图 6.39　老天水站站台

高铁车站

图6.40 浦口火车站站台

1. 站台文化

"我买几个橘子去。你就在此地,不要走动。"耳熟能详的这句话出自朱自清在《背影》中对父子临别之际在浦口火车站送别时的描述,难割难舍的亲情感动了一代又一代中国人。其实,在过去的火车站中,承载临别之情最多的就是站台了。七年前,一张图片火遍了网络,2011年的某天,在宁波工作的白先生送别回甘肃老家过年的父母,父母在卧铺车厢的封闭车窗上写下了"保重"两个字,画面中的白先生垂头哽咽,激起了无数网友的共鸣。无论你是已经颐养天年的老人、成家立业的中年人、在外打拼的游子,抑或是离家

图6.41 "保重"

图6.42 站台送别

图 6.43　站台即景

求学的大学生，相信你的记忆中都有这样的片段，画面中可能是吐着浓烟的蒸汽机车，可能是半开着窗户的绿皮车，可能是封闭式的卧铺车厢，窗外，是眼中闪着不舍泪光的父母，是追着火车跑到站台尽头的爱人，是隔着车窗喊出珍重的朋友……

在登上列车之前，站台上的"好戏"就已经开始上演。以往乘火车时，人们往往会拖着行李，早早走上站台，对火车迷来说，这是看车的绝好机会。远远看见地平线上的列车头灯，人群就会开始骚动，有人小声喊着"来了来了"，此时大家都开始期待起来，从头灯刚刚出现到列车进站，往往有几分钟时间，人们就一直翘首以盼，莫名的兴奋在人群中悄悄蔓延，直到列车进站，在震耳欲聋的汽笛声中，人群才不自觉地后退。漫长的铁路旅程，列车往往停靠许多车站，有的大站停车时间甚至可以达到几十分钟，站台就成了旅客下车活动的绝好场所。在车上坐得累了，趁列车停靠时下车抽根烟，到站台上的小摊贩搜罗下有什么当地的好货，有的时候只需一只烧鸡、一片烤鱼，或者一瓶

高铁车站

图 6.44　20 世纪 90 年代站台售卖场景

啤酒，下段旅程就会变得无比惬意。是的，以往的站台上总有无数的小商贩，像朱自清先生文章中描写的那样，"月台的栅栏外有几个卖东西的等着顾客"，甚至还有供来往旅客方便的老式厕所。如今，随着高铁列车呼啸进站，车厢服务的水平提升列车停站时间的大大缩短，这样的"站台文化"便成为永久的记忆。

很多人都会记得"站台票"，往往可以在售票窗口以很低的价格买到，一张站台票，就是无票的朋友进入站台的"通行证"，除了依依惜别的亲友，也有无数春运大潮中没买到车票的旅客，凭着站台票获得了回家的资格，虽然车上已经没有什么座位了，而旅客还是要按照硬座席位的票价补票，但是对于有着浓厚乡情羁绊的中国人来说，能回家就已经足够了。

虽然站台曾经承载了如此多的回忆，但这背后也反映出了当时管理水平的不足和一些必要功能的缺失，尤其是便捷指示、无障碍设施的不足，致使旅客在站台行动不便。而现在，整个高速铁路系统的管理越加严格，高铁站台上的小商贩消失了。随着高铁速度的提高，时空距离被大大压缩，送别的场景很少见了，而对效率的要求则提高了，旅客往往在临发车前进入站台，快速上车，几乎不再有漫长的候车等待。

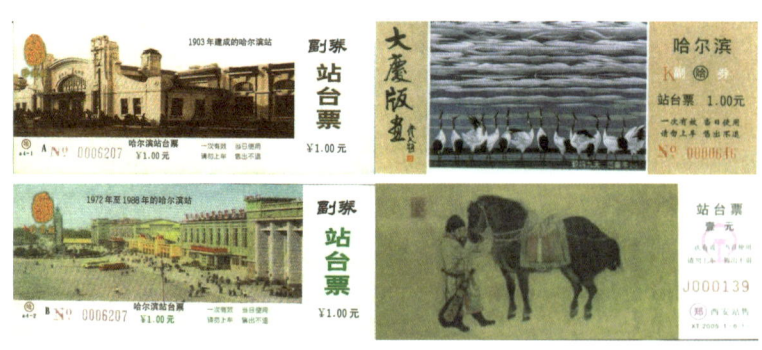

图 6.45　站台票组图

2. 标准化源于人性化

从检票口出发，通过电梯进入站台，会发现高铁车站的站台面更加宽阔平整，这是源于施工技术与材料技术的提升，允许我们建造出安全而高品质的标准化高铁站台。一列高铁的运量往往可以达到上千人，只有宽大的站台面才能保证如此大量的人流安全地上车。标准站台的两边退让轨道1米的范围内，敷设了通长的防滑石材地面和安全警示线，而后的黄色无障碍导盲地砖，使得视力障碍的旅客上下列车有迹可循，这些人性化设施方便了少数弱势群体的安全出行。远处的站台面有方形的开口，一道电动扶梯通向地下，方便旅客进出站或者在站内换乘。以往让乘客平面交叉穿越铁路的不安全进出站方式已被杜绝，现代高铁车站多采用天桥进站、地道出站的方式，体现了车站快捷、安全和人性关怀。

如果注意观察，如今高铁车站的站台比以往的站台不仅更加宽敞而且抬高了许多，提升的站台高度保证站台面与列车车厢地面高度持平，旅客哪怕是拖拽着大件行李，也可以很方便地上车。事实上，以往的站台之所以做成"低站台"，是因为受限于技术，列车在停车站需要靠人工检修走行部，"高站台"会使这项作业难以进行，而现在，随着技术的提升，站台可设置红外线探测仪等先进的设施，不再需要人工检修，也就使得"高站台"的大量普及成为可能。

图 6.46　三亚站基本站台

图 6.47　大理站安全警示线和盲道砖

3. 雨棚杰作

在站台上仰望，会惊讶地发现高铁车站站台的雨棚竟如此宽大，细细观察，站台上不见了以往的"月台"中间支撑雨棚的一排的柱子，行走于站台之上变得轻松便利，这被称作"无柱雨棚"。无柱雨棚并不是真的没有柱子，只是支撑它的柱子不是落在站台中央，而是移到了铁路的股道之间。所以，准确的称谓叫"无站台柱雨棚"。以往的车站雨棚柱受限于建造技术不得不落在站台上，站台面加上两侧铁路股

图 6.48　重庆西站出站自动扶梯

203

图 6.49　天津西站无柱雨棚

图 6.50　福州南站无柱雨棚

图 6.51　重庆西站无柱雨棚

道的宽度，往往可以达到 30 米左右，依赖于大跨度结构建造技术的进步，这样的宽度被轻松跨越，福州南站的钢结构雨棚结构采用了张弦梁结构更是跨越了 2 个站台 3 条股道，最大跨度超过 45 米，雨棚结构形态依然轻盈。而重庆西站的雨棚结构为了避免当地酸雨季的不良侵蚀，选择预应力张拉清水混凝土结构加固肋藻井天花，把所有屋面排水管线、照明、信息、通讯线缆全部埋入其中，并将精细成型的整体混凝土结构表面完全裸露，免装饰、免维护的柔美纤细造型，好似一幅现代主义的构成图案，从不同的角度优美地展示于旅客的眼前。

许多新建高铁车站的雨棚结构轻盈地悬浮在站台上空，塑造出高大、宽敞的站台空间，阳光从雨棚间分离开来的几道缝隙中洒进站台深处，反重力的视觉感受与雕塑般的形态让人在恍惚间觉得这是新世纪人类文明的又一个杰作。

五、离站写真

1. 川流不息的出站通道

列车徐徐停靠站台，铁路旅程即将结束。下车落地的刹那，这座城市已然在你脚下。不过你还得寻找出站通道，离开那里方才见到城市的朝阳。

还记得曾经出站口的样子，当旅客拎着行李走下列车，翻过几座站台走上 1 号站台（基本站台），抬头时发现面前是一个简陋的巨大"门廊"，在门廊那端，依稀可见熙熙攘攘的站前广场。走过长长的门廊，这里就是将要验票出站之处了。门廊下，是几道长长的队伍，人群缓缓向前蠕动等待出站。而在栅栏门的另一侧，接站的人群早已将出口围得水泄不通，翘首期盼站内的亲朋好友。不同于月台的伤感，老式的出站口充满重逢的喜悦。

而从站外看，原来出站口只是站前广场一个小小的角落。

图 6.52　香坊站出站口

高铁车站

图 6.53 重庆西站出站通廊

这样一个小小的空间负担着全部出站的人流，出站口前的这一小片场地往往停满了出租车、三轮车、摩托车，接驳交通设施不健全，场地捉襟见肘。

现代大型高铁站中，出站的状况变得有点复杂却更加有序。旅客走下列车，顺着标识从自动扶梯到达地下，宽敞的地下通道在眼前展开。节能照明、霓虹广告使地下通道通透明亮，虽然空间变大，通道数量变多，但内部的指示牌能清楚地指示各个出站方向。出站通道与出站大厅衔接的地方，已经换装了现代化的验票闸机，多台闸机并置，验票速度大大提升，出站的队伍也成倍缩短。高铁车站能够采用地下出站的方式，依然要归功于工程学技术的发展。地下通道上方载有沉重的钢轨，高铁列车通过与停车时对通道结构的压力

图 6.54 重庆西站出站大厅

十分巨大，建筑与桥梁的完美结合解决了通道上方的结构载重问题，站台一上一下形成了互不干扰的立体化人行分流空间，并且连通站外的各类接驳交通车场有序分布，换乘导向指示分明，使旅客乘坐高铁列车抵达后的出站空间组织流畅而便捷。

图 6.55　重庆西站换乘中心

2. 浩大的地下工程

在高铁车站中，出站通道的尽头更是"别有洞天"，餐饮、杂货、药店、书报杂志、问询、快递等配套商业服务应有尽有，甚至有的车站与邻近的商圈地下空间部分相连，更方便了到站旅客进入城市的各种活动。出站地道进化成了一种更加庞大的综合交通形式——地下换乘中心，实现铁路与城市轨道交通及其他各类公共交通的无缝对接。超大城市的地铁往往埋设在地下二层，而地下一层则是地铁站厅。地铁站与高铁站结合为一体，让旅客能更方便地从地铁车站直接进入高铁车站，而两种不同车站的交融部分就是"换乘大厅"或"城市通道"。铁路出站厅避让到换乘中心的边缘，整个换乘中心则亦对无票的人群开放，不仅与铁路到达出口、地铁站相连，同时也与铁路出发层通过电梯相连。换乘中心内部拥有

高铁车站

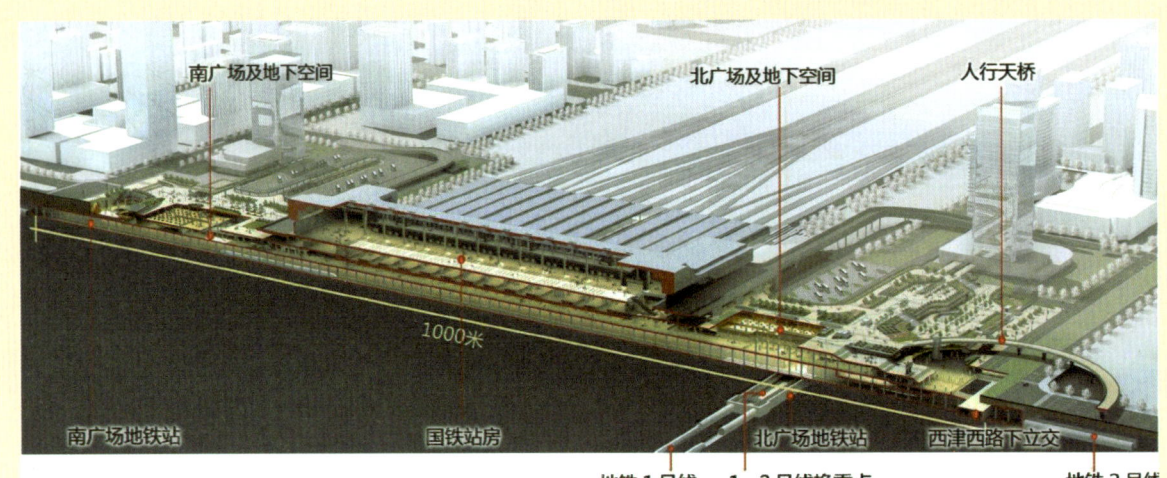

图 6.56　兰州西站剖透视

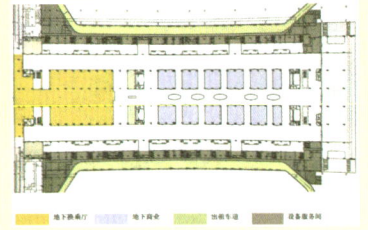

图 6.57　上海虹桥火车站出站层平面布局

图 6.58　上海虹桥火车站出站大厅

大量商业与配套设施，高铁车站出站后与城市地下通道连接的空间，不仅简单地解决了大客流量的疏散问题，而且成为一条城市地下商业街。

这种出站方式被普遍应用于我国的特大型高铁车站中。兰州西站地下换乘大厅结合地下空间开发，设置于南北两侧广场之下，由南北总跨度1 000米的城市通廊连接。上海虹桥火车站与地铁虹桥火车站站也通过这样一个大型地下换乘中心连接起来。这个换乘中心拥有三条走廊，内部空间无比宽敞，虽然上面承载着16座站台、30条股道，换乘中心内的主要通道却没有我们印象中高架铁路桥下粗大的柱子，这得益于先进的结构技术，原本的巨型混凝土柱被分散成了几排更加"纤细"的方形柱，悄悄隐没在商业店铺内，为换乘通道的大空间创造了条件，使人群能够流畅通过宽敞的通道。虹桥火车站地铁站位于换乘中心的东端，在换乘中心的东西两端有扶梯直达地上二层铁路出发层，而南北两条通道的外侧则是铁路到达出站闸机，从一端望过去，满眼的指示牌与闸机，长长的廊道似乎望不到尽头。换乘中心内设有售票和取票设施，通道之间的空间是餐饮与零售商店，送别或重逢亲朋好友时，如果时间充裕，便可在此小坐畅聊，以往月台上的依依惜别和出站口的翘首期盼，如今都可以在这里的休闲饮食店内完成。虽然仅仅是换了个地方，却能意外地冲淡些许离别的伤感。事实上，这个换乘中心已经不完全是为高铁车站单独服务，在整个虹桥交通枢纽综合体中，起到了重要的连接作用，东侧可以接驳虹桥机场2号航站楼，西侧连通上海虹桥长途客运站，成为虹桥交通枢纽综合体主体建筑名副其实的心脏。

图 6.59　虹桥站出站层商业设施

回首往昔再看今朝，中国铁路车站走过了多少坎坷，历经了无数艰难，循着旅客进出不同功能的铁路车站空间，化作片片记忆的场景。从无奈到欣慰、从失落到成功、从感伤到奋进，一步一印，肩担使命、再创新纪。

【知识链接】灰空间

灰空间也称"泛空间"。最早由日本建筑师黑川纪章提出，其本意是指建筑与其外部环境之间的过渡空间，以达到室内外融合的目的，比如建筑入口的柱廊、檐下等，也可理解为建筑群周边的广场、绿地等。

第七章 力与美的空间结合

一、桥梁与建筑共生

二、空间创造与结构生命

三、技术成就艺术

四、数字化信息模型

五、绿色车站技术

高铁车站

图 7.1　广州南站剖透视

高铁车站建设除了涉及城市公共建筑中包括的规划、结构、给排水、暖通、电气、景观等专业，还关联了诸多的学科领域，涵盖连接城市交通的铁路、公路、桥梁、隧涵、地道等学科，以及提供配套服务的自动化信息、信号、标识等专业。高铁车站不仅仅呈现了建筑的造型特色，而且还是综合现代铁路交通技术和建造科技的高度展示，充满了结构的力学传递与空间的美学想象的契合，逻辑思维和抽象艺术之间的碰撞，并正在走向技术与艺术完美融合的更高境界。

一、桥梁与建筑共生

我国重要城市的特大型高铁车站一般以高架铁路桥梁进站形式的复合型车站为主，采用将铁路线抬高进入城市的方式，一方面是与周边地区的地形有关，另一方面是为了与城市的地面交通分离，减少铁路和公路在地面的交叉，提高城市的地面交通效率。

1. 结构剖析

将高架复合型车站切开，可以看到其内部的剖面关系：最下方的地下层是穿越铁路车场的轨道交通线；地面是高铁出站空间和城市两侧互联互通的公共通廊；上方的第二层中部是旅客候车大厅以及两侧的商业夹层。如果我们将

> 第七章 力与美的空间结合

图 7.2 桥下空间利用

这种结合城市地铁的复合型高铁车站理解为"成排的铁路桥梁穿越了一栋城市建筑",问题就出现了：密密麻麻的铁路大桥柱墩进入了高铁车站,使得铁路线下方空间密布了大量的桥梁墩柱,也将直接影响下方空间的品质,更何况一旦铁路桥梁的高度较低,就更使得下方空间感受封闭和压抑。如果桥梁结构与车站建筑的框架结构体系完全分离,形成两套柱网,则更加多的柱子落到地面而加剧桥梁下方空间的拥挤。

2. 合二为一

如何把铁路桥梁与车站建筑结构合二为一？首先需要让两套不同受力体系的站房柱和桥梁柱重合在一起,其次是尽

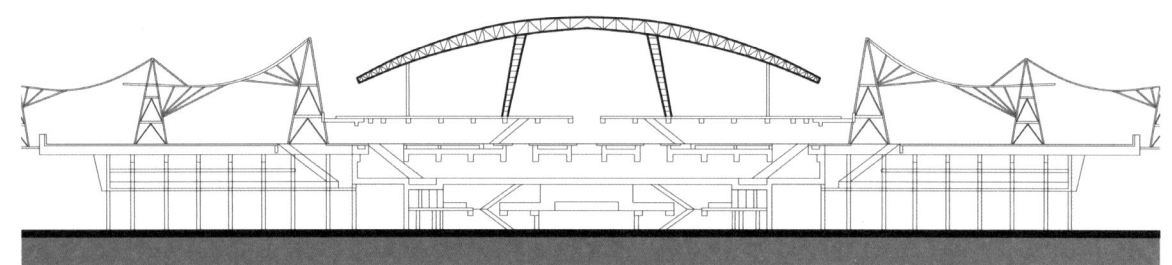

图 7.3　北京南站剖面简图

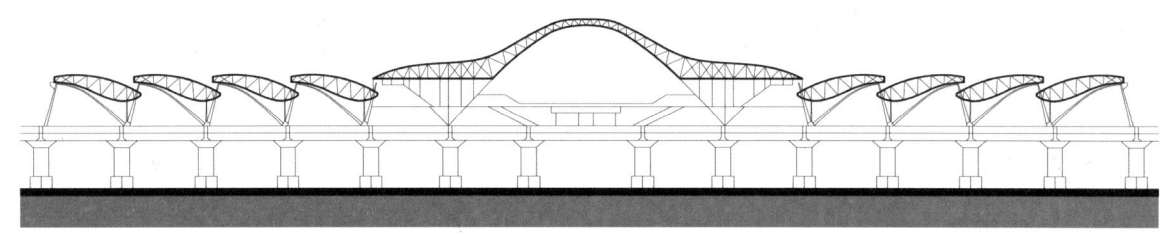

图 7.4　武汉站剖面简图

量缩小桥梁柱子的体积，让它们看起来更像是站房建筑的框架结构体系。然后是设法将承载高铁速度运动荷载的线形受力体系转化为站房承载物体相对静止荷载的整体框架受力体系。这就是我国高铁车站建造中，桥梁与建筑完全结合的技术，也是为高铁车站量身定制的国际先进结构新技术，巧妙地化解了列车开进车站站房的难题，并在此基础上进一步研发了如何降低列车噪声、控制轨道道床沉降、化解框架结构整体变形等一系列安全技术问题，收获一批国际、国内科技进步奖项。

桥梁与建筑合一的综合结构在北京南站、武汉站、广州南站、郑州东站等大量枢纽高铁车站中得到应用，其中，广州南站的中央出站大厅部分桥型结构的视觉效果最为明显，通过对跨度 64 米的"桥墩"的尺度控制和形态组合，形成了具有强烈动感和视觉张力的内部空间。

> 第七章　力与美的空间结合

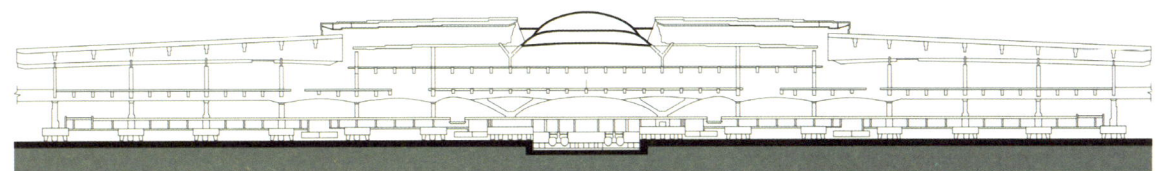

图 7.5　广州南站剖面简图

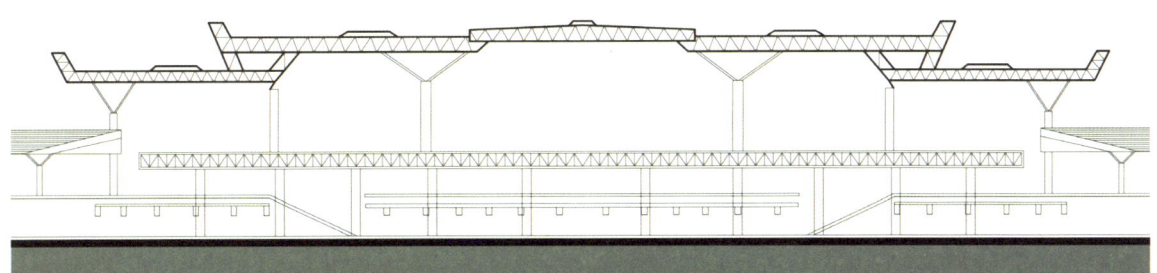

图 7.6　郑州东站剖面简图

二、空间创造与结构生命

新时代高铁车站站房将售票、候车、换乘、购物、餐饮等丰富的服务功能，有机地组织在一个大型公共空间内。为满足车站功能需求和为旅客服务，大跨度、大柱网的空间结构体系无疑成为高铁车站结构设计的首选。它是功能复杂、设施完善、技术先进的重要交通建筑类型，在新材料、新结构和新技术应用方面以及设计创作上以成就建筑造型、风格为基本美学思想。

1. 结构理性之美

我国高铁车站建设至今，站内的大空间结构体系经历了初期探索、创作繁荣、回归理性三个阶段。

初期探索

2003 年上海南站建成，使大跨度空间结构在大型铁路车

高铁车站 >

图7.7 上海南站屋盖

站中得以成功运用,其后逐步推广。这一时期为我国铁路车站的全面发展奠定理论与实践的基础,许多创新性的结构体系得到大胆的运用,并取得了显著成果。

创作繁荣

2007—2010年武汉站、广州南站、上海虹桥火车站、郑州东站、西安北站、福州南站、成都东站、大连站等相继建成,这批建筑形态与结构布置完美结合的大型铁路车站,是大跨度空间结构在铁路车站中应用的典范。这一时期的铁路车站建筑造型夸张,结构体系复杂,新结构、新技术被大量采用,进入繁荣全盛时期。其中以武汉站站房和站台雨棚一体化结构形式为典型代表,支撑"单一空间视觉引导候车"和新型绿色通道的车站空间理念大胆创新,产生出钢管拱、网壳、桁架、树状单元结构等新型结构形式,以满足最大跨度116米、最小跨度80米、高度49米的中央主拱和次翼结构形成的"鸟

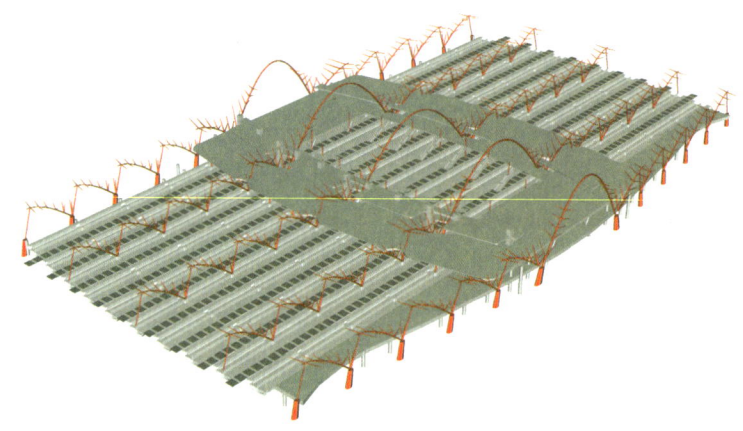

图7.8 武汉站主结构模型

图7.9 武汉站结构剖面简图

图 7.10 武汉站站台雨棚结构效果图

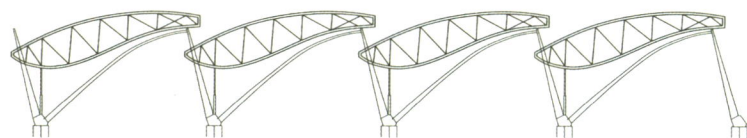

图 7.11 武汉站站台雨棚结构简图

翼"型屋顶形态。这些重要的结构组合构件本身既要解决对列车穿越影响、复杂风环境、整体结构性能等技术难题,也在其本身的形态尺度上实现了突破。

回归理性

2010年后,在积累了大量实践的基础上,高铁车站建设再一次开展了理性思考。安全、经济、高效成为这一时期铁路客站建设的立足点。建筑空间创作在考虑车站形象特征的同时,也注重与结构体系的契合,建筑造型方式趋于以满足交通功能、安全、合理、耐久为本,方正简明、成熟稳重。结构逻辑分明、整齐规律,不再刻意追求新、奇、特,而是强化布置合理性、造价经济性、施工便捷性和维护保养的耐久性。在这种务实的观念指导下,兰州西站、太原南站、昆明南站、重庆西站等一批拥有稳健的结构体系、经济合理又不失理性之美的车站空间造型登上了高铁车站的建设舞台。

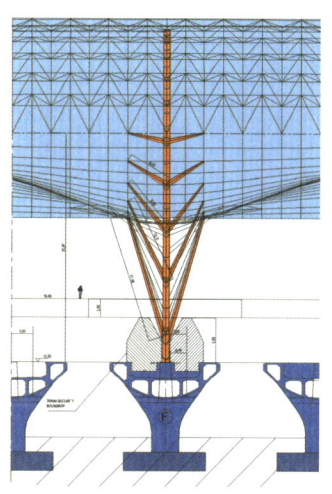

图 7.12 武汉站雨棚柱立面图

高铁车站

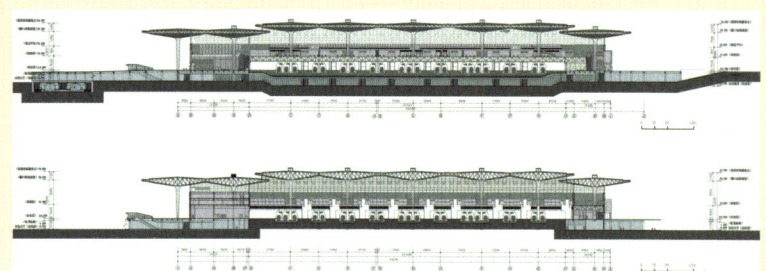

图 7.13　太原南站剖面图

2. 建筑生命期安全

据 2004 年 5 月 25 日《参考消息》报道："一个新建机场候机厅中的一大段顷刻间就化为废墟——这便是巴黎戴高乐机场 2 号机场 E 候机厅（简称 2E）23 日清晨发生的屋顶坍塌事故。事故来得那么突然，几乎没有任何预兆，以至于当时在现场的人员几乎没有反应和躲避的时间。这次事故造成包括 2 名中国公民在内的 4 人不幸遇难，多名旅客和机场人员受伤。在举世闻名的法国巴黎机场刚刚交付使用一年的

图 7.14　戴高乐机场鸟瞰　　图 7.15　戴高乐机场 E 候机厅　　图 7.16　戴高乐机场坍塌事故

图 7.17　鄂尔多斯那达慕赛马场　　图 7.18　鄂尔多斯那达慕赛马场看台　　图 7.19　鄂尔多斯那达慕赛马场看台钢结构坍塌

新候机大厅中，发生这样的事故，人们普遍觉得不可思议。"

无独有偶。2010年12月15日凌晨，内蒙古自治区鄂尔多斯那达慕赛马场西侧看台钢结构罩棚主体发生坍塌，看台座椅被砸，所幸没有人员伤亡。

不可抗的天灾和未知的人为隐患，使人们心生怀疑："现代结构工程科学与技术尚不能完全确保大型复杂结构体系的安全性？"尤其是大型高铁车站由于其自身的独特性——空间大、客流密集、社会关注度高，其安全运营问题就显得尤为突出。我国高铁车站从建设伊始就强调结构安全意识，日常营运维护的安全、结构构件自身的耐久和抵抗自然灾害的安全、高速列车通行的安全等都是重中之重。然而在前期缺乏经验、追求速度、赶抢工期建设情况下，仍未能避免一些安全问题的出现，如遭遇自然天气突变而造成部分车站金属屋面被强风掀起、吹落，遭受重创，虽未造成人员死亡但却引发全社会的热议和质疑，高铁车站建设曾一度走入低谷。但中国高铁车站建设从未沉沦，反而强势崛起，建设者们深入总结，潜心研究建设中存在的问题，制定新的应对技术方案。为解决这些安全问题，新时期高铁车站建设过程中，创造出了许多新的方法和措施。如重庆西站首次采用了清水混凝土无柱站台雨棚，为铁路车站增加了一种具有耐久、抗风、防噪、免维护特点的站台雨棚的新选择。又如于家堡站采用单层网壳钢结构体系组合膜材料，不仅具有抗风、自洁、少维护、易更换的特点，而且由于材料自身的半透明性，使得站房在灯光的透射下显得玲珑剔透，呈现出另一种魅力。

近二十年来，大跨度空间结构技术在高铁车站得到了迅速发展，跨度不断增加。但是，由于设计理论和方法本身的局限性，无法完全控制大跨度空间结构施工阶段结构形态的安全性，无法完全了解施工完成后结构性态与设计预期的差异性。由于使用期长达几十年、上百年，大跨度空间结构因

图7.20 于家堡站夜景

图 7.21　宁波站站房结构安全智能监控

荷载的长期效应、环境侵蚀、材料老化、疲劳效应等因素将不可避免地导致结构系统的损伤累积和抗力衰减，从而导致结构性态的退化。由于地震、强风、恐怖袭击等自然和人为的灾害作用，可能导致结构构件损坏，从而导致结构系统工况的恶化。只有对大跨度空间结构在施工完成后的结构性态、长期使用中的结构工况的退化程度以及各种灾害作用后的结构体系的损伤程度有定量的了解，才能通过采用合适和必要的措施确保大跨度空间结构使用的安全性和适用性。定量了解大跨度空间的结构工况途径是构建运营阶段的结构性态监测系统。

借鉴医学对人体机能寿命的检查方式，高铁车站对重要结构构件（如大跨度钢屋架、受力柱等）采用先进技术进行跟踪监测，通过传感器观察重要结构、构件在温度、风速以及震动、加速度等自然条件或灾害情况下的各种变形情况，采集传输应力变化数据，然后进行数据分析和评估预测风险，防范安全隐患，并将这种先进系统应用于建设的不同阶段。

安全建造阶段：适用于比较理论计算和实测结果，分析施工中产生的误差，预测后续施工过程的结构形状，提出后续施工过程应采取的技术措施，最大限度地维持符合设计的理想状态，确保结构的质量与安全。

健康运营阶段：比较设计计算与实测数据，检验设计参数；实时检查结构在使用过程中的损伤积累情况；评估影响的大小，采取必要的加固或修补措施，确保安全性。

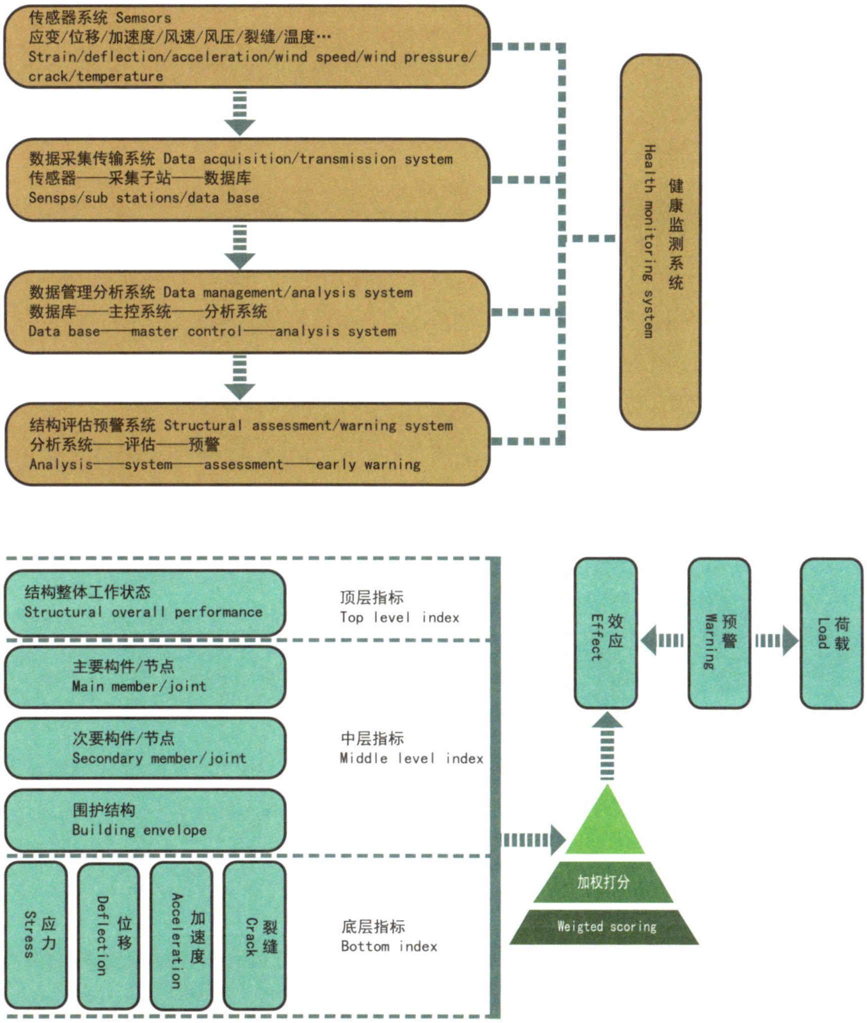

图 7.22 宁波站结构形态安全监测监控系统

损伤预警阶段：对极端条件下结构可能出现的失效进行预警，从而最大限度地减少人员和财产损失。

三、技术成就艺术

建筑形式的精美和出彩源自于设计的巧思，成就于建筑工匠的斧琢，得益于现代建筑结构、材料和科技的进步。

1. 多功能幕墙

现代大型公共建筑的外围护墙体通常被分为两层：内层作为承重墙体，具有坚实、耐久、保温、隔热的功效；而由砖块砌筑、混凝土浇筑、石材或金属板材构筑而成的面层，作为装饰的表皮，连接内层但不承重，具有耐腐蚀、耐磨损、容易清洁等功效，其形式各异、材料不一、色彩绚烂。高铁车站应用同样的外墙体建构原理，通过不同外表材料形成车站建筑的表征语言：石材表述坚固和温暖，使人感觉安心、踏实、庄严；玻璃显示通透和轻盈，让阳光洒入；石材、砖

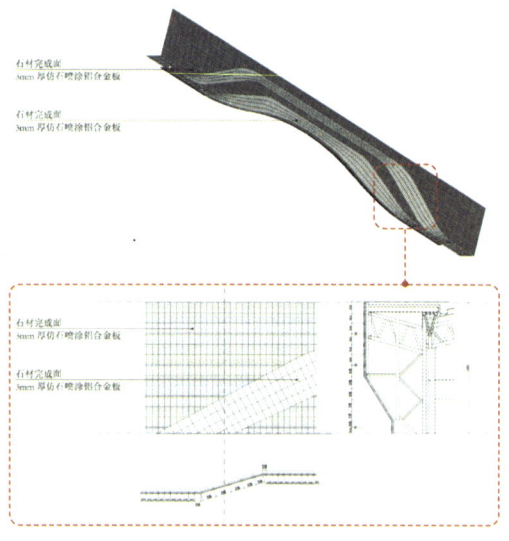

图 7.23　大连北站幕墙节点图

块表达文化和悠远，呈现往事、浮想联翩；金属板寓意现代和高科技，挺拔而耀眼；混凝土则象征坚实、粗犷和豪迈……它们或单一或组合形成高铁车站建筑的外立面幕墙体系。

砖石墙体

我国北方地区的高铁车站选用石材幕墙居多，造型厚重、稳健，且赋以抗寒、耐久的功能，吻合当地的气候条件。因石材重量大，用水泥砂浆粘贴难以保障安全，一般采用石材背栓干挂于内侧承重墙体的施工方式建造，并在石材和墙体之间敷设保温材料。大连北站外立面采用粗犷的石材，展现了北方建筑的稳重和庄严。郑州东站刚劲的石材幕墙彰显了青铜文化的历史积淀。遵义北站的青砖回廊、候车厅内的古铜色方格型组合栏杆，配合着历史风情的建筑造型，一气呵成，仿佛让历史的回声在现代的高铁车站内荡然而生。

图 7.24 郑州东站石材幕墙局部

图 7.25 遵义北站青砖回廊

玻璃幕墙

玻璃幕墙分为明框幕墙、根据车站造型需要横明竖隐或

图 7.26 成都东站玻璃幕墙

图 7.27 杭州东站玻璃幕墙

图 7.28 武汉站玻璃幕墙

图 7.29 厦门站玻璃幕墙

高铁车站 >

横隐竖明的半隐框幕墙，以及无框点抓式幕墙。从节能方面考虑，可选用断热铝合金框料，以降低金属的快速导热。选用双层中空低辐射镀膜玻璃，可减少温度辐射对室内环境的影响。玻璃幕墙设有电动开启的排烟窗，用于突发火灾情况下的烟气排放。成都东站的无框点抓式幕墙形成一道透明的屏障，映衬出主立面的文化柱式。这是国内第一次在车站建筑中大面积采用单索单向夹具柔性玻璃幕墙系统，选用的是通透率达75.5%的低辐射中空玻璃，高科技、大气、通透、清爽。

金属幕墙

金属幕墙是指采用由铝板、钛板、铜板或铁板等各种金属材料建造的建筑物幕墙。2017年底落成的重庆西站的东立面幕墙选用插挂式铝板系统（开缝式）。其特点是双层铝板系统，保温、防水层设在内侧，外层铝板开缝不打胶，可以避免胶缝老化产生的污染。防水层与装饰层分开并暗敷水槽

图 7.30 重庆西站铝板幕墙清洁方案模拟

图 7.31 重庆西站铝板幕墙局部

排水，内、外层之间设置管状龙骨以便调节金属板面安装的平整度，既保证了立面的外装饰效果又保证了幕墙的功能，具有防积尘、挂渍、易清洗、维护，便安装、更换的多重功能。银灰色铝板略带反射光泽、颇具金属质感，富有雕塑感的造型在阳光照射下的光影变化呈现出一派时代气息。

图 7.32　厦门站出站厅天花造型

2. 构件造型转译

建筑空间是由无数的结构或材料构件组合而成的，构件通过形状的变化、不同的组合、有序的排列等设计手段使得所形成的空间产生不同的艺术效果和视觉联想。厦门站出站通廊的天花，同样是采用貌不惊人的条状铝板规律地离缝排列，仅仅运用了几条通长而舒展的弧线收边，便使得出站空间有了灵动的愉悦感，丰富了视觉层次，提升了空间品质。成都东站的主立面有两个出挑的支撑大屋面的柱子，柱子造型融入三星堆文明独特的青铜面具艺术元素，使建筑看起来更像是一对精心刻画的雕塑，体现了对于三星堆、金沙的古蜀文化遗产的象形表达。福州南站入口雨棚柱则是用现代的材料对传统建筑构件——斗拱的演绎。结构构件和文化艺术的高度结合给过往的旅客留下了深刻的印象。

图 7.33　成都东站青铜柱

图 7.34　福州南站雨棚造型

四、数字化信息模型

高铁车站的新技术并不只是运用于建造中，而贯穿于规划设计到竣工的全过程。

1. 3D 设计方法

许多大型高铁车站在早期的方案研究阶段就开始运用了数字化设计技术，以三维可视化设计方法取代传统的平面化设计。

BIM 是英文 Building Information Modeling 的缩写，中文翻译为建筑信息模型，基本可理解为：以基于三维几何模型、

高铁车站

包含其他信息和支持开放式标准的建筑信息为基础,提供更加强有力的软件,提高建筑工程的规划、设计、施工、管理以及运行和维护的效率和水平;实现建筑全生命期信息共享,从而实现建筑全生命期的优化。

BIM 的概念最早形成于 20 世纪 70 年代,随着 CAD 制图软件技术的发展,特别是计算机软件三维表达技术的成熟,美国 Autodesk 公司正式推出冠以"BIM"名号的软件。经过十多年的发展应用,BIM 技术取得很大进步,已发展成为继 CAD 技术之后行业信息化最重要的新技术。以美国为代表的一些发达国家应用较早,制订了行业标准,要求所有大型建设项目都需要应用 BIM,并提交 BIM 模型。我国 BIM 应用起步稍晚,国家在《建筑业发展"十二五"规划》和《2011—2015 年建筑业信息化发展纲要》中均明确了建筑业信息化是我国未来建筑业发展的方向,其中 BIM 是重要的发展点。2012 年 1 月,住建部《关于印发〈2012 年工程建设标准规范制订修订计划〉的通知》宣告中国 BIM 标准制订工作正式启动。

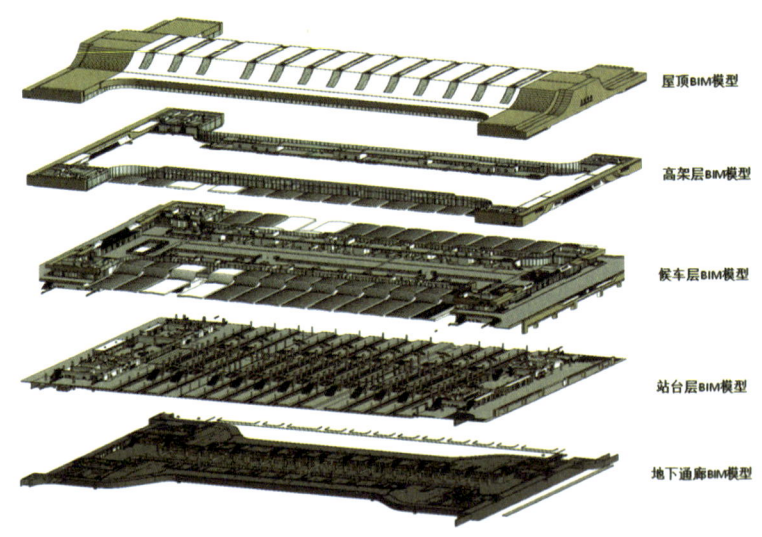

图 7.35 兰州西站 BIM 模型分解

2.BIM 实践应用

兰州西站是我国首个应用 BIM 技术进行设计和施工模拟建造的高铁车站，在设计上解决了大量建筑形态变化调整问题、设备管线安装的相互协调问题，并应用于室内声学环境、室温控制、节能遮阳、火灾情形下的客流疏散等可视化数据或场景的模拟分析，改善了传统设计中的许多薄弱环节，大大提高了工作效率和设计精细度。

BIM 同样适用于施工技术和措施的虚拟化施工作业，特别在复杂造型的材料安装、精确定位、损耗补备、技术调整等方面大显身手。如在建设期间，重庆西站东立面的异性铝板和弧形玻璃幕墙，量大且规格不一。在生产定制加工时，就利用 BIM 技术系统的三维模型将每一片材料进行编组、编号并在材料表面印制上对应的二维码编号，以备材料在后续损坏的情况下，用简单的手机扫码查询，就可以快速通知工厂按原规格复制生产，实现最短时间更换。

传统的现场布置管理主要依靠现场平面布置图，由于现实的施工现场是三维的、动态的，这种传统图纸由于其二维性、静态性，在工作中会带来很多问题。而基于 BIM 技术的施工场地模型，可以解决这一类问题。例如，在高铁车站施工建设之前，技术人员制作了施工现场的 BIM 模型，通过观察模型，施工人员深刻地理解了施工场地及其周边环境，安全、合理地布置场地。从兰州西站 BIM 模拟施工图中可以看出，对既有线位置确认、安全隔离网和隔离通道的设置塔吊群的布置、塔吊吊臂碰撞检查等施工工作都进行了模拟实验。

BIM 技术改变了设计方法也提高了施工精度，尤其对复杂的技术节点、造型工艺提供了精确、全面的数据信息，并方便保存管理，或及时提取数据，充分保障了设计和施工的质量，提高了高铁车站建造的完成度。

图 7.36 应用 BIM 钢结构深化设计

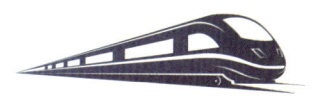

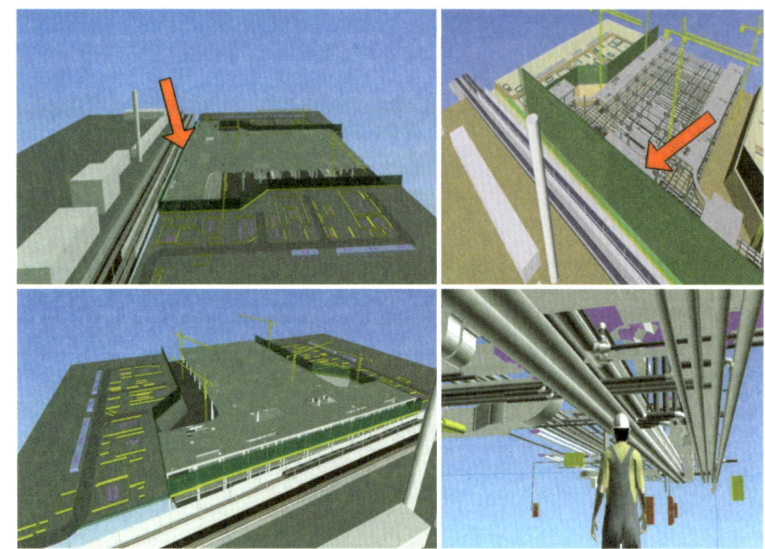

图 7.37 兰州西站 BIM 模拟施工

五、绿色车站技术

在全球环境问题日益严峻的今天，建筑耗能在社会总能耗中占到了三分之一甚至更多，因而，建筑节能减排的重要性不断凸显，而作为大型公共建筑，高铁车站中绿色技术的应用，其意义也显得尤为重大。

1．节约能源消耗

高铁车站实现可持续的一个重要手段就是节约自身能源消耗，而这可以通过很多途径达到，如：使用节能照明、空气调节设备；采用新型材料与工艺降低与外界的热能交换，使夏季室外的热量不易侵入室内，冬季室内的热量不易逸散，从而降低整体能源消耗等。

其实在我国早期建成的一批大型铁路车站中已经采用了很多绿色节能技术。如武广客运专线上的武汉站，整个屋面都采用半透明的复合系统，白天站房内大部分空间都可以利用自然光进行照明。除此之外武汉站还采用了地源热泵系统、

> 第七章 力与美的空间结合

图 7.39 武汉站屋面太阳能板效果

图 7.38 武汉站室内自然光效果

智能照明控制系统。屋面的太阳能光伏电池板，每年可发电 200 度，有效地减少整个建筑的能耗。在此之后的上海虹桥站，也采用了屋顶太阳能光伏发电系统，总装机容量 6 688 千瓦，每年发电量可达 630 万度。而更早建成的北京南站将污水源热泵系统与冷、热、电三联供系统相结合，充分利用燃气发电机产生电能以后的余热，直接进行制冷或制热，同时结合污水源热泵及太阳能发电系统，在大幅度降低耗电的同时，也满足了冷热源需求，节能效果良好。

目前我国已经建立了一套完整的绿色铁路车站评价体

图 7.40 武汉站地源热泵示意

系。国家铁路局于2014年5月颁布了《绿色铁路客站评价标准》，目前正在设计和建设的高铁车站都将执行这项标准，部分特大型车站已经开始按绿色建筑三星的等级标准实施设计建造。可持续的绿色铁路车站必将成为未来中国高铁车站建设发展的主流趋势。

2. 新材料新工艺

新的材料及技术的出现，让新时代高铁车站的绿色设计如虎添翼。这些材料包括膜材料、砌体乃至节能玻璃等，借由材料自身性质来调节建筑内环境，抵御自然气候对建筑形成的能耗影响，在一定程度上降低空调、照明等设备的耗能情况，达到节约能源的目的。

其他高强轻质材料在高铁车站建设中也有广泛应用。空间结构采用的材料多种多样，如轻钢、混凝土、铝合金、聚酯和玻璃纤维织物等。近年来研发的人工合成材料，不但强度高，重量也更轻。特别是由某种纤维与结合物组成的复合材料，性能更佳。复合材料的优点是可复制、可再生、易造型，并且自重轻、安全指数高、建造性能优越，如碳纤维、薄膜、合成外墙板等，都已成功地运用于高铁车站屋面、墙体、天窗、装饰构件、保温系统等多个方面，并在耐久、防火、自洁、透光方面都具有良好的性能表现。

2015年建成的于家堡站，采用纵向跨度达到143米的单层网壳结构，而网壳之上则覆盖ETFE膜，解决了遮阳的问题。ETFE膜是国家游泳中心"水立方"所采用的膜结构。这种膜结构充气后，可以通过控制充气量的多少，对遮光度和透光性进行调节，从而有效地利用自然光，同时起到保温隔热的作用，降低室内能源的消耗。

新材料、新科技的应用，也促进了建造工艺的更新和发展，一些高难度实施的三维曲面车站造型，如芜湖站、杭州东站、重庆西站、武汉站等，都是通过新的工艺技术建造完成。

图 7.41 于家堡站 ETFE 膜效果

图 7.42 "水立方" ETFE 膜

图 7.43 芜湖站立面效果

图 7.44 重庆西站局部曲面造型

3. 环境保护及智能控制

铁路车站空间高大、人流密集，给机电设备系统设计带来了挑战，同时也创造了推广应用高新技术的机遇。在目前的铁路客站设计中，机电设备专业大量选用了先进的技术装备，辅助计算机设计模拟，显著地降低了空调制冷、采暖和照明的能耗，很好地解决了前期设计中的难题。

地源热泵技术的应用

地源热泵是一种利用地下浅层地热资源，既能供热又能制冷的高效节能环保型空调系统。杭州东站、太原南站、长沙站、台州站、岳阳站、衡山站、衡阳站、宜昌站等站房均采用竖直埋管的土壤热泵系统。设备使用寿命20年以上，埋管使用寿命50年以上。经初步估算，杭州东站的地源热泵空调系统与传统空调系统相比，可节能30%以上，同时减少二氧化碳排放量。

高铁车站

再生水源热泵技术的应用

再生水源热泵是一种利用废热资源，既能供热又能制冷的高效节能环保型空调系统。郑州东站采用再生水源热泵系统，取用位于车站附近约 1 公里的中原环保股份有限公司王新庄污水处理厂排放的达标废水，作为空调系统的冷热源，与传统空调系统相比，节能 30% 以上，年节省运行费用约 138 万元，同时相应每年减少二氧化碳排放 1 555 吨、二氧化硫排放 160 吨、烟尘排放 208 吨、氮氧化物 62.5 吨。设备使用寿命 20 年以上。

冰蓄冷技术的应用

冰蓄冷是一种利用夜间低谷电制冰储存冷量并用于白天空调的冷源系统，有利于电网及发电站平衡运行，提高运行效率，杭州东站设计中冷热源采用串联式分量蓄冷的冰蓄冷与地源热泵相结合的方式，设备使用寿命 20 年以上。经综合论证，冰蓄冷系统综合投资比常规系统增加约 176 万元，年运行费用每年节约 182 万元，机房初投资回收期约为 1 年。

光伏发电技术应用

随着太阳能光伏系统在北京南站、上海站和青岛站的成功运用，标志着太阳能光伏技术在高铁车站中的应用已基本走向成熟，武汉站、西宁站等一批铁路车站也采用了进行的光伏发电系统。光伏发电系统采用光伏建筑物一体化模式（BIPV）和并网发电方式，技术条件已趋成熟。目前，在政府补贴的情况下，采用 BIPV 和并网发电方式的非晶硅光伏发电系统投资回收年限为 7~8 年，寿命期长达 20~25 年，每年可为国家节省大量的煤炭和水资源，减少大量粉尘和温室气体排放，节能环保效果显著。

光环境技术应用

铁路车站的候车厅属于高大空间，其照明和照度控制是一个复杂的课题，而站台、地下通道、售票厅等都属于人员

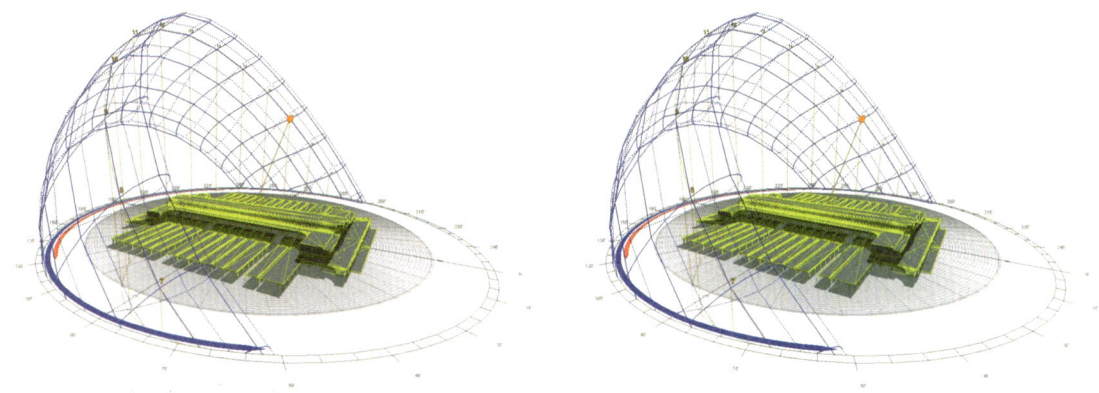

图 7.45　国内某高铁站在设计方案阶段进行自然采光分析

密集场所，照明能耗较大，传统人工控制难以满足要求，采用智能照明控制系统，利用自然光和人工照明相结合，可以实现照明的优化管理、节约能源。

采用专业日照分析软件对自然采光进行模拟分析计算，根据晴天和阴天的照度情况调整采光顶、采光窗的面积，可满足白天不开启人工照明、基本采用自然采光的要求。人工照明采用智能照明控制系统，控制方式包括：时序控制、场景控制、照度控制、调光控制、红外感应控制、无线控制、远方控制等。另外还具有灯具故障检测、来电自动恢复等功能。

目前铁路车站设计广泛采用环境模拟技术，通过环境模拟计算分析，优化空间设计，使高大的铁路车站内部空间具有舒适的温度、湿度、风速和光线效果，创造宜人的车站内部环境。

声环境控制技术应用

兰州西站等许多大型高铁车站，对高大空间的声环境、光环境都进行了专项研究。将在使用广播系统时确保厅内的语言清晰度，作为候车大厅超大容积空间中，合理的混响时间设计目标。与单一声源的室内空间声场条件不同，候车大

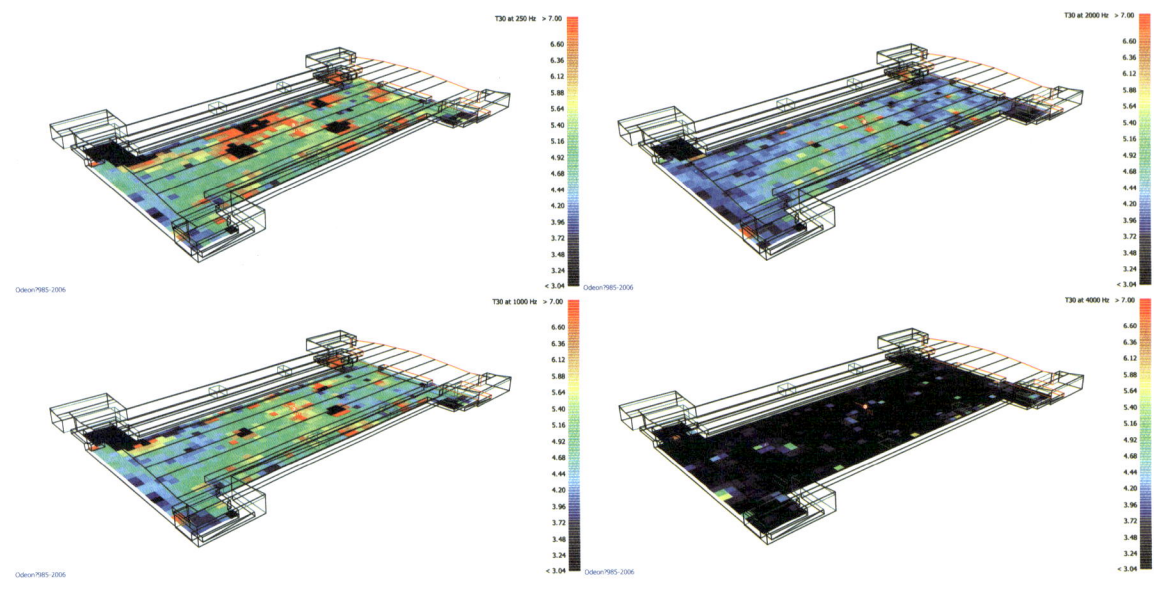

图 7.46　兰州西站候车厅声环境分析可视结果

厅由于采用分散式布置的广播系统，要求在各广播扬声覆盖的主要区域内控制直达声与混响声能的比例。所以在候车大厅中允许较一般小容积单声源时更高的混响时间值，在长混响条件下配合广播系统扬声器合理的布置和选型保证厅内的语言清晰度满足要求，最终实现候车大厅混响时间中频（500HZ-1000HZ）设计值为小于 4.0 秒的设计目标。通过对高大空间声环境的研究，使旅客的候车环境质量得到明显的提高。

减震降噪技术应用

为了减少行车时列车对旅客换乘的噪声影响，对轨道层的减震问题进行分析后，在轨道下方设置减震器，可使轨道下出站层的声环境得到明显的改善。同时，在站台下方，贴临股道的侧墙也敷设了吸音材料，以降低站场区域的噪声，提升旅客候车的舒适性。

【知识链接】

桥建合一有两种模式：其一是采用整体框架结构体系，即站台轨道层及上部站房结构全部采用框架结构形式，为地下出站层提供了开阔的视觉效果和宽敞的使用空间，但成本较高，具体应用有北京南站、郑州东站等；其二是站台轨道层采用桥梁结构，利用桥墩与箱梁结构体系，上部结构柱直接嵌固在桥墩顶且与铁路箱梁完全分开，其桥墩和箱梁的尺寸较大，成本相对较低，具体应用有武汉站、广州南站等。

绿色建筑：指在建筑全寿命周期内，最大限度地节约资源、保护环境和减少污染，为人们提供健康、舒适和高效的使用空间与自然和谐共生的建筑物。

第八章 未来之旅

一、以公共交通为导向的高铁车站区域发展

二、高铁车站再发展

三、综合换乘交通中心

四、站—城共融

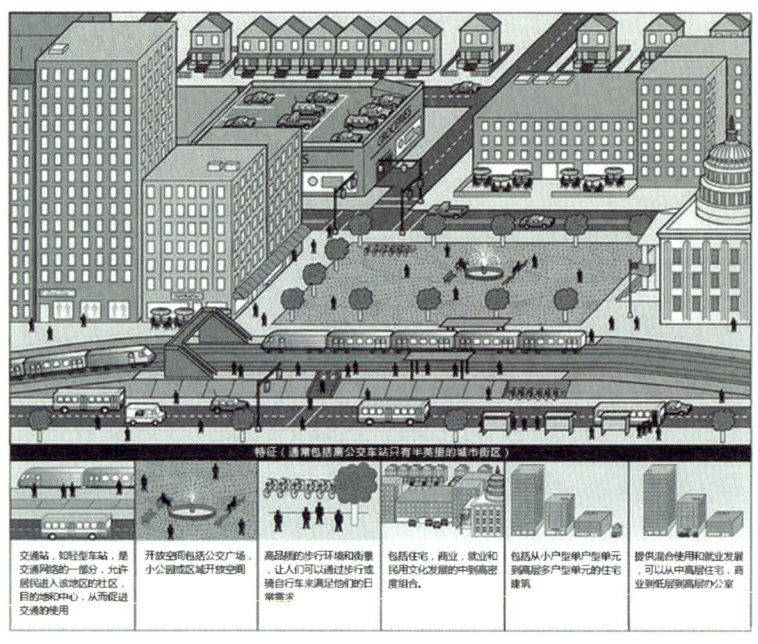

图 8.1 依托轨道交通站点发展的 TOD 模式图解

一、以公共交通为导向的高铁车站区域发展

1. 开放视野，解读 TOD

与西方发达国家相比，中国有着不同的特色，人口众多是最为显著的特点。中国正面临着可能成为世界上最为迫切需要解决交通问题的国家之一，必须面对由人、车流量巨大而形成的复杂交通环境。据统计，一次"春运"周期内，旅客出行人数就从 30 年前的约 1 亿人次增长到 2017 年的 37 亿人次，这意味着在 40 天左右的时间内，相当于将非洲、欧洲、美洲和大洋洲的所有人口挪动了一次。铁路客运承担了这个"大迁徙"的绝大部分运力，惊人的交通需求量使得铁路车站的规模、功能的分布、舒适性控制和集散的安全等，都在成为中国高铁车站发展需要持续思考和解决的问题。

第八章　未来之旅

高铁车站自诞生起，始终扮演着城市最大运量的交通中心、连接各种城市公共交通工具的角色，并在其修建之初迅速与城市紧密结合共同发展，这种状况被称之为TOD——以公共交通为导向的发展模式。

TOD 是 Transit Oriented Development 的缩写，中文一般译作"以公共交通为导向的发展模式"，有时也会被译作"公交优先发展模式"。这个问题由美国新城市主义代表人物彼得·卡尔索尔普（Peter Calthorpe）在1992年提出，是一种以公共交通为中枢、综合发展的步行化城区。其中的公共交通主要指火车站、机场、城市轨道交通以及巴士干线等大客流量的集散交通设施，以此为核心，在适合步行5~10分钟可达的半径400~800米的范围内建立具备混合用途可能的区域。而这混合用途就是指将商业、文化、教育、行政、居住等各功能混合使用。使得这些不同的功能依托于交通站点的客流快捷移动性，给人们带来更方便、更灵活、更舒适的城市生活。这个概念起因于早年美国城市的发展陷入了以郊区蔓延为主的大规模城市空间扩展过程，城市人口向郊区迁移，土地利用率降低，而城市的密度也趋向于分散，导致了中心城区衰落，社区联系产生了分裂，在低效率的运输中，又产生了能源的浪费和污染的传播。通常的TOD开发模式是依托轨道交通站点，建立一定范围内高密度的使用场所，结合居住、商业、休闲等空间，优化、完善城市环境。因此，高密度的综合土地开发、混合使用的复合化多功能业态布局、交通连接的可达性及方便度，是TOD概念的三个重要特征。

宏观上，从整体中国城市发展的现状来看，无论在国民经济、社会基础、技术条件等方面，都趋于接近西方发达国家当时的社会状态和发展水平。借鉴TOD开发的模式，尝试走结合国情的城市交通和谐发展之路，是未来高铁车站建设的主导方向。

2. 因地制宜，坚持中国特色

目前我国公共交通基础设施建设还处于基本满足需求的阶段，过去一段时间的公共交通基础设施建设目标，主要还是提高效率和尽快满足人民生活的基本需求，造成了一些考虑的缺失和对城市环境保护的忽略。在以后更好地满足人民群众的出行需求的建设过程中，我们不仅需要考虑如何改造这些现存和历史遗留的问题，同时更要总结经验吸取教训，学习国际先进的发展模式和技术优势，借鉴西方城市发展过程中的思路和方法，助力中国高铁车站建设并有机融入地区城市发展，使生活变得更加美好。

另一方面，我国地域广袤，资源分布、经济条件、气候环境情况各异，使得高铁车站的建设规模、技术标准产生不同。中国城市的人口密度以及城市发展进程的差异，使得基础交通设施建设、土地价值、业态需求形成很大的反差。从这些方面可以看到我们与发达国家之间的差距和建设环境的区别，中国高铁车站建设未来如何走与城市协同发展之路，如何逐步将劣势转化为优势，因地制宜地走出具有中国特色自主建设发展的道路，是当下亟待考虑的问题。

3. 保持核心优势，助推区域发展

我国持续多年的高铁车站建设取得了很大成就，收获大量宝贵的经验，也看到了其中存在的问题和不足。目前，高铁车站服务城市发展的优势依然显著并具潜力。在中小型城市，高铁车站保障了人们出行需求，促进了区域经济发展，缩小了城乡差距，但这些并不意味着高铁车站便可联手城市放大开发量。由于所处地区的城市规模、人口总量以及发达程度的差异，共同建设发展仍需谨慎推进，不能盲目扩展。而在大型城市或经济发达地区，高铁车站的未来孕育着巨大的潜力。巨大的高铁客流为车站的开发带来了大量的可能性，使得大量大型车站成为周边区域发展的核心，并将带动区域

城市建设。如今人们从对基本出行的需求逐渐演化成了对于更好出行以及更好城市环境的向往，未来的高铁车站将更加深入与城市环境结合，保持核心优势，营造便捷高效的空间和功能，助推区域城市更加健康地发展。

图 8.2　城市雕塑——"放飞的和平鸽"纽约世贸中心车站

以公共交通为导向的 TOD 开发模式，在这些方面带来的优势是显而易见的，通过将办公、住宅等功能安排在距离车站方便可达的范围内，来减少日常生活对机动车的依赖，不仅可以降低二氧化碳排放，节约能源，减缓大城市对自然环境造成的压力，同时土地集约化的城市发展，为车站带来了更高效的服务，也为周边高密度的城市土地和环境带来了更高的价值。市民可以愉快地在 TOD 开发的区域内享受到各种快捷的服务，满足老人、孩子以及各种无障碍需求的成本也

图 8.3　世贸中心车站室内空间组图

图 8.4　世贸中心车站概念草图

图 8.5　美国旧金山跨湾交通枢纽组图

会因为集中的开发变得更简单。以公共交通导向的城市开发模式用在建设当代高铁车站,对于解决如今的高排放和污染、城市堵车,提升和美化城市环境,包括为未来的老龄化社会作恰当的准备,皆有很大的益处。

　　比较 TOD 理论的圈层图式以及步行可达范围分析方法,结合我国目前大型高铁车站的区域情况,由于客流量、空间规模的差异,如果我们将高铁车站所能辐射到的区域称为铁路综合交通枢纽,或许可以分为三个圈层予以假设:核心圈为高铁车站的内在功能;内圈为配套城市换乘交通中心的接驳功能;外圈为混合土地开发的城市功能,三者共同构成铁路综合交通枢纽区域。如果从立体化的视角更可以摆脱平面圈层的束缚,进行更深入地探讨以形成新的圈层发展模式。可见,高铁车站本体、综合换乘交通中心、城市混合开发成为既各自独立又唇齿相依的三个蕴含巨大潜力的利益体。未来谋求高铁车站协同城市发展的广阔前景将由此展开。

二、高铁车站再发展

　　虽然当代高铁车站已经拥有了明确的规划建设原则、先进的设计技术标准和成熟的建造技术工艺，但对车站自身进一步发展而言，在进一步规范服务、完善功能、接轨时代科技发展等方面，未来还有很长的路要走。

1. 管理智能化

2018年两会期间，中国铁路总公司党组书记、总经理陆东福在接受专访时指出：中国智能高铁将采用云计算、物联网、大数据、北斗定位、5G通信、人工智能等先进技术，中国高铁未来将向智能化方向发展，实现新一代信息技术与高速铁路技术的集成融合，并明确"未来的中国铁路，要达到三个世界领先：路网规模和质量世界领先，技术装备和创新能力世界领先，运输安全和经营管理水平世界领先"。

如果说我们已经掌握了高铁车站建设的基本硬件技术应用，而强大的软件技术支撑则需要完善。车站智能化运用将作用于几个方面：自动化、信息化监控手段，对车站机电设备、安全监控、能源负荷提供智能技术支撑；提供舒适良好的交通和人员工作环境，根据气候与环境条件，智能管理、调控

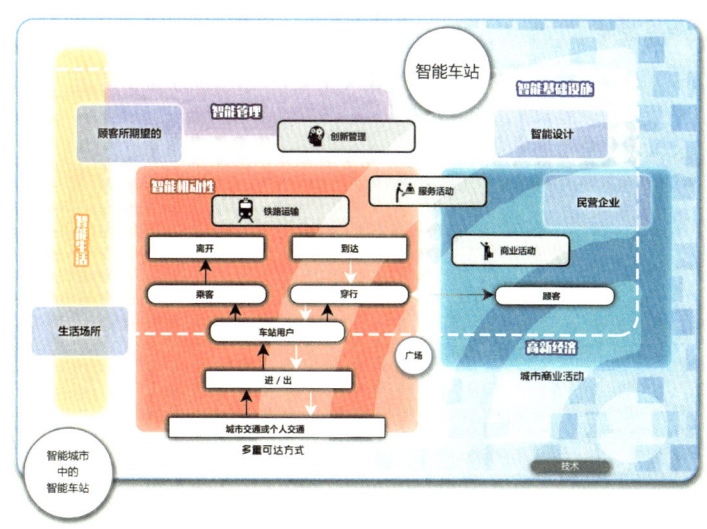

图8.6　智慧车站图解

室内空气舒适度；降低能耗及管理成本，全面控制机电设备系统的高效运行；应对突发事故，保障防灾、减灾救援手段并降低运行和管理成本。

智能化信息控制与管理水平的提高，更可以提升高铁的运输能力。缩短到发列车班次的频率，增加列车开行对次数量，都将促使车站增强旅客的流动性，并在有限的建筑空间内获得更高的使用效率，同时也将促进和提高城市换乘交通对接服务的水平。信息时代的来临，再一次开启了智能化高铁车站建设之门。

2. 站场复合化

受限于建造资金和技术原因，一直以来我国铁路站场总是以平面的方式并列展开，一些特大型高铁车站，尤其是内陆地区的一些特大型客运枢纽车站由不同方向引入的多个站场组成，并平行展开。西安北站共有18座站台、38条股道，站台间最大距离近400米，站场占用了大量宝贵的城市土地资源。

正在设计建设中的北京丰台站，第一次采用了双层站场的设计技术，将原先平面铺开的铁路线在空间上叠合起来，直接节省了近一半的土地。虽然这会增加建设和营运的成本，但这种立体化站场形式在中国的出现，将会带来一场新的高铁车站建设的革命，无论在客流引入或引出、空间布局、流线组织、换乘交通、结构造型等方面，都会带来全新概念的变化和新一轮车站设计研究。

高度复合、立体化构建的高铁车站同时也将引发与城市周边协调发展规划的不同思路，将产生复杂的交通组织。未来高铁车站将更加集约化地利用土地资源，更加高效地接驳城市公共交通，更加科学地引导、疏解客流，更加多元地成为城市综合体的一个分支。

图 8.7　北京丰台站剖透视

图 8.8　柏林中央车站室内场景

图 8.9　柏林中央车站剖透视

3．环境生态化

　　创建生态高铁车站的策略不再是遥远的理想，根据国家建设生态可持续发展的城市规划战略，2014 年 5 月国家铁路局颁布了《绿色铁路客站评价标准》，标准颁布后一些在建设或即将建设的高铁车站已经开始执行，根据车站等级、规模设定不同绿色星级目标，车站建筑的空气环境质量、应用机电设备的环保和标准，以及建筑材料选用、节能技术推广等进行评估和改造，包括整个车站区域环境质量也在不断评

高铁车站

估标准的监督下不断提高。

环境生态化的首要步骤就是重新评估高铁车站站前广场的功能，尽管早年传统火车站前方以备应急之需的空旷之地，现在也已变得郁郁葱葱，但还是可以发现许多车站的前广场正在渐渐退去过往的"风采"，原先的集散功能被逐步淡化。这旷地上不会再有临时集散的景象，也不会再有无章的停放。由于进站人群早已通过城市的地铁从地下空间内被送达，或在被规划得井井有条的接驳车道上安然进站；出站旅客也将通过安全通道，悠然抵达周边城市配套的公交车场、出租车候客区、长途车站或旅游大巴集散地，已经很少有人再光顾站前广场。结合车站功能的改变、区域生态环境的需求，转换思路、调整站前广场的规划设计方法，兼顾环境、植入新的功能，相信会营造出更丰富而完美的高铁车站区域生态城市空间。城市发展的进化，车站功能和格局的调整，生态车站和生态城市建设的兴起，无一不在催促高铁车站在不远的未来进一步从绿色车站向综合区域生态车站的目标迈进。

图 8.10　深圳前海交通枢纽鸟瞰效果图

三、综合换乘交通中心

改变车站与城市关系的契机，很大成分源于相互间的交通接壤，也是新型高铁车站最前期需要研究的交通规划命题。

图 8.11　前海交通剖透视

1．无缝换乘

无缝换乘，通常是指两种或两种以上的交通工具实现最短距离、最高效率、全天候的安全换乘方式，有时也会被称为零距离换乘。

高铁车站的铁路站内换乘功能已经在积极地调整和完善之中。而对接城市公交的无缝换乘虽已经有了一定体系，但与高铁车站同步城市协调发展、一体化建设之间仍存在着一些差距，这也成为高铁车站进一步走向城市交通综合枢纽的一个阻碍。站内无缝换乘焦点在于"便捷性"和"预见性"。"便捷性"是技术手段，是如何科学地把握好适度，以及设置好精准的交通空间流线。换乘空间规模大了会导致浪费，小了则无法解决根本的通畅问题。"预见性"则涉及多个方面，主要是对换乘客流量数据的提前测定，我国城市建设速度之快、增长之迅猛，使早期建设的高铁站无从适应。很多地方的高铁车站和城市配套交通（尤其是轨道交通设施）没有同步实施，导致一个已经建造完工，另一个需要时间规划或资金才能跟上，安全退让、预留接口迁变、后续规划调整、施工条件受阻等原因，都会将矛盾变得无比复杂而只能委曲求全，走入难以名状的困境。正因为综合交通枢纽需求的紧迫以及建设之重要，所以需要提前预见、预测，并及时研究、一体化行动才能实现高铁车站和城市公共配套交通发展的双赢局面。

2．城市活动渗透

综合交通枢纽的逐步成型是旅客完美出行体验的重要一步，其基本解决了便捷交通的单一需求，而后需要提供的完

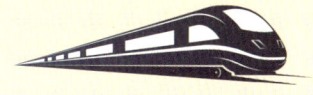

> 高铁车站

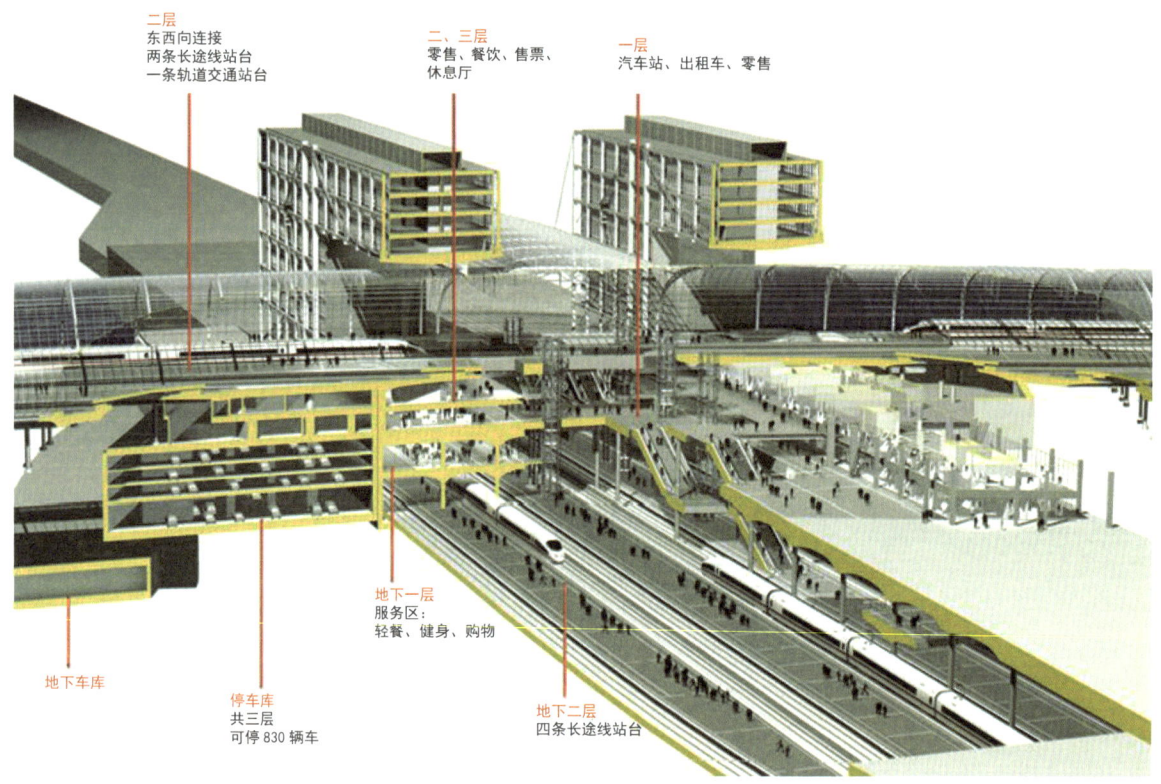

图 8.12 柏林中央车站立体交通换乘图解

善的、全面的旅客服务将是实现城市和车站全体利益保障、良性循环的开始。

当代高铁车站已不能局限于与城市简单接驳的交通组织方式,进而提出了与城市公共交通全面对接,综合城市各类交通工具方便换乘的一体化整合交通体系。"共享交通换乘中心"的互动模式一触即发,这种新的公共交通空间模式,迎合了铁路和城市的双向需求。作为快速接驳城市地铁和铁路地下出站的通道空间迅速形成,各类旅客随行服务的功能如零售、餐饮、问询、预定、邮局等多样化业态瞬间渗透,同时也流入高铁站内空间,实现了城市活动与车站交通的一体化空间组织,一方面使乘降功能更为流畅快捷,另一方面也使得服务更加方便、多样,继而引发高铁车站与城市关系

> 第八章 未来之旅

图 8.13 香港西九龙车站——城市功能渗入车站内部空间

图 8.14 香港西九龙车站屋顶城市公共绿地

高铁车站

图 8.15　香港西九龙车站候车厅

图 8.16　香港西九龙车站采光天窗

的互通互联。

上海虹桥站之所以能成为综合交通枢纽的经典案例，是因为它的交通无缝换乘和城市商业配套之间的相互依托、共生并存关系让车站与城市共赢，尽管由于枢纽的超大体量使得换乘距离有些过长，但在交通上的便捷引导和直来直往的宽敞换乘通道让交通空间关系干净利落，并配以多功能的商业服务，见缝插针般的渗透至通道的两侧，大大方便了不同人群的各种需求，充分体现了现代交通的便利性和高效率，也大大回收了经济效益，实现了城市、车站、人群的共赢。

诚然，上海虹桥站在我国是个例，并不完全可以套用于

其他城市的不同车站，但我们可以从中获取经验和启示，借鉴这种方法打造基础，为未来创造更多的条件，应对不同的需求，获取更大的利益和成功。

3. 提高可达性

以车站为中心，按照TOD步行可达性原则画一个半径为400~800米的圈（最佳步行距离），重要的圈层关系就形成了。核心圈是拥有高客流量的高铁车站，内圈是以综合换乘交通中心为主的城市交通接驳配套服务功能区，圈外是更高密度的城市混合开发的区域。可见，中心车站本身的交通可达关系明确，圈外城市交通关系也比较清晰，复杂而模糊的是圈内的综合换乘交通中心区域，即车站与城市之间的交织地带。

高铁车站的交通规划一般是将车流高效地引进或引出至中心车站，城市交通规划却重点忙于在圈外高密度开发区域的合理化交通组织的引导和梳理。交织区的问题往往被忽略成为半盲区，交通组织看似可达，而实际紊乱。即便是交通规划中考虑了各类公共交通与高铁车站之间的接驳路径和场地布置，但对这一区域除了换乘交通设施以外的其他配套服务功能（商业、餐饮、快捷酒店等），用地的人、车、货物交通组织若是若非、若有若无，造成了可达性条件在系统规划中的缺失，或可能存在的盲区。

铁路综合交通枢纽形成时，一个总体规划上的重要职责就是需要明确处理这些非车站功能却又紧密连接车站与城市之间的问题，类似边界功能区域的可达性交通问题，应与高铁车站交通规划、分析一并完成，以免成为今后的缺陷，对车站交通和城市交通造成不利影响。这一问题看似微小，但也许会将成为未来高铁车站与城市连接的瓶颈。

综合换乘交通中心是高铁车站功能外延至城市交通一体化组织的升级形式，是高铁车站进一步发展为铁路综合交通枢纽并融入城市的必然途径。

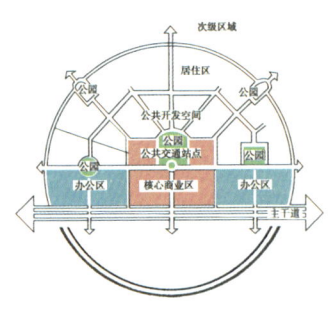

图 8.17 TOD 圈层图解

四、站 — 城共融

由于我国传统铁路特有的管理体系和现行的功能所致，长期以来形成了车站与城市各自分离、独立发展的格局，这种格局像一道无形的屏障存在于车站和城市之间，仅仅是功能的交换，缺乏交流和互动。购票只有到车站售票室排队、换乘公交必须穿越一条车水马龙的街道，热菜热饭请去对街的小巷，匆忙时频频询路、闲暇时无处安坐，在风雨中瑟瑟守望、在夜幕下找寻归宿，车站抱怨城市、城市叹息车站，相守陌路、比邻无言。谁对谁错？谁优谁劣？谁欢谁怨？谁得谁失？无人知晓也少有问津，像一个巨大的、解不开的中国铁路交通之结，一困半个多世纪。得益于政策的开放、社会素养的全面提高，交通设施建设在20世纪的持续发展，这种无奈的困局正在逐步扭转。作为发展核心驱动力的高铁车站正以新的姿态逐渐得到城市的青睐。

如果将高铁车站视为核心，综合换乘交通中心则是核心的外延，站城融合一体化发展就是更加宏观的区域交通综合城市功能发展的未来空间形态。

1. 资源共享

2013年，"国家铁道部"由行政机构正式改制为"国家铁路局"和"中国铁路总公司"的分制管理和营运体系，政、企分离标志着铁路企业化的开始。国家铁路局，隶属于交通运输部，负责监督、监管；中国铁路总公司则承担企业职能。这项改革实际上明确了职与能的关系，说明了权与益的分配，也直接将铁路的大门向社会开放。另一方面，数字化信息资源的快速传播，互联网经济时代的到来，加速了广阔的社会资源共享平台的构建，"互联网+"的新思维、新时代正在深度融合传统行业，创建新的社会发展生态。

图 8.18　上海莘庄枢纽鸟瞰

图 8.19　莘庄枢纽剖透视

共享土地权益

城市发展导致土地资源稀缺,交通便利地段土地价值急剧上升。传统车站的站场一直以来用地范围大且平面化摊开,土地利用效率低下。新时代的高铁车站,逐步从扁平化的土地占用规划过渡到立体化开发,土地的权属也在被重新定义。只有当土地被真正利用的时候,其经济效益才会自然产生。土地是有限的,集约化建造车站的方式是期望能有效释放出土地面积,而车站城市一体化建设的目的是可以更加充分、合理、最大化利用有限的土地。实现这一目标的前提就是彻底破除车站与城市的界面,相互开放、平等,才能互利。

共享交通便利

新型高铁车站的城市交通规划,正随着城市发展的变革、现代科技进步的支撑、社会经济的全面提升而愈加完善,以公共交通为导向的 TOD 开发模式,在大量高铁车站建设中逐步得以实现。整体交通规划,综合了城市区域规划的要求,以立体化的道路交通组织贯通车站与城市各方向的交通流线,使城市交通网络变得更加快捷、有序和高效。未来,在站城融合、协同发展的策略引导下的高铁车站,不再是一个封闭的城市终端式交通节点,而将会在站城共享交通便利的基础上,成为更加开放的城市多功能、多元化的综合活动场所。

共享生态经济

土地价值的提升依赖高铁车站带来旺盛的人气,也需要便捷交通可达性的引导、人员物质输送的高效、多样化的生活设施、全方位高品质的人性化服务以及舒适宜人的自然环境。创造价值是未来高铁车站建设所引导的发展方向,也是宏图实现的远大目标。高铁车站以造型成为城市门户或地标的意义已在渐渐退去,而将以宽容、高效、完善的服务互补、共赢,以推动城市区域经济的可持续发展为目标,铸就更加稳固、和谐的新门户形象。

近年来,新建高铁车站的角色开始转型,更是从传统的

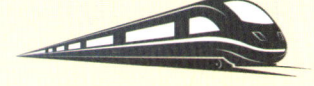

高铁车站

被动接纳旅客乘降服务，变化为主动创造条件向城市和社会打开门户，并积极参与城市配套交通服务，许多高铁车站为城市规划设计并代建了大量城市交通基础配套设施。广场地下空间利用、综合换乘交通中心、地铁站厅、地下停车库、出租车场以及配套商业等空间开发（宁波站、兰州站等）；高架车场的桥下空间利用（武汉站等）；利用站台雨棚上盖或地下车站上方土地作为城市配套功能的开发利用（重庆沙坪坝站）等，努力与城市双方携手车站周边地区规划，共享资源，为未来谋求互赢共利的站城一体化发展。

2. 立体空间发展

曾经的高铁车站局部立体化交通系统规划设计研究，为我们打下了良好的三维交通空间的认知以及实施建造技术的扎实基础，也在高铁车站、综合交通枢纽的实践中收获颇丰。兰州西站综合交通枢纽建设是其中的一次有益尝试。

2015年建成通车的兰州西站，其功能格局为"南北地上进站、高架候车、地下出站"，旅客流线模式为"上进下出，南北进站，东西出站"，多方向的空间立体化接口，与车站前的北广场在地面至地下不同的三个楼层面上全面对接，实现最短距离接驳地铁、公交、长途客运、出租车和社会车辆，整合了一条条北侧城市主干道下方的过境交通隧道，疏解了过境车辆与进出站车辆的相互影响。在如此庞大体量而空间复杂的地下系统中，还引入了自然光线，配以明确的导向标识，使流线有序、路径清晰。完善的多功能、多业态配套服务形成城市综合换乘枢纽的公共交通中心，进一步规划是由多层次的交通换乘中心继续向北延伸，从地道和天桥跨过城市快速道路连接北侧的城市商业中心。从高铁车站建设到城市健全的配套服务，兰州西站成为地区高效的、集约化、一体化综合交通枢纽，并成功引领了周边土地开发和兰州区域城市的良性发展，成为站城融合的经典案例。

> 第八章 未来之旅

图 8.20 兰州西站立体化交通枢纽

  毋庸置疑，立体化车站、立体化车场是目前高铁车站形式无可比拟的优势，交通和城市空间活动都将建立在三维空间互动的基础上重新展开，并突破现有的规划条件，创造出全新的高铁车站体系。

  我国铁路车场既有的扁平化的发展关系愈加明显不能适应新时代的新需求，在建造技术成熟、经济实力充沛、思想意识更新的当代社会，高铁车站空间立体化的建构正在替代以往的形式。想象中的未来立体化空间组织发展趋势，是将广场、站房、站场三个空间进一步整合，高度集约化的土地利用、多方向渗透的城市功能、无盲角的分层交通组织将助推高铁车站区域城市的可持续建设，发挥大客流运量的人气

高铁车站 >

图 8.21　柏林中央车站立体化交通布局场景

优势和核心交通服务功能,建立高品质城市交通的新形象。

3. 交通功能隐形

最简单、最直接的交通设施隐形方式就是一条穿越地下的车道,它将交通行为以其应有的服务方式呈现,而腾让出地面空间给城市的其他功能活动。仔细思考,高铁车站何尝不是如此,假设一个城市仅有一座车站,其建设必将带动城市区域交通的发展,毋庸置疑,它适合"门户""地标"建筑的建设定位。但如果是一个城市再次修建的第三个站、第四个站,它是否依然具有这样强烈的行政属性和地域的标志性?当社会不断发展,一、二线城市建设日益成熟,站城融合、协同发展已成为人们关注和聚焦的热点。百姓的认知程

图 8.22 SOM 事务所设计的纽约中央火车站改造方案

图 8.23 纽约中央火车站隐匿的地下交通功能 　　图 8.24 纽约中央火车站卫星图片

高铁车站

图 8.25　以商业综合体面貌呈现的福冈博多站

度不断提高，高铁车站的发展是否还能继续保持今天的状态，或能否在真正意义上转变，成为隐藏在城市公共空间内的一颗交通的心脏，让其以更高的品质和有力的搏动去推动发展并提升城市功能的内涵，是有待研究的课题。

纽约中央火车站的地面功能早已被城市的多样化日常活动全面取代，留下的仅仅是恢宏精致的地标式建筑物，而在它的地下，每天都有近 500 个班次的列车经过、40 多万人次进出，依然是全球最大规模、最大运力的火车站。再看日本，以大阪站、福冈博多站为代表的许多火车站，都已渐渐消隐在偌大的城市商业综合体之内。

重庆沙坪坝站不失为我国近年来一个具有实验意义的高铁车站，除去四个站名牌的大字和一个宽大的进站口外，很难在一组高楼群里第一眼见到车站的身影，但这却完全无妨这座车站为城市带来的活力。未来中国高铁车站的发展仍将具有巨大的潜力和创新的动力。

中国改革开放历经 40 年艰辛而卓越的前行，在交通领域业绩斐然，中国高铁成功迈入了国际先进行列。未来中国

> 第八章　未来之旅

高铁车站建设将以"创新、协调、绿色、开放、共享"的新发展理念为指导,以"三个世界领先和三个进一步提升"为目标,以深入贯彻"三大举措"为总体要求,以传承中华优秀传统文化基因、增强中华民族自信为理想信念,牢牢把握高铁车站竭诚服务旅客的根本宗旨,努力健全智能高效、绿色低碳的运营管理模式,着力提升具有城市综合竞争力的车站价值内涵和社会价值外延。坚定创新理念、科学优化方法、精益提高技术,未来将努力打造新时代优质高铁车站,从而来进一步满足旅客对美好出行的新需求,提升旅客的获得感和幸福感。

图 8.26　国内某高铁车站竞赛方案侧式进站广厅效果图

> 高铁车站

祝愿中国高铁建设再次腾飞,一路驶向更加灿烂、辉煌的未来!

【知识链接】新城市主义

新城市主义是20世纪90年代初,针对郊区无序蔓延带来的城市问题而形成的一个新的城市规划及设计理论。主张借鉴二战前美国小城镇和城镇规划优秀传统,以塑造具有城镇生活氛围的紧凑社区,取代郊区蔓延的发展模式。新城市主义思想起源于20世纪80年代,1993年在美国亚历山德里亚召开的第一届新城市主义大会,标志着新城市主义运动的正式确立和理论体系的成熟。

图 8.27 国内某高铁车站竞赛方案城市通廊效果图

参考文献

[1] 朱利安·罗斯.火车站：规划、设计和管理[M].铁道第四勘察设计院,译.北京：中国建筑工业出版社,2007.
[2] 宓汝成.中国近代铁路史资料：1863—1911[M].北京：中华书局,1963.
[3] 宓汝成.帝国主义与中国铁路：1847—1949[M].北京：经济管理出版社,2007.
[4] 金士宣,徐文述.中国铁路发展史：1876—1949[M].北京：中国铁道出版社,1986.
[5] 刘建春.火车老站地图[M].上海：上海文化出版社,2007.
[6] 李允鉌.华夏意匠[M].北京：中国建筑工业出版社,2005.
[7] 潘谷西.中国建筑史[M].北京：中国建筑工业出版社,2004.
[8] 刘志军.铁路旅客车站设计指南[M].北京：中国铁道出版社,2006.
[9] 铁道部工程设计鉴定中心,中铁二院工程集团有限责任公司.2011中国铁路客站技术交流会论文集[M].北京：中国铁道出版社,2012.
[10] 铁道部工程设计鉴定中心,铁道第三勘察设计院集团有限公司.2012中国铁路客站技术交流会论文集[M].北京：中国铁道出版社,2012.
[11] 钱立新.世界高速铁路技术[M].北京：中国铁道出版社,2003.
[12] 矢岛隆,家田仁.轨道创造的世界都市——东京[M].陆化普,译.北京：中国建筑工业出版社,2016.
[13] 日建设计站场一体开发研究会.站城一体开发：新一代公共交通指向型城市建设[M].北京：中国建筑工业出版社,2014.
[14] 高铁见闻.高铁风云录[M].长沙：湖南文艺出版社,2015.
[15] 王麟,李政.高铁的前世今生[M].北京：中国铁道出版社,2016.
[16] 克里斯蒂安·沃尔玛尔.钢铁之路：技术、资本、战略的200年铁路史[M].陈帅,译.北京：中信出版社,2017.
[17] 贾坚.城市地下综合体设计实践[M].上海：同济大学出版社,2015.
[18] 赵妮娜,赵瑾娜.火车站[M].北京：中国铁道出版社,2012.

［19］罗兰德·霍恩.柏林中央火车站［M］.尹学军,高星亮,高洁,译.北京:中国铁道出版社,2012.

［20］上海现代建筑设计(集团)有限公司.上海虹桥综合交通枢纽规划与建筑设计［M］.北京:中国建筑工业出版社,2010.

［21］郑健.铁路旅客车站设计集锦［M］.北京:中国铁道出版社,2009.

［22］郑健.当代中国铁路旅客车站设计综述［J］.建筑学报,2009(4):1—6.

［23］郑健.高铁客站建设管理体系构建与实践［J］.项目管理技术,2011(03):46—51.

［24］郑健.空间结构在大型铁路客站中的应用［J］.空间结构,2009(3):52—65.

［25］魏崴.综合交通枢纽的城市同构［J］.城市建筑,2014(3):19—21.

［26］王群,李维纳,叶妙铭.博鳌火车站［J］.建筑学报,2011(12):76—80.

［27］李传成.城市中心火车站改造初探——以南京客站和上海二客站为例［J］.建筑创作,2001(5):31—39.

［28］张庄,冉晓鸣.建筑多样性的探索:汉口火车站改造设计［J］.建筑创作,2007(4):84—88.

［29］程泰宁.理性与意念的结合——杭州铁路新客站建筑设计介绍［J］.时代建筑,2000(4):40—43.

［30］沙永杰.日本京都新车站设计［J］.时代建筑,2000(4):56—59.

［31］沈中伟.当代铁路客站的城市角色——基于城市综合换乘的我国新型铁路客站设计关键［J］.建筑学报,2009(4):72—74.

［32］王睦,吴晨,王莉.城市巨构·铁路枢纽——新建北京南站的设计与创作［J］.世界建筑,2008(8):38—49.

［33］吴蔚,沈慧雯.对话的火车站——gmp交通建筑的一体化设计［J］.城市建筑,2017(11):26—30.

［34］盛晖.中国第四代铁路客站设计探索［J］.城市建筑,2017(11):22—25.

［35］李传成.中型火车站建筑设计模式探讨［J］.华中建筑,2010(5):56—58.

［36］潘维怡.从割裂城市到创作沟通——以城市设计角度浅析铁路站房更新模式演化［J］.华中建筑,2010(4):89—92.

［37］薛林平,徐璐思.中国近代火车站之哈尔滨老站建筑研究［J］.华中建筑,2011(9):74—78.

[38] 杨华春，艾侠，漆国强.哈尔滨西站［J］.城市建筑，2013（3）:52—59.

[39] 胡映东，张昕然.城市综合交通枢纽商业设计研究——以上海虹桥综合交通枢纽项目为例［J］.建筑学报，2009（4）:78—82.

[40] 唐文胜.郑西铁路客运专线西安北站［J］.城市建筑，2013（3）:66—75.

[41] 盛晖.突破与创新——武汉火车站设计［J］.建筑学报，2011（1）:80—83.

[42] 王群，李维娜.浓郁的地方特色现代化的火车站——苏州火车站设计［J］.建筑学报，2009（4）:64—66.

[43] 方健.京沪高速铁路上海虹桥站新建站房设计［J］.时代建筑，2014（6）:158—161.

[44] 章菊新.上海火车站的改造历程［J］.建筑技艺，2015（06）:94—98.

[45] 陈雷，郑刚，华绚.上海铁路南站［J］.建筑学报，2006（12）:67—71.

[46] 李春舫，袁培煌."文化性"在大型交通枢纽站设计中的体现——从郑州东站到杭州东站［J］.建筑学报，2009（4）:59—63.

[47] 薛林平，徐璐思.中国近代火车站之哈尔滨老站建筑研究［J］.华中建筑，2011（09）:74—78.

[48] 洪柏，刘晓征.中国结·塞上结回汉——银川火车站方案设计［J］.建筑学报，2009（4）:56—58.

[49] 郑云杰.青岛火车站改造［J］.建筑学报，2009（4）:32—36.

[50] 季松.高铁枢纽地区的规划设计应对策略——以南京南站为例［J］.规划师，2016（3）:68—74.

[51] 龚维敏，盛晖.深圳北站［J］.城市建筑，2014（3）:46—53.

[52] 王睦.从哈尔滨西站设计看大型交通枢纽的整体策略［J］.世界建筑，2012.

[53] 王凯夫.宁波站综合交通枢纽［J］.城市建筑，2015（13）:40—47.

[54] 黄智勤.华美的现代民族建筑乐章——昆明南站设计［J］.华中建筑，2016（6）:64—68.

后记

> 铁路伸向无垠的远方
> 邂逅又一个春天
> 前程充满希冀
> 如同太阳冉冉升起
> ……

《高铁车站》的写作是在中国铁路总公司、国家铁路局的热切关注和主持下进行的。总结与回顾近20年中国高铁车站的建设历程，得益于中国社会的改革开放，收获于万千铁路人的艰辛付出，感慨那份对梦想的执着和坚守。谨以此书向所有高铁车站参建单位和同仁致以深切的敬意。

特别致谢为本书稿写作作出贡献的人员：
中国铁路总公司、国家铁路局：
徐尚奎、陈东杰、韩志伟、姚涵、李京、党立、谢晓东、张跃玲、武赞
同济大学建筑设计集团轨道交通建筑设计院：
许笑冰、刘传平、王凯夫、张少森、樊鹏涛、郑雲升、谢小林、蔡珊瑜、张东见、许云飞、薛慧明、潘维怡、张志彬、刘天鸾
同济大学建筑与城市规划学院：
李博涵、罗辛宁、潘屾、龚运城、刘一敬

中国高铁车站建设年鉴

序号	线名	站名	车站规模 站场	车站规模 站房（万平方米）	竣工年月	车站性质 省	车站性质 地	车站性质 县
	2008年底前完工的站房
1	武九线扩能	黄石		0.81	2005年8月		1	
2		华容		0.24	2007年1月			1
3		阳新		0.29	2007年			1
4	浙赣电化	义乌		1.49	2005年9月		1	
5		诸暨		0.80	2006年6月			1
6		衢州		1.10	2006年5月		1	
7	郑徐电化	兰考		0.22	2005年4月			1
8	胶济电化	潍坊	3台7线	2.20	2006年9月		1	
9	宁启线	扬州		2.10	2004年4月		1	
10		泰州		1.20	2005年7月		1	
11		淮安北		1.00	2007年4月		1	
12		盐城		1.00	2007年4月		1	
13		南通		1.00	2007年4月		1	
14	青藏线	拉萨	7台7线	2.19	2006年7月	1		
15		那曲		0.25	2006年7月			1
16		当雄		0.13	2006年7月			1
17		安多		0.09	2006年7月			1
18		唐古拉		0.04	2006年7月			1
19	渝怀线	重庆江北		1.61	2005年12月	1		
20		怀化		1.20	2007年1月		1	
21	京津城际	北京南	24台24线	25.10	2008年7月	1		
22		天津	18台18线	5.70		1		
23		武清	2台4线	0.22	2008年			1
24		亦庄	2台4线	0.29				1
25		塘沽	2台4线	0.47				1
26	遂渝线	合川		0.53	2005年11月			1
27		潼南		0.34				
28	兰武复线	永登		0.12	2006年7月			1
29		天祝		0.11	2006年7月			1
30		新古浪		0.08	2005年10月			1
31	柳沟至敦煌铁路	敦煌		1.09	2008年7月			1
32	沾昆二线	曲靖站房		0.85	2007年2月		1	
33	合宁线	全椒		0.52	2008年4月			1
34		肥东		0.29	2008年4月			1
35	赣龙线	瑞金		0.58	2004年12月			1
36		龙岩		1.32	2003年1月		1	
37	苇亚线	亚布力		0.22	2007年12月			1
38	吉安井冈山铁路	井冈山		1.00	2007年4月			1
39	西格二线	德令哈		0.54	2006年7月		1	
40	改造项目	武昌	9台13线	5.70	2008年9月	1		
41	改造项目	延安		2.40	2008年4月		1	
42	改造项目	昆明南站房		1.15	2006年12月	1		
43	改造项目	阜阳		6.02	2008年1月		1	
44	改造项目	乌兰浩特		0.90	2007年11月		1	
45	改造项目	赤峰		1.35	2007年12月		1	
46	改造项目	张家界		1.88	2007年12月		1	
47	改造项目	青岛	10台10线	5.43	2008年6月	1		
48	改造项目	南京		4.50	2005年8月	1		
49	改造项目	上海南	11台12线	5.60	2006年6月	1		
50	改造项目	呼和浩特		4.00	2007年8月	1		
51	铜九铁路	池州	2台5线	1.04	2008年8月		1	
52		东至	2台5线	0.22	2007年9月			1
53		彭泽		0.16	2007年9月			1
54		湖口		0.21	2007年9月			1
55	白河至和龙铁路	和龙	2台4线	0.31	2008年10月			1
56	安康重庆复线	安康		0.35	2007年11月		1	
57	黔桂线扩能	都匀		0.69	2008年10月			1
58		宜州		0.33	2008年10月			1
59		新南丹		0.27	2008年10月			1
60		新麻尾		0.28	2008年10月			1
61		新独山		0.29	2008年10月			1
62		贵定南		0.11	2008年10月			1
63	京广线信阳至陈家河改线	新广水		0.24	2007年3月			1
64	独立项目	郑州西站房		1.90	2008年12月	1		
	2009年完工的站房
1	合武铁路	麻城北		0.55	2009年4月			1
2		金寨	2台5线	0.49	2009年4月			1
3	白河至和龙铁路	白河	2台4线	0.36	2009年9月			1
4	达成线	新大英综合		0.28	2009年5月			1
5		土溪		0.07	2009年6月			1
6		蓬溪		0.15	2009年6月			1
7	独立项目	北京北	11台11线	2.30	2009年1月	1		
8	独立项目	太原站改造		3.23	2009年2月	1		
9	独立项目	烟台		4.80	2009年5月		1	
10	独立项目	丹东	5台5线	1.53	2009年6月		1	
11	沈抚城际	抚顺	2台2线	0.24	2009年7月		1	
12		抚顺城	5台7线	1.00	2009年7月			
13	温福铁路	宁德		1.84	2009年7月		1	
14	武襄铁路	随州		0.78	2009年7月		1	
15	临策铁路	苏宏图		0.22	2009年7月			1
16	洛湛线永林段	贺州	4台13线	0.58	2009年7月		1	
17		梧州	2台5线	0.45	2009年7月		1	
18		零陵	2台5线	0.12	2009年7月			1
19		双牌	2台2线	0.13	2009年7月			1

267

高铁车站

序号	线名	站名	车站规模		竣工年月	车站性质		
			站场	站房（万平方米）		省	地	县
20		道州	2台3线	0.19	2009年7月			1
21		江永	2台2线	0.10	2009年7月			1
22		江华	2台2线	0.16	2009年7月			1
23		富川	2台2线	0.16	2009年7月			1
24		钟山	2台2线	0.10	2009年7月			1
25		岑溪	2台4线	0.24	2009年7月			1
26		容县	2台2线	0.13	2009年7月			1
27		北流	2台2线	0.13	2009年7月			1
28	临策铁路	额济纳		0.23	2009年8月			1
29	甬台温铁路	台州	3台6线	2.14	2009年9月		1	
30		奉化	2台5线	0.29	2009年9月			1
31		宁海	2台5线	0.78	2009年9月			1
32		三门	2台5线	0.40	2009年9月			1
33		临海	2台5线	0.42	2009年9月			1
34		温岭	2台5线	1.65	2009年9月			1
35		雁荡山	2台5线	0.53	2009年9月			1
36		乐清	2台4线	1.53	2009年9月			1
37		绅纺	2台4线	0.50	2009年9月			1
38		永嘉	2台4线	0.50	2009年9月			1
39	温福铁路（浙江段）	苍南	2台5线	0.41	2009年9月			1
40		鳌江	2台6线	0.80	2009年9月			1
41		瑞安	2台6线	1.14	2009年9月			1
42	温福铁路（福建段）	连江		0.32	2009年9月			1
43		罗源		0.37	2009年9月			1
44		福安		0.31	2009年9月			1
45		霞蒲		0.31	2009年9月			1
46		太姥山		0.38	2009年9月			1
47		福鼎		0.33	2009年9月			1
48	胶济客专	青州北	2台5线	0.65	2009年9月		1	
49	徐连铁路	连云港东	3台7线	1.46	2009年10月			
50	铜九线	铜陵东	2台5线	2.20	2009年10月			
51	西丰至辽源铁路	西丰		0.15	2009年11月			1
52	精伊霍铁路	伊宁		1.16	2009年11月			
53		布列开		0.09	2009年11月			1
54		尼勒克		0.06	2009年11月			1
55		精河南		0.20	2009年11月			1
56		伊宁东		0.20	2009年11月			1
57	石太客专	阳泉北		1.00	2009年11月		1	
58	张集铁路	兴和西		0.17	2009年11月			1
59		小蒜沟		0.11	2009年11月			1
60	武广客专	武汉	20台20线	26.60	2009年12月	1		
61		长沙南	24台26线	13.65	2009年12月	1		
62		咸宁北	4台6线	0.96	2009年12月		1	
63		赤壁北	2台4线	0.62	2009年12月			1
64		岳阳东	5台7线	1.52	2009年12月		1	
65		汨罗东	4台4线	0.60	2009年12月			1
66		株洲西	5台7线	1.54	2009年12月			
67		衡山西	2台4线	0.61	2009年12月			
68		衡阳东	9台11线	1.59	2009年12月			
69		耒阳西	2台4线	0.61	2009年12月			
70		郴州西	4台6线	1.19	2009年12月			
71		韶关西	4台6线	1.58	2009年12月			
72		清远	2台4线	1.04	2009年12月			
73	郑西客专	巩义南		0.50	2009年12月			1
74		洛阳南		2.92	2009年12月			
75		渑池南		0.48	2009年12月			
76		三门峡南		1.21	2009年12月			
77		灵宝西		0.48	2009年12月			
78		华山北		0.50	2009年12月			
79		渭南北		0.47	2009年12月			
80	榆舒铁路	谢家镇		0.07	2009年12月			1
81		新立镇		0.07	2009年12月			1
2010年完工的站房								
1	襄渝二线	三汇镇	2台10线	0.11	2010年1月			1
2		华蓥	2台8线	0.14	2010年1月			1
3	甬台温铁路	温州	7台11线	7.12	2010年1月		1	
4	徐连铁路	徐州	9台10线	3.30	2010年2月		1	
5	福厦铁路	厦门西（高崎）	2台6线	0.13	2010年4月		1	
6		福清	2台5线	0.40	2010年4月			1
7		莆田	3台10线	3.20	2010年4月			
8		泉州	4台11线	2.89	2010年4月			
9		涵江	2台6线	0.40	2010年4月			1
10		晋江	2台5线	1.07	2010年4月			
11	成灌城际	犀浦东	2台2线	0.23	2010年5月			
12		红光	2台2线	0.23	2010年5月			
13		郫县东	2台2线	0.23	2010年5月			
14		郫县	2台2线	0.23	2010年5月			
15		郫县西	2台4线	0.20	2010年5月			
16		安德	2台2线	0.23	2010年5月			
17		聚源	2台2线	0.25	2010年5月			
18		安靖	6台6线	0.25	2010年5月			
19		犀浦	2台2线	0.34	2010年5月			
20	胶济客专	昌乐	2台4线	0.49	2010年5月			
21	京九电化	亳州	2台4线	0.96	2010年5月		1	
22	沪宁城际	仙林	2台4线	0.20	2010年6月			
23		宝华山	2台4线	0.20	2010年6月			
24		镇江	2台6线	0.60	2010年6月			
25		丹徒	2台4线	0.20	2010年6月			1
26		丹阳	2台6线	0.40	2010年6月			
27		常州	2台6线	1.00	2010年6月		1	

序号	线名	站名	车站规模		竣工年月	车站性质		
			站场	站房（万平方米）		省	地	县
28		戚墅堰	2台4线	0.20	2010年6月			1
29		惠山	2台4线	0.60	2010年6月			1
30		无锡	2台6线	0.59	2010年6月		1	
31		无锡新区	2台4线	0.60	2010年6月			1
32		苏州新区	2台4线	0.50	2010年6月			1
33		苏州工业园区	2台4线	0.81	2010年6月			1
34		阳澄湖	2台4线	0.19	2010年6月			1
35		花桥	2台4线	0.19	2010年6月			1
36		安亭北	2台4线	0.20	2010年6月			1
37		南翔北	2台4线	0.20	2010年6月			1
38		上海西	3台8线	0.39	2010年6月		1	
39	田德线	德保	1台2线	0.30	2010年6月			1
40	昌九城际	德安	2台4线	0.32	2010年6月			1
41	成灌城际	都江堰	4台4线	0.94	2010年7月			1
42		青龙山	3台6线	0.48	2010年7月			1
43	奎北铁路	北屯	2台6线	0.36	2010年7月			1
44		福海	1台4线	0.19	2010年7月			1
45		五五新镇	1台3线	0.16	2010年7月			1
46		玛拉斯湖	1台3线	0.15	2010年7月			1
47		和什托洛盖	1台4线	0.23	2010年7月			1
48	昌九城际	共青城	2台5线	0.60	2010年9月			1
49	沪杭客专	松江南	2台4线	0.79	2010年10月			1
50		金山北	2台4线	0.50	2010年10月			1
51		嘉善南	2台4线	0.50	2010年10月			1
52		嘉兴南	4台8线	0.99	2010年10月		1	
53		桐乡	2台4线	0.50	2010年10月			1
54		海宁西	2台4线	0.50	2010年10月			1
55		余杭南	2台4线	1.31	2010年10月			1
56	胶济客专	胶州北	2台4线	0.71	2010年10月			1
57	灾后重建	绵阳	5台12线	1.52	2010年10月		1	
58	独立项目	朔州站改造	2台6线	0.86	2010年10月			
59	武广客专	广州南	28台28线	37.47	2010年11月	1		
60	宜万线	宜昌东	5台9线	2.36	2010年11月		1	
61		巴东	2台5线	0.82	2010年11月			1
62		恩施	2台7线	0.96	2010年11月			1
63		建始	2台5线	0.32	2010年11月			1
64		利川	2台6线	0.5	2010年11月			1
65	通霍胡硕	白音胡硕	3台6线	0.41	2010年11月			1
66	独立项目	合肥	9台12线	2.77	2010年11月	1		
67	海南东环	海口东	6台6线	1.00	2010年12月		1	
68		美兰机场	2台4线	2.70	2010年12月		1	
69		文昌	2台4线	0.25	2010年12月			1
70		琼海	2台4线	0.25	2010年12月			1
71		博鳌	2台2线	0.40	2010年12月			1
72		和乐	2台2线	0.15	2010年12月			1
73		万宁	2台4线	0.25	2010年12月			1
74		神州	2台2线	0.23	2010年12月			1
75		陵水	2台4线	0.25	2010年12月			1
76		田独	2台2线	0.20	2010年12月			1
77		新三亚	4台8线	1.50	2010年12月		1	
78		秀英	2台2线	0.20	2010年12月			1
79		城西	2台2线	0.20	2010年12月			1
80		长流	2台2线	0.20	2010年12月			1
81	太中银铁路	定边	2台5线	0.48	2010年12月			1
82		靖边	2台5线	0.47	2010年12月			1
83		太阳山	1台3线	0.20	2010年12月			1
84		红寺堡	1台3线	0.20	2010年12月			1
85		盐池	2台4线	0.31	2010年12月			1
86		永宁	2台3线	0.21	2010年12月			1
87		灵武	2台4线	0.29	2010年12月			1
88		中宁东	2台5线	0.28	2010年12月			1
89		绥德	3台12线	0.46	2010年12月			1
90		吴堡	2台5线	0.28	2010年12月			1
91		汾阳	2台5线	0.23	2010年12月			1
92		文水	2台5线	0.18	2010年12月			1
93		清徐	2台5线	0.35	2010年12月			1
94		交城	2台5线	0.20	2010年12月			1
95		子洲	2台5线	0.31	2010年12月			1
96		吕梁	2台5线	0.60	2010年12月		1	
97	广珠城际	中山	2台4线	1.42	2010年12月		1	
98		顺德	2台4线	0.49	2011年1月			1
99		北滘	2台2线	0.20	2011年1月			1
100		顺德学院	2台2线	0.20	2011年1月			1
101		容桂	2台4线	0.52	2011年1月			1
102		南头	2台2线	0.37	2011年1月			1
103		小榄	2台4线	2.33	2011年1月			1
104		东升	2台2线		2011年1月			1
105		中山北（石岐）	2台2线	0.39	2011年1月			1
106		珠海北（金鼎）	2台2线	0.36	2011年1月			1
107		南朗（翠亨）	2台4线	0.35	2011年1月			1
108		古镇	2台2线	0.20	2011年1月			1
109		江海	2台2线	0.20	2011年1月			1
110		江门	2台2线	0.31	2011年1月		1	
111		礼乐	2台2线	0.50	2011年1月			1
112		新会	2台4线	0.63	2011年1月			1
113		碧江	2台2线	0.34	2011年1月			1
114	包西通道	富县东	2台5线	0.17	2011年1月			1
115		西社	1台4线	0.14	2011年1月			1
116		浦城东	2台6线	0.19	2011年1月			1
117		达拉特西	3台5线	0.50	2011年1月			1
118	喀和铁路	疏勒	1台4线	0.18	2011年1月			1

269

高铁车站

序号	线名	站名	车站规模 站场	车站规模 站房（万平方米）	竣工年月	车站性质 省	车站性质 地	车站性质 县
119		阿克陶	1台4线	0.18	2011年1月			1
120		英吉沙	1台4线	0.18	2011年1月			1
121		莎车	3台4线	0.26	2011年1月			1
122		泽普	1台4线	0.18	2011年1月			1
123		叶城	1台5线	0.26	2011年1月			1
124		皮山	1台4线	0.18	2011年1月			1
125		墨玉	1台4线	0.18	2011年1月			1
126	福厦铁路	福州南	12台14线	8.20	2011年1月	1		
127	京沪高速	上海虹桥	30台30线	37.30	2011年1月	1		
128	独立项目	武威	3台5线	1.06	2011年1月		1	
129	独立项目	汉口	18台20线	7.28	2011年2月	1		
130	独立项目	呼和浩特东	7台9线	5.25	2011年2月	1		
2011年完工的站房								
1	包西通道	甘泉北	2台6线	0.18	2011年1月			1
2		洛川东	1台4线	0.11	2011年1月			1
3	洛湛线岑茂段（广铁）	高州	2台4线	0.12	2011年2月			1
4		信宜	2台4线	0.15	2011年2月			1
5	奎北铁路	奎屯	2台5线	—	2011年2月			1
6	灾后重建	德阳	4台11线	1.00	2011年3月		1	
7	灾后重建	江油	4台11线	0.80	2011年3月			1
8	灾后重建	广元	6台13线	1.14	2011年3月		1	
9	合蚌客专	水家湖	3台6线	0.34	2011年4月			1
10	黄织铁路	织金	1台4线	0.52	2011年4月			1
11		普定	1台3线	0.16	2011年4月			1
12	乐巴铁路	巴中	2台4线	0.31	2011年4月		1	
13	独立项目	成都东	26台26线	10.80	2011年4月	1		
14	独立项目	黄州	2台6线	1.00	2011年5月		1	
15	喀和铁路	和田	3台7线	1.19	2011年5月		1	
16	通霍线	扎鲁特	2台5线	0.25	2011年5月			1
17		吐列毛杜	2台4线	0.15	2011年5月			1
18		西哲里木	2台6线	0.15	2011年5月			1
19		哈日努拉	2台6线	0.10	2011年5月			1
20	独立项目	上海站改造	13台15线	1.56	2011年5月	1		
21	京沪高速	南京南	28台28线	28.10	2011年6月	1		
22		济南西	15台17线	9.98	2011年6月	1		
23		天津西	24台26线	10.40	2011年6月	1		
24		天津南	2台6线	0.40	2011年6月		1	
25		廊坊	2台4线	0.99	2011年6月		1	
26		沧州西	2台6线	0.99	2011年6月		1	
27		德州东	5台13线	1.98	2011年6月		1	
28		泰安	2台6线	0.96	2011年6月		1	
29		曲阜东	2台6线	1.00	2011年6月			1
30		滕州东	2台4线	0.79	2011年6月			1
31		枣庄	2台6线	1.00	2011年6月		1	
32		徐州东	7台15线	1.50	2011年6月		1	
33		宿州东	2台6线	0.50	2011年6月		1	
34		蚌埠南	5台11线	1.20	2011年6月		1	
35		定远	2台4线	0.40	2011年6月			1
36		滁州	2台6线	0.40	2011年6月		1	
37		镇江南	2台6线	0.60	2011年6月		1	
38		丹阳北	2台4线	0.60	2011年6月			1
39		常州北	2台6线	1.30	2011年6月		1	
40		无锡东	2台6线	1.10	2011年6月		1	
41		苏州北	2台6线	0.78	2011年6月		1	
42		昆山南	4台12线	0.90	2011年6月			1
43	大丽铁路	丽江	3台4线	1.10	2011年7月		1	
44	独立项目	银川	18台18线	2.99	2011年10月	1		
45	奎北铁路	克拉玛依	3台5线	1.59	2011年10月		1	
46	兰新乌精二线	石河子	2台6线	1.02	2011年10月			1
47	广深港客专	深圳北	20台20线	7.46	2011年12月	1		
48		虎门	2台4线	0.89	2011年12月			1
49		光明	2台4线	0.59	2011年12月			1
50		东涌	2台4线	0.75	2011年12月			1
51	岫岩至庄河铁路	仙人洞	1台3线	0.07	2011年12月			
52		新甸	1台4线	0.05	2011年12月			
53	大连至长兴岛铁路	长兴岛	3台5线	0.60	2011年1月			
2012年完工的站房								
1	京九电化	聊城	4台11线	1.50	2012年1月		1	
2	大丽线	鹤庆	2台3线	0.27	2012年1月			
3	甘旗卡至库伦铁路	大青沟	1台2线	0.13	2012年1月			
4		库伦	1台3线	0.30	2012年1月			
5	厦深福建段	漳州南	3台11线	2.98	2012年1月		1	
6		角美	2台6线	0.50	2012年1月			
7	汉宜	枝江	2台6线	0.40	2012年3月			
8		荆州	3台8线	1.20	2012年3月		1	
9		潜江	2台6线	0.40	2012年3月			
10		仙桃	2台6线	0.40	2012年3月			
11		汉川	2台6线	0.29	2012年3月			
12		仙桃西	2台4线	0.40	2012年3月			
13	武广客专	英德西	2台4线	0.67	2012年4月			
14	龙厦	南靖	2台4线	0.55	2012年6月			
15		龙山	2台4线	0.18	2012年6月			
16	金山支线	车墩	2站台6线	0.20	2012年6月			
17		叶榭	2站台5线	0.20	2012年6月			
18		亭林	2站台4线	0.20	2012年6月			
19		阮巷	2站台5线	0.20	2012年6月			
20		金山	3站台5线	0.79	2012年6月			

序号	线名	站名	车站规模 站场	车站规模 站房（万平方米）	竣工年月	车站性质 省	车站性质 地	车站性质 县
21		新桥	2站台13线	0.19	2012年10月			1
22		春申	2站台9线	0.20	2012年9月			1
23	长吉城际	龙嘉	2台4线	1.43	2012年6月			1
24		双吉	2台4线	0.25	2012年6月			1
25		吉林	14台14线	5.00	2012年6月	1		
26	枣庄至临沂铁路	苍山	1台4线	0.30	2012年7月			1
27	哈大客专	普湾	2台4线	0.32	2012年8月			1
28		瓦房店西	2台4线	0.31	2012年8月			1
29		鲅鱼圈	2台4线	0.53	2012年8月			1
30		盖州西	2台4线	0.32	2012年8月			1
31		营口东	2台4线	0.53	2012年8月		1	
32		海城西	2台4线	0.32	2012年8月			1
33		鞍山西	3台6线	1.42	2012年8月		1	
34		辽阳	4台8线	0.75	2012年8月		1	
35		铁岭西	2台6线	0.98	2012年8月		1	
36		开原西	2台4线	0.53	2012年8月			1
37		昌图西	2台4线	0.45	2012年8月			1
38		四平东	2台6线	0.53	2012年8月		1	
39		公主岭南	2台4线	0.35	2012年8月			1
40		德惠西	2台4线	0.32	2012年8月			1
41		扶余北	2台4线	0.29	2012年8月			1
42		双城北	2台4线	0.32	2012年8月			1
43	合蚌客专	淮南东	2台4线	1.00	2012年8月		1	
44	合肥枢纽	合肥北城	2台8线	0.10	2012年8月			1
45	武康二线	襄阳东	3台10线	1.19	2012年8月		1	
46	福厦铁路	厦门北	10台14线	4.77	2012年8月	1		
47	哈大客专	沈阳北	8台16线	4.65	2012年9月	1		
48		长春西	5台11线	6.93	2012年9月	1		
49		大连北	10台20线	6.85	2012年9月	1		
50	通化至灌水铁路	五女山	2台3线	0.28	2012年9月			1
51	广深铁路	布吉	4台11线	2.59	2012年9月		1	
52	南涪铁路	水江	1台5线	0.18	2012年9月			1
53		鸭江	1台4线	0.10	2012年9月			1
54	长吉城际	九台南	2台4线	0.30	2012年10月			1
55	前进至抚远铁路	抚远	2台4线	0.70	2012年10月		1	
56	玉蒙铁路	蒙自北	2台6线	0.40	2012年10月			1
57		建水	2台4线	0.25	2012年10月			1
58		通海	2台4线	0.22	2012年10月			1
59	六沾复线	宣威	2台6线	0.30	2012年10月			1
60	集宁至通辽线改造贲红至二道沟段	商都	二台四线	0.56	2012年10月			1
61	集包增建二线	旗下营	2台4线	0.08	2012年10月			1
62	广珠城际	明珠	2台2线	0.38	2012年10月			1
63		前山	2台2线	0.38	2012年10月			1
64		唐家湾	2台2线	0.38	2012年10月			1
65	达万线	开江	2台3线	0.30	2012年10月			1
66	通化至灌水铁路	通化县	1台3线	0.28	2012年11月			1
67	杭甬客专	绍兴柯桥	2台6线	2.00	2012年11月			1
68		庄桥	2台4线	0.32	2012年11月			1
69		上虞北	2台4线	0.90	2012年12月			1
70		余慈	2台6线	1.20	2012年12月			1
71	宁杭客专	江宁东	2台4线	0.35	2012年11月			1
72		句容西	2台4线	0.35	2012年11月			1
73		溧水	2台6线	0.50	2012年11月			1
74		瓦屋山	2台4线	0.35	2012年11月			1
75		溧阳	2台4线	0.80	2012年11月			1
76		宜兴	2台6线	0.80	2012年11月			1
77		长兴东	2台4线	0.90	2012年11月			1
78		湖州	3台7线	1.99	2012年12月		1	
79		德清	2台4线	0.60	2012年12月			1
80	集宁至通辽线改造二道沟至兴和段	化德	2台4线	0.13	2012年11月			1
81	广珠城际	珠海	4台6线	1.95	2012年11月		1	
82	京石客专	涿州东	2台4线	0.60	2012年11月			1
83		高碑店东	2台4线	0.60	2012年11月			1
84		保定东	4台6线	1.50	2012年11月		1	
85		石家庄机场	2台4线	1.00	2012年12月			1
86		定州东	2台4线	0.60	2012年12月			1
87	石武客专石郑段	高邑西	2台4线	0.50	2012年11月			1
88		邢台东	4台6线	0.80	2012年11月		1	
89		邯郸东	5台7线	1.60	2012年11月		1	
90	石武客专郑武段	安阳东	5台7线	1.60	2012年12月		1	
91		鹤壁东	4台6线	1.39	2012年12月		1	
92		新乡东	5台7线	1.60	2012年12月		1	
93		郑州东	30台32线	15.00	2012年9月	1		
94		明港东	2台4线	0.30	2012年9月			1
95		信阳东	2台6线	0.90	2012年9月		1	
96		许昌东	6台10线	2.00	2012年9月		1	
97		漯河西	2台6线	1.56	2012年9月		1	
98		驻马店西	2台6线	1.40	2012年9月		1	
99	石武客运专线	孝感北	2台6线	1.20	2012年8月		1	
100	成灌城际	李冰广场	2台2线	0.95	2012年11月			1
101	海洋铁路	栟茶	1台3线	0.20	2012年11月			1
102		如东	2台4线	0.60	2012年11月			1
103	德保至靖西铁路	靖西	1台4线	0.30	2012年11月			1

高铁车站

序号	线名	站名	车站规模		竣工年月	车站性质		
			站场	站房（万平方米）		省	地	县
104	独立项目	湘乡	4台11线	1.20	2012年11月			1
105	独立项目	湘潭	5台13线	2.00	2012年11月		1	
106	库阿二线	轮台	2台4线	0.20	2012年11月			1
107	青藏铁路西格二线	湟源	—	0.15	2012年11月			1
108	哈大客专	哈尔滨西	18台22线	7.00	2012年11月	1		
109	独立项目	海拉尔	3台9线	1.46	2012年11月		1	
110	新街至恩格阿娄铁路	图克	1台3线	0.15	2012年11月			
111		大牛地	1台3线	0.20	2012年11月			
112	漯阜二线	太和	2台5线	0.5	2012年11月			
113		周口	3台12线	1	2012年11月			
114		项城	2台5线	0.5	2012年11月			
115		沈丘	2台5线	0.5	2012年11月			
116		界首	2台5线	0.3	2012年11月			
117	新建张家口至呼和浩特铁路	卓资东	新建1台4线	0.44	2012年12月			

2013年完工的站房

序号	线名	站名	车站规模		竣工年月	车站性质		
			站场	站房（万平方米）		省	地	县
1	广深铁路	石龙	3台8线	2.00	2013年7月		1	
2	盘营客专	盘锦	3台7线	1.41	2013年7月			
3	独立项目	苏州	7台16线	8.50	2013年5月	1		
4	六沾复线	沾益	2台5线	0.20	2013年4月			
5	湘桂铁路扩能改造	祁阳	2台4线	0.60	2013年6月			
6		祁东	2台4线	0.60	2013年6月			
7	独立项目	杭州东	15台30线	15.56	2013年6月	1		
8	湘桂铁路扩能改造	东安东	2台4线	0.59	2013年8月			
9		全州南	2台4线	0.32	2013年8月			
10		兴安北	2台4线	0.32	2013年8月			
11		永福南	2台4线	0.32	2013年8月			
12		鹿寨北	2台4线	0.31	2013年8月			
13	独立项目	沈阳	10台19线	6.13	2013年8月			
14	包头至西安铁路通道扩能改造工程	东胜西	2台7线	1.00	2013年11月			
15	广西沿海铁路钦州北至防城港段扩能改造工程	防城港北	2台9线	0.80	2013年11月		1	
16	南宁至广州线黎塘西至肇庆东段	贵港	2台7线	2.00	2013年10月		1	
17		桂平	2台6线	0.80	2013年10月			1
18		平南	2台5线	0.80	2013年10月			1
19		藤县	2台4线	0.30	2013年10月			1
20		梧州南	3台8线	1.00	2013年10月			1
21	茂湛铁路	茂名东	3台10线	0.67	2013年6月		1	
22		吴川	2台5线	0.25	2013年12月			1
23	成昆线扩能改造广通至昆明段	广通北	2台5线	0.2	2013年9月			1
24		禄丰南	2台5线	0.2	2013年9月			
25	厦深铁路广东段	饶平	2台5线	0.32	2013年12月			
26		潮阳	2台7线	0.60	2013年12月			
27		普宁	2台6线	0.60	2013年12月			
28		葵潭	2台4线	0.21	2013年12月			
29		鲘门	2台4线	0.21	2013年12月			
30		潮汕	4台10线	0.99	2013年12月		1	
31		陆丰	2台6线	0.49	2013年12月			
32		汕尾	2台7线	2	2013年12月		1	
33		惠东	2台5线	0.8	2013年12月			
34		惠州南	3台7线	1.49	2013年12月			
35		深圳东	4台8线	1	2013年12月			
36	吉图珲客专	敦化	4台11线	0.50	2013年6月		1	
37	阜阳至六安铁路	霍邱	2台4线	0.29	2013年6月			1
38	锡林浩特至乌兰浩特	白音华	1台5线	0.10	2013年12月			
39		西乌旗	1台3线	0.10	2013年12月			
40	正蓝旗至黑城子铁路	黑城子	1台3线	0.22	2013年8月			
41	长春枢纽	长春	9台22线	3.43	2013年9月	1		
42	胶济客专	青岛北	8台18线	6.14	2013年12月	1		
43	宿淮铁路	泗县	1台4线	0.35	2013年6月			
44		宿迁	2台5线	0.90	2013年12月		1	
45		泗洪	1台4线	0.60	2013年12月			
46		泗阳	1台4线	0.60	2013年12月			
47		灵璧	1台4线		2013年12月			
48	独立项目	宁波	14台16线	6.29	2013年12月	1		
49	独立项目	淮北	2台6线（其中1台新建）	0.92	2013年12月		1	
50	恩格阿娄至陶利庙铁路	乌兰陶勒盖	1台3线	0.10	2013年12月			
51		乌审旗	1台4线	0.14	2013年12月			
52	柳州至南宁客专	来宾北	3台7线	1.20	2013年10月		1	
53		黎塘西	3台8线	0.30	2013年10月			
54	焦柳线洛张电化改造工程	石门县北	2台4线	0.80	2013年7月			

序号	线名	站名	车站规模 站场	车站规模 站房（万平方米）	竣工年月	车站性质 省	车站性质 地	车站性质 县
55	广西沿海铁路钦州北至北海段扩能改造工程	钦州东	3台7线	1.55	2013年12月		1	
56		合浦	2台7线	0.60	2013年12月			1
57	包兰二线	青草圈	5台7线	1.2	2013年6月			1
58		惠农	3台8线	0.3	2013年6月			1
59	独立项目	汉中	5台14线	1.2	2013年4月		1	
60	林罗至织金铁路	卫城	1台3线	0.1	2013年8月			1
61		新店	1台3线	0.1	2013年8月			1
62		条子场	1台3线	0.1	2013年8月			1
63	改建铁路枢纽太原南站及相关工程	太原南	18台22线	7.6	2013年6月	1		
64	厦深铁路（福建段）	漳浦	2台6线	0.4	2013年10月			1
65		诏安	2台6线	0.4	2013年10月			1
66		云霄	2台6线	0.39	2013年10月			1
67	向莆铁路	福州站北站房	—	2.4	2013年10月	1		
68		南昌西	22台26线	11.5	2013年11月	1		
69		抚州北	1台6线	0.1	2013年12月		1	
70		南城	1台5线	0.35	2013年9月			1
71		南丰	1台5线	0.35	2013年9月			1
72		建宁	1台5线	0.4	2013年9月			1
73		将乐	1台5线	0.4	2013年9月			1
74		抚州	3台7线	1.2	2013年9月		1	
75		泰宁	2台5线	0.6	2013年9月			1
76		三明北	5台16线	2	2013年9月		1	
77		尤溪	2台5线	0.4	2013年9月			1
78		永泰	2台6线	0.4	2013年9月			1
79	津秦客专	唐山	12台16线	5.9	2013年6月		1	
80		北戴河	5台12线	1.2	2013年6月		1	
81		军粮城北	3台6线	0.3	2013年6月			1
82		滨海	8台18线	8	2013年6月		1	
83		滨海北	2台5线	0.3	2013年6月			1
84		秦皇岛	11台15线	1.97	2013年6月		1	
85		滦河	2台4线	0.3	2013年6月			1
86	西宝客专	宝鸡南	5台11线	2	2013年12月		1	
87		歧山	2台4线	0.4	2013年12月			1
88		杨凌南	2台4线	0.6	2013年12月			1
89	西安北环	咸阳西	3台9线	0.6	2013年12月			1
90	渝利铁路	涪陵北	3台8线	1.20	2013年12月		1	
91		长寿北	2台5线	2.00	2013年12月			1
92		丰都	2台6线	0.6	2013年9月			1
93		石柱	2台6线	0.4	2013年9月			1
94	武咸城际	汤逊湖	2台2线	0.25	2013年9月			1
95		庙山	2台2线	0.25	2013年9月			1
96		普安	2台2线	0.25	2013年9月			1
97		纸坊东	2台2线	0.25	2013年9月		1	
98		乌龙泉东	4台6线	0.25	2013年9月		1	
99		土地堂东	2台4线	0.25	2013年9月			1
100		山坡东	2台2线	0.25	2013年9月			1
101		贺胜桥东	2台2线	0.25	2013年9月			1
102		横沟桥东	2台2线	0.25	2013年9月			1
103		咸宁东	2台2线	0.25	2013年9月			1
104		咸宁南	2台2线	0.25	2013年9月			1
105	北同蒲铁路韩家岭至应县增建四线工程	怀仁东	2台4线	0.11	2013年10月			1
106		应县	2台5线	0.12	2013年10月			1
107		山阴	2台6线	0.11	2013年10月			1
108	新建西安至平凉铁路	礼泉	1台4线	0.19	2013年10月			1
109		乾县	1台4线	0.2	2013年11月			1
110		永寿	1台4线	0.2	2013年11月			1
111		彬县	2台4线	0.33	2013年11月			1
112		长武	1台3线	0.19	2013年11月			1
113		长庆桥	1台5线	0.3	2013年11月			1
114		泾川	1台4线	0.19	2013年11月			1
115	成彭支线	新民	2台2线	0.25	2013年12月			1
116		三道堰	2台2线	0.24	2013年12月			1
117		古城	2台2线	0.24	2013年12月			1
118		彭州	2台2线	0.24	2013年12月			1
119		彭州南	2台2线	0.35	2013年12月			1
120		步行街	2台2线	0.25	2013年12月			1
121	衡茶吉铁路	龙市	2站台2台面4条到发线，1条正线	0.5	2013年10月			1
122		莲花	到发线4条（含正线1条），基本站台1座	0.11	2013年10月			1
123		茶陵南	2站台2台面4条到发线，1条正线	0.58	2013年10月			1
124		炎陵	2站台2台面4条到发线，1条正线	0.6	2013年10月			1

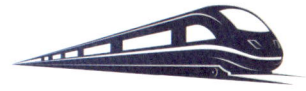

高铁车站

序号	线名	站名	车站规模 站场	车站规模 站房（万平方米）	竣工年月	车站性质 省	车站性质 地	车站性质 县
125		攸县南	2站台2站面4条到发线，1条正线	0.59	2013年10月			1
126		安仁	2站台2站面4条到发线，1条正线	0.6	2013年10月			1
127		花桥	到发线4条（含正线1条），基本站台1座	0.2	2013年10月			1
128	新建邯郸（邢台）至黄骅港铁路	邢台南	1台4线	0.2	2013年9月			1
129		鸡泽	1台4线	0.15	2013年9月			1
130		平乡	1台3线	0.2	2013年9月			1
131		广宗	1台3线	0.2	2013年9月			1
132		巨鹿	1台3线	0.2	2013年9月			1
133		南宫	1台3线	0.2	2013年9月			1
134		新河	1台4线	0.2	2013年9月			1
135		冀州	1台3线	0.15	2013年9月			1
136		流常	1台3线	0.15	2013年9月			1
137		衡水东	1台3线	0.2	2013年9月			1
138		阜城	1台4线	0.15	2013年9月			1
139		东光北	1台3线	0.15	2013年9月			1
140		南皮	1台3线	0.07	2013年9月			1
141		孟村	1台3线	0.07	2013年9月			1
142		盐山	1台4线	0.15	2013年9月			1
143		海兴	1台3线	0.07	2013年9月			1
144		渤海新区西	1台4线	0.2	2013年9月			1
145		渤海新区	1台3线	0.15	2013年9月			1
146	独立项目	霍尔果斯口岸	2台5线	0.47	2013年9月			1
147	郑西客专	西安北	34台34线	10.7	2013年6月	1		
148	京石客专	石家庄	24台30线	10.7	2013年5月	1		
2014年完工的站房
1	昆明枢纽改造	昆阳	2台4线	0.18	2014年12月			1
2	西安至安康增建第二线工程	旬阳北	2台6线	0.25	2014年5月			1
3	六沾复线	六盘水	3台7线	1.00	2014年6月		1	
4	杭长客专湖南段	长沙南	10台13线	4.49	2014年3月	1		
5		醴陵北	2台4线	0.80	2014年3月		1	
6	新建丰沛铁路	丰县	一台4线	0.35	2014年5月			1
7	独立项目	南京站北站房	原已建成	1.94	2014年7月	1		
8	新建海天至青岛铁路	平度	2台4线	0.35	2014年8月			1
9	独立项目	菏泽	4台4线	1.48	2014年8月		1	
10	大连长兴岛铁路五岛至长兴岛段	白水井	1台4线	0.12	2014年8月			1
11	大连长兴岛铁路五岛至长兴岛段	复州湾	1台6线	0.12	2014年8月			1
12	新建松原至陶赖昭铁路工程	陶赖昭	1台1线（改建）	0.30	2014年8月			1
13	新建松原至陶赖昭铁路工程	弓棚子	1台4线	0.20	2014年9月			1
14	新建松原至陶赖昭铁路工程	三井子	1台3线	0.15	2014年9月			1
15	新建松原至陶赖昭铁路工程	松原北	1台3线	0.15	2014年9月			1
16	赣韶铁路	大余	2台4线	0.35	2014年10月			1
17		始兴	2台4线	0.24	2014年10月			1
18		丹霞山	2台4线	0.60	2014年10月			1
19		南雄	2台4线	0.34	2014年10月			1
20	合肥铁路枢纽新建南环线工程	合肥南	22台26线	9.93	2014年10月	1		
21	新建玉林至铁山港铁路	博白	2台4线	0.32	2014年10月			1
22	哈齐客专	大庆东	5台8线	1.50	2014年11月		1	
23	杭长铁路客运专线	金华西	6台15线	3.00	2014年11月		1	
24	伊和吉林至珠恩嘎达布其铁路伊和吉林至松根山段	松根山	1台3线	0.22	2014年11月			1
25		东乌旗	1台4线	0.17	2014年11月			1
26	新建青岛至荣成城际铁路	即墨北	2台4线	1.00	2014年11月			1
27		莱西北	2台4线	0.30	2014年11月			1
28		莱阳	2台4线	0.90	2014年11月			1
29		海阳北	2台4线	0.30	2014年11月			1
30		桃村北	2台4线	0.25	2014年11月			1

序号	线名	站名	车站规模 站场	车站规模 站房（万平方米）	竣工年月	车站性质 省	车站性质 地	车站性质 县
31		烟台南	2台5线	1.00	2014年11月		1	
32		牟平	2台4线	0.50	2014年11月			1
33		威海北	2台4线	0.30	2014年11月			1
34		文登	2台4线	0.25	2014年11月			1
35		荣成	3台5线	1.00	2014年11月		1	
36		官庄	2台4线	0.25	2014年11月			1
37	独立项目	南宁东	13站台30线	12.00	2014年11月	1		
38	长昆客专湖南段	湘潭北	3台7线	1.18	2014年11月		1	
39		韶山南	2台5线	0.60	2014年11月		1	
40		娄底南	4台8线	1.19	2014年11月		1	
41		邵阳北	2台4线	0.59	2014年11月		1	
42		新化南	2台4线	0.35	2014年11月			1
43		溆浦南	2台5线	0.35	2014年11月			1
44		怀化南	3台7线	1.49	2014年11月		1	
45		芷江北	2台4线	0.35	2014年11月			1
46		新晃西	2台4线	0.35	2014年11月			1
47	南宁至广州线黎塘西至肇庆东段	郁南	2台5线	0.30	2014年11月			1
48		南江口	2台4线	0.30	2014年11月			1
49		云浮东	2台6线	0.40	2014年11月		1	
50	蒙自至河口	蒙自	2台5线	0.40	2014年11月		1	
51		屏边	2台4线	0.20	2014年11月			1
52		河口北	2台5线	0.20	2014年11月			1
53	贵广铁路	龙里北	2台8线	0.30	2014年11月			1
54		昌明	2台4线	0.30	2014年11月			1
55		都匀东	3台7线	0.50	2014年12月		1	
56		三都	2台4线	0.30	2014年11月			1
57		榕江	2台4线	0.30	2014年11月			1
58		从江	2台6线	0.30	2014年11月			1
59		三江	2台4线	0.30	2014年11月			1
60		五通	2台4线	0.30	2014年11月			1
61		桂林西	2台6线	0.50	2014年11月		1	
62		阳朔	2台6线	1.00	2014年11月		1	
63		恭城	2台4线	0.50	2014年11月			1
64		钟山西	2台4线	0.30	2014年11月			1
65		怀集	2台6线	0.30	2014年11月			1
66		广宁	2台4线	0.30	2014年11月			1
67		肇庆东	2台4线	0.80	2014年12月		1	
68		三水南	3台8线	0.30	2014年11月			1
69	独立项目	东莞东	3台5线	2.20	2014年12月		1	
70	大连长兴岛铁路五岛至长兴岛段	长兴岛		0.60	2014年8月			1

序号	线名	站名	车站规模 站场	车站规模 站房（万平方米）	竣工年月	车站性质 省	车站性质 地	车站性质 县
71	邯长邯济铁路扩能	聊东		0.90	2014年8月			1
72	邯长邯济铁路扩能	宴北		0.90	2014年8月			1
73	武黄城际	葛店南	4台6线	0.25	2014年6月			1
74		左岭	2台2线	0.25	2014年6月			1
75		花湖	2台2线	0.25	2014年6月			1
76		南湖东	1台2线	0.25	2014年6月			1
77		花山	2台2线	0.25	2014年6月			1
78		华容南	2台2线	0.25	2014年6月			1
79		鄂州东	2台2线	0.25	2014年6月		1	
80		黄石北	2台4线	0.40	2014年6月		1	
81		大冶北	2台4线	0.25	2014年6月			1
82	武九电化	鄂州	3台9线	2.40	2014年6月		1	
83	武冈城际	黄冈	2台2线	0.25	2014年6月			1
84		华容东	2台2线	0.25	2014年6月			1
85		黄冈西	2台2线	0.25	2014年6月			1
86		黄冈东	2台4线	0.40	2014年6月		1	
87	大西客运专线	晋中	3台6线	0.80	2014年6月		1	
88		太谷西	2台4线	0.23	2014年6月			1
89		祁县东	2台4线	0.27	2014年6月			1
90		平遥东	2台4线	0.50	2014年6月			1
91		介休东	2台4线	0.40	2014年6月			1
92		灵石东	2台4线	0.23	2014年6月			1
93		霍州东	2台4线	0.30	2014年6月			1
94		洪洞西	2台4线	0.30	2014年6月			1
95		临汾西	4台9线	1.14	2014年6月		1	
96		襄汾西	2台4线	0.23	2014年6月			1
97		侯马西	2台4线	0.23	2014年6月		1	
98		闻喜西	2台4线	0.23	2014年6月			1
99		运城北	3台6线	0.80	2014年6月		1	
100		永济北	2台4线	0.27	2014年6月			1
101		大荔	2台4线	0.27	2014年6月			1
102		渭南北	2台4线	0.40	2014年6月		1	
103	拉日铁路	协荣	2台4线	0.20	2014年8月			1
104		曲水	1台3线	0.20	2014年8月			1
105		尼木	1台3线	0.20	2014年8月			1
106		仁布	1台3线	0.20	2014年8月			1
107		日喀则	3台6线	1.00	2014年8月		1	
108	沪昆客专（江西段）	高安	2台4线	0.60	2014年9月			1
109		新余北	2台5线	1.00	2014年9月		1	
110		宜春东	2台5线	1.00	2014年9月		1	
111		萍乡北	3台7线（普速场2台5线）	1.00	2014年9月		1	
112		玉山南	2台5线	0.50	2014年10月			1

高铁车站

序号	线名	站名	车站规模 站场	站房（万平方米）	竣工年月	省	地	县
113		弋阳	3台9线（高速场2台4线）	0.35	2014年10月			1
114		鹰潭北	3台7线	0.99	2014年10月		1	
115		抚州东	2台4线	0.59	2014年10月			1
116		进贤南	2台4线	0.60	2014年10月			1
117	兰渝铁路（南充至高兴）	岳池	2台5线	0.80	2014年8月			1
118		广安南	3台9线	1.20	2014年8月		1	
119	兰渝铁路重庆客线	合川	3台9线	1.20	2014年12月		1	
120	兰新铁路第二双线（新疆段）	吐鲁番	3台7线	1.00	2014年10月		1	
121		鄯善北	2台4线	0.50	2014年10月			1
122		吐哈	2台4线	0.50	2014年10月			1
123		哈密	5台13线	1.00	2014年10月		1	
124	郑开城际	郑信路	2台2线	0.20	2014年12月			1
125		绿博园	2台4线	0.30	2014年12月			1
126		运粮河	2台4线	0.30	2014年12月			1
127		宋城路	2台2线	0.20	2014年12月			1
128	成绵乐客专	江油	4台11线	0.80	2014年12月		1	
129		青莲	2台4线	0.25	2014年12月			1
130		绵阳	5台12线	1.50	2014年12月		1	
131		罗江东	2台4线	0.25	2014年12月			1
132		广汉北	2台4线	0.25	2014年12月			1
133		青白江东	2台4线	0.25	2014年12月			1
134		新都东	2台4线	0.25	2014年12月			1
135		成都南	5台11线	1.40	2014年12月	1		
136		双流机场	2台6线	7.92	2014年12月		1	
137		双流西	2台4线	0.25	2014年12月		1	
138		新津	2台4线	0.25	2014年12月			1
139		新津南	2台4线	0.25	2014年12月			1
140		彭山北	2台4线	0.25	2014年12月			1
141		眉山东	4台6线	0.80	2014年12月		1	
142		青神	2台4线	0.25	2014年12月			1
143		乐山	9台13线	1.20	2014年12月		1	
144		峨眉	2台4线	—	2014年12月			1
145		峨眉山	2台4线	0.35	2014年12月			1
146	兰新铁路第二双线（甘青段）	民和	2台4线	0.35	2014年12月			1
147		乐都	2台4线	0.35	2014年12月			1
148		平安	2台4线	0.60	2014年12月		1	
149		大通	2台4线	0.35	2014年12月			1
150		门源	2台4线	0.35	2014年12月			1
151		民乐	2台9线	0.35	2014年12月			1
152		张掖南	3台7线	1.00	2014年12月		1	
153		临泽南	2台4线	0.35	2014年12月			1
154		高台西	2台4线	0.35	2014年12月			1
155		清水北	2台4线	0.35	2014年12月			1
156		酒泉南	3台7线	1.00	2014年12月		1	
157		嘉峪关南	3台7线	1.00	2014年12月		1	
158		玉门镇	2台4线	0.35	2014年12月			1
159		柳园南	2台4线	0.35	2014年12月			1
160	独立项目	西宁	17台21线	6.00	2014年12月	1		
161	新建宝兰客专	兰州西	13台26线	10.00	2014年12月	1		
162	山西中南部铁路通道	兴县北	2台4线	0.20	2014年12月			1
163		石楼	2台5线	0.15	2014年12月			1
164		隰县	2台5线	0.15	2014年12月			1
165		蒲县	2台5线	0.15	2014年12月			1
166		洪洞北	2台6线	0.15	2014年12月			1
167		浮山	2台4线	0.20	2014年12月			1
168		安泽	2台5线	0.15	2014年12月			1
169		壶关	2台5线	0.15	2014年12月			1
170		红旗渠	2台5线	0.15	2014年12月			1
171		鹤壁时丰	2台6线	0.15	2014年12月		1	
172		台前北	2台6线	0.19	2014年12月			1
173		梁山北	2台4线	0.17	2014年12月			1
174		东平	2台5线	0.20	2014年12月			1
175		宁阳东	2台5线	0.20	2014年12月			1
176		莱芜	2台4线	0.21	2014年12月		1	
177		沂源	2台5线	0.20	2014年12月			1
178		沂水西	2台4线	0.20	2014年12月			1
179		莒县西	2台4线	0.17	2014年12月			1
180		濮阳	2台4线	0.15	2014年12月			1
181		范县	2台8线	0.06	2014年12月			1
182	吕梁至临县（孟门）铁路临县北至孟门段	临县	2台4线	0.39	2014年12月			1
183	新建太兴线铁路太原至静游段工程	岚县	2台6线	0.20	2014年12月			1
184		娄烦	2台4线	0.20	2014年12月			1
185	贵广铁路	贵阳北	15台32线	12.00	2014年12月	1		
186	贵阳至开阳铁路	羊昌	2台4线	0.25	2014年9月			1
187		三江农场	2台4线	0.25	2014年9月			1
188		开阳	2台3线	0.30	2014年9月			1
189	吐库二线	马兰	2台4线	0.30	2014年12月			1
190		和硕	2台4线	0.24	2014年12月			1

序号	线名	站名	站场	站房（万平方米）	竣工年月	省	地	县
191		焉耆	2台4线	0.26	2014年12月			1
192	哈齐客专	大庆东	5台8线	1.50	2014年12月	1		
193	沈丹客专	本溪新城	2台4线	0.60	2014年12月			1
194		南芬北	2台4线	0.20	2014年12月			1
195		通远堡西	2台4线	0.20	2014年12月			1
196		凤城东	2台4线	0.35	2014年12月			1
197		新五龙背	2台4线	0.20	2014年12月			1
198	吉图珲客专	威虎岭北	2台4线	0.15	2014年10月			1
199		图们北	3台7线	0.50	2014年10月			1
200		珲春	2台3线	0.80	2014年10月			1
201		蛟河西	2台4线	0.35	2014年10月			1
202	新建青岛至荣成城际铁路（剩余工程）	威海	5台10线	1.00	2014年12月		1	
203	新建德州至大家洼铁路	陵县	2台4线	0.30	2014年6月			1
204		临邑	2台4线	0.30	2014年6月			1
205		商河	2台4线	0.30	2014年6月			1
206		阳信	2台4线	0.46	2014年6月			1
207		滨州西	2台5线	1.15	2014年6月		1	
208		利津南	2台4线	0.30	2014年6月			1
209		东营南	2台5线	1.15	2014年6月		1	
210	合福铁路闽赣段	上饶	合福场2台4条(上跨既有线和沪昆客专场)	0.80	2014年10月		1	
2015年完工的站房								
1	独立项目	大庆西	5台13线	4.85	2015年4月	1		
2	哈齐客专	齐齐哈尔南	5台13线	2.99	2015年4月	1		
3		泰康	3台9线	0.35	2015年4月			1
4		安达	3台20线	0.50	2015年4月			1
5		肇东	3台16线	0.35	2015年4月			1
6		哈北	4台10线	1.00	2015年4月	1		
7	滨绥线牡丹江至绥芬河段扩能改造工程	绥芬河	3台6线	1.97	2015年10月		1	
8		绥阳	2台4线	0.30	2015年10月			1
9		磨刀石	2台4线	0.99	2015年10月			1
10		穆棱	2台6线	0.59	2015年10月			1
11	沈丹客专	沈阳南	22台26线	12.92	2015年8月	1		
12		本溪	5台9线	1.47	2015年8月		1	
13	吉图珲客专	敦化	4台11线	0.50	2015年4月			1
14		大石头南	2台4线	0.15	2015年4月			1
15		安图西	2台4线	0.30	2015年4月	1		
16		延吉西	4台9线	0.80	2015年4月	1		
17	东部铁路前阳至庄河段	丹东西	3台7线	0.25	2015年12月			1
18		东港西	2台4线	0.40	2015年12月			1
19		大孤山	2台5线	0.08	2015年12月			1
20		北井子	2台4线	0.08	2015年12月			1
21		青石	2台4线	0.08	2015年12月			1
22		庄河北	3台7线	0.35	2015年12月			1
23	东部铁路登沙河至庄河段	登沙河	3台6线	0.21	2015年12月			1
24		皮口	2台4线	0.15	2015年12月			1
25		城子坦	2台5线	0.18	2015年12月			1
26		花园口	3台5线	0.18	2015年12月			1
27		杏树屯	2台4线	0.20	2015年12月			1
28	大连铁路枢纽改造工程	广宁寺	2台9线	0.18	2015年12月			1
29	靖宇至松江河铁路	抚松	1台1线	0.20	2015年10月			1
30		松江河	2台3线	0.40	2015年10月			1
31		靖宇	2台3线	0.20	2015年10月			1
32		三道湖	1台1线	0.07	2015年10月			1
33	高台山至阜新至锦州铁路	新立屯	2台18线	0.30	2015年1月			1
34		姚堡	2台4线	0.10	2015年1月			1
35	辽源至长春铁路	伊通	2台4线	0.22	2015年11月			1
36		建安	1台3线	0.09	2015年11月			1
37		双阳	1台5线	0.10	2015年11月			1
38	包头至西安铁路通道扩能改造工程	鄂尔多斯	4台7线	1.90	2015年12月		1	
39	新建锡林浩特至二连浩特铁路	阿巴嘎旗	1台3线	0.15	2015年12月			1
40		苏尼特左旗	1台3线	0.15	2015年12月			1
41	额济纳至哈密铁路	黑鹰山	1台3线	0.16	2015年10月			1
42		马鬃山	1台3线	0.19	2015年10月			1
43		明水	1台3线	0.16	2015年10月			1
44	集宁至通辽线改造平安地至哲里木段	开鲁	2台7线	0.05	2015年4月			1

高铁车站

序号	线名	站名	车站规模 站场	车站规模 站房（万平方米）	竣工年月	车站性质 省	车站性质 地	车站性质 县
45	京福客专（安徽段）	合肥西	3台8线	0.60	2015年4月		1	
46		长临河	2台4线	0.35	2015年4月			1
47		巢湖东	2台6线	1.00	2015年4月			1
48		无为	2台4线	0.35	2015年4月			1
49		铜陵北	2台6线	1.00	2015年4月		1	
50		南陵	2台4线	0.35	2015年4月			1
51		泾县	2台4线	0.45	2015年4月			1
52		旌德	2台4线	0.35	2015年4月			1
53		绩溪北	3台7线	1.20	2015年4月			1
54		歙县北	2台4线	0.35	2015年4月			1
55		黄山北	2台4线	4.00	2015年4月		1	
56	宁安城际铁路	江宁南	2台4线	0.30	2015年10月			1
57		马鞍山东	3台7线	1.16	2015年10月		1	
58		当涂东	2台4线	0.49	2015年10月			1
59		弋江	2台4线	0.60	2015年10月			1
60		繁昌西	2台4线	0.30	2015年10月			1
61		芜湖	8台20线	5.00	2015年10月		1	
62		安庆	3台7线	2.00	2015年10月		1	
63	宁启电化	海安	3台7线	0.90	2015年6月			1
64		如皋	2台5线	0.68	2015年6月			1
65	金温扩能改造工程	金华南	2台5线	0.60	2015年12月		1	
66		武义北	2台4线	0.50	2015年12月			1
67		永康南	2台5线	1.20	2015年12月			1
68		缙云西	2台4线	0.50	2015年12月			1
69	海南西环线	老城	2台4线	0.40	2015年12月			1
70		福山	2台4线	0.20	2015年12月			1
71		临高	2台4线	0.40	2015年12月			1
72		银滩	2台4线	0.20	2015年12月			1
73		洋浦	2台4线	0.59	2015年12月			1
74		海头	2台4线	0.20	2015年12月			1
75		棋子湾	2台4线	0.40	2015年12月			1
76		东方	3台7线	0.50	2015年12月			1
77		板桥	2台4线	0.20	2015年12月			1
78		尖峰	2台4线	0.40	2015年12月			1
79		黄流	2台4线	0.20	2015年12月			1
80		乐东	2台4线	0.39	2015年12月			1
81		崖城	2台4线	0.20	2015年12月			1
82		凤凰	2台4线	0.53	2015年12月		1	
83	广深港客专	福田	4台8线	14.71	2015年12月	1		
84	云桂铁路（广西段）	坛洛	2站4线	0.25	2015年11月			1
85		隆安东	2站4线	0.35	2015年10月			1
86		平果	3站7线	0.60	2015年8月			1
87		田东北	2站4线	0.35	2015年8月			1
88		百色	4站9线	1.20	2015年6月		1	
89	沪昆客专贵州段（贵阳以东）	玉屏东	3台5线	0.60	2015年5月			1
90		三穗	2台4线	0.60	2015年5月			1
91		凯里南	5台7线	1.00	2015年5月		1	
92		贵定北	2台4线	0.35	2015年5月			1
93	郑焦城际	南阳寨	2台4线	0.20	2015年6月			1
94		黄河景区	2台4线	0.20	2015年6月			1
95		武涉东	2台4线	0.30	2015年6月			1
96		修武西	2台4线	0.30	2015年6月			1
97	合福铁路闽赣段	婺源	2台5线	0.60	2015年6月			1
98		德兴	2台4线	0.35	2015年6月			1
99		五府山	2台4线	0.20	2015年6月			1
100		武夷山北	2台4线	0.60	2015年6月			1
101		武夷山东	3台7线	2.96	2015年6月		1	
102		建瓯西	2台4线	0.60	2015年6月			1
103		南平北	2台6线	1.00	2015年6月		1	
104		古田北	2台4线	0.40	2015年6月			1
105		闽清北	2台4线	0.40	2015年6月			1
106	京津城际延伸线	于家堡	6台6线	8.62	2015年9月		1	
107	天津至保定铁路	胜芳	2台4线	0.35	2015年12月			1
108		霸州西	2台4线	0.35	2015年12月			1
109		白沟	2台6线	0.35	2015年12月			1
110		白洋淀	2台4线	0.35	2015年12月			1
111		徐水	2台6线	0.35	2015年12月			1
112	成渝客专	简阳南	2台4线	0.80	2015年12月			1
113		资阳北	5台7线	1.20	2015年12月		1	
114		资中北	2台4线	0.60	2015年12月			1
115		内江北	5台7线	1.20	2015年12月		1	
116		隆昌北	2台4线	0.60	2015年12月			1
117		荣昌北	2台4线	0.60	2015年12月			1
118		大足南	2台4线	0.60	2015年12月			1
119		永川东	5台7线	1.50	2015年12月			1
120		璧山	2台4线	0.60	2015年12月			1
121	兰州至中川机场铁路	兰州新区	2台4线	0.40	2015年12月		1	
122		中川机场	2台5线	2.65	2015年12月			1
123	唐山北至唐山客车联络线	唐山北	2台4线	1.00	2015年7月		1	
124	郑机城际	经开	2台4线	0.30	2015年12月		1	
125		机场北	2台2线	0.20	2015年12月		1	
126		新郑机场	2台4线	5.10	2015年12月		1	

序号	线名	站名	车站规模 站场	车站规模 站房（万平方米）	竣工年月	车站性质 省	车站性质 地	车站性质 县
127	太兴铁路太原至静游段	岚县	2台6线	0.20	2015年12月			1
128		娄烦	2台4线	0.20	2015年12月			1
129	吕临支线	临县	2台5线	0.20	2015年12月			1
130	巴中至达州铁路	巴中东	1台4线	0.14	2015年12月			1
131		曾口	1台3线	0.15	2015年12月			1
132		平昌	2台4线	0.35	2015年12月			1
133		石桥	1台4线	0.15	2015年12月			1
134		石梯	1台3线		2015年12月			1
135	敦格铁路青海段	马海	1台3线	0.12	2015年12月			1
136		鱼卡	1台2线	0.17	2015年12月			1
137		大柴旦	1台2线	0.14	2015年12月			1
138	敦格铁路甘肃段	阿克塞	1台2线	0.20	2015年12月			1
139		肃北	1台2线	0.20	2015年12月			1
140	黄韩侯铁路	白水	2台4线	0.25	2015年12月			1
141		澄城	2台5线	0.25	2015年12月			1
142		合阳北	2台4线	0.25	2015年12月			1
143	天平铁路	清水县	3台8线	0.25	2015年12月			1
144		张家川	1台3线	0.25	2015年12月			1
145		华亭	1台3线	0.25	2015年12月			1
146	兰渝铁路（广元至渭沱）	苍溪	2台5线	0.30	2015年12月			1
147		阆中	3台9线	0.80	2015年12月			1
148		南部	2台6线	0.80	2015年12月			1
149		南充北	7台9线（其中预留站台一座）	1.60	2015年12月		1	
150		武胜	2台6线	0.80	2015年12月			1
151	新建张家口至唐山铁路	沙岭子西	2台5线	0.13	2015年12月			1
152		赵川	2台4线	0.13	2015年12月			1
153		赤城	2台4线	0.12	2015年12月			1
154		丰宁	2台5线	0.12	2015年12月			1
155		滦平东	2台6线	0.16	2015年12月			1
156		承德西	2台4线	0.12	2015年12月			1
157		李家营	2台4线	0.12	2015年12月			1
158		半壁山	2台4线	0.12	2015年12月			1
159		团瓢庄	2台4线	0.12	2015年12月			1
160		唐海	2台4线	0.12	2015年12月			1
161	吐库二线	马兰	2台4线	0.30	2015年7月			1
162		和硕	2台4线	0.24	2015年7月			1
163		焉耆	2台4线	0.26	2015年7月			1
164	赣龙铁路	上杭北	2台4线	0.40	2015年12月			1
165		长汀南	3台6线	0.59	2015年12月			1
166	福厦线	仙游	2台6线	0.39	2015年2月			1
167		惠安西	2台4线	0.36	2015年2月			1
168	贵阳枢纽白云至龙里北联络线	龙洞堡	2台4线	0.75	2015年9月		1	
169	独立项目	厦门	5台9线	2.76	2015年1月	1		
170	渝利铁路	重庆北	14台29线	8.00	2015年12月	1		
171	织金到毕节铁路	织金北	1台6线	0.15	2015年12月			1
172	新建织金至纳雍铁路	纳雍	1台3线	0.30	2015年12月			1
173	独立项目	保定	8台10线	3.40	2015年8月		1	
174	长昆线	贵阳东	10台6线	1.00	2015年9月		1	
175	昆阳至玉溪扩能改造工程	玉溪西	3台7线	1.20	2015年		1	
2016年完工的站房								
1	齐北线齐齐哈尔至富裕段增建第二线工程	塔哈	2台5线	1.20	2016年6月			
2	通辽至四平电气化改造	大林	2台5线	0.20	2016年5月			1
3		欧里	2台4线	0.06	2016年5月			1
4	沈西工业走廊火石岗至渤海铁路工程	高升	1台3线	0.12	2016年7月			1
5		台安南	1台5线	0.15	2016年7月			1
6		近海	1台4线	0.15	2016年7月			1
7		火石岗	1台3线	0.12	2016年7月			1
8	白阿线	镇西	2台4线	0.10	2016年7月			1
9		平台	2台6线	0.10	2016年7月			1
10	白乌线	葛根庙	2台6线	0.25	2016年7月			1
11		乌兰浩特	1台5线	0.19	2016年7月		1	
12	呼和浩特至准格尔铁路工程	托克托东	2台5线	0.30	2016年12月			1
13		大路	2台4线	0.30	2016年12月			1
14		呼和浩特		1.72	2016年11月	1		
15	新建陶利庙至鄂托克前旗铁路	昂素	1台3线	0.07	2016年12月			1
16	新建青岛至荣成城际铁路	夏各庄	2台4线	0.30	2016年10月			1

高铁车站

序号	线名	站名	车站规模 站场	车站规模 站房（万平方米）	竣工年月	车站性质 省	车站性质 地	车站性质 县
17	杭长铁路客运专线	衢州	5台16线	1.00	2016年12月		1	
18	娄底至邵阳铁路扩能改造	双峰北	2台8线	0.50	2016年1月			1
19		邵东	3台10线	0.60	2016年1月			1
20	莞惠城际轨道交通项目	常平东	2台4线	0.57	2016年3月			1
21		樟木头	2台2线	0.38	2016年3月			1
22		谢岗	2台2线	0.39	2016年3月			1
23		沥林	2台4线	0.43	2016年3月			1
24		陈江	2台2线	0.35	2016年3月			1
25		惠环	2台4线	0.45	2016年3月			1
26		惠州新客运南	1台2线	1.54	2016年3月			1
27		西湖	1台2线	1.99	2016年3月			1
28		云山西路	1台2线	1.89	2016年3月			1
29		惠州客运北	3台4线	2.79	2016年3月			1
30	佛肇城际轨道交通项目	狮山	2台2线	0.35	2016年3月			1
31		狮山工业园	2台2线	0.28	2016年3月			1
32		三水	2台4线	0.44	2016年3月			1
33		云东海	2台2线	0.32	2016年3月			1
34		大旺	2台2线	0.32	2016年3月			1
35		大沙	2台4线	0.39	2016年3月			1
36		肇庆东	2台4线	0.44	2016年3月			1
37		鼎湖	2台2线	0.33	2016年3月			1
38		大冲	2台2线	0.32	2016年3月			1
39		肇庆	2台4线	0.65	2016年3月		1	
40	杭长客专湖南段	长沙南站东站房	—	2.86	2016年8月	1		
41	长株潭城际铁路	长沙城际	3台6线	1.00	2016年12月		1	
42		树木岭	1台2线	2.46	2016年12月		1	
43		香樟路	1台2线	1.79	2016年12月		1	
44		湘府路	1台2线	1.94	2016年12月		1	
45		洞井（原汽车南）	1台2线	1.80	2016年12月		1	
46		先锋（原中信新城）	2台2线	0.25	2016年12月		1	
47		芙蓉南（原生态动物园）	2台2线	0.25	2016年12月		1	
48		暮云	2台4线	0.25	2016年12月		1	
49		九郎山（原白马垄）	2台2线	0.25	2016年12月		1	
50		田心东（原时代）	2台2线	0.25	2016年12月		1	
51		大丰（原云龙）	2台2线	0.25	2016年12月		1	
52		株洲南（原七斗冲）	2台6线	0.25	2016年12月		1	
53		昭山	2台2线	0.25	2016年12月		1	
54		荷塘	2台2线	0.25	2016年12月		1	
55		板塘	2台2线	0.25	2016年12月		1	
56	新建玉林至铁山港铁路	玉林	4台12线	1.78	2016年11月		1	
57	云桂铁路	昆明南	16台30线	12.00	2016年6月	1		
58	昆明枢纽东南环线	庄蹻	两台夹四线	0.18	2016年6月			1
59		化城	两台夹四线	0.18	2016年6月			1
60	云桂铁路引入昆明枢纽	昆明经开	两台夹四线	0.20	2016年6月			1
61	沪昆客专贵州段	平坝南	2台4线	0.35	2016年9月			1
62		安顺西	6台8线	1.00	2016年9月		1	
63		关岭	2台4线	0.35	2016年9月			1
64		普安	2台4线	0.35	2016年9月			1
65		盘县	5台7线	0.60	2016年9月			1
66	沪昆客专云南段	嵩明	2台面4线	0.35	2016年12月			1
67		曲靖北	3台面7线	1.20	2016年12月		1	
68		富源北	1台面4线	0.35	2016年12月			1
69	云桂铁路云南段	富宁	2台6线	0.60	2016年12月			1
70		广南	2台6线	0.60	2016年12月			1
71		珠琳	2台4线	0.35	2016年12月			1
72		普者黑	3台8线	0.80	2016年12月			1
73		弥勒	3台8线	0.35	2016年12月			1
74		石林板桥	2台5线	0.35	2016年12月			1
75		阳宗海	2台4线	0.25	2016年12月			1
76	独立项目	乌鲁木齐新客站	9台18线	10	2016年6月	1		
77	郑徐客专	开封北	2台4线	1.20	2016年9月		1	
78		兰考南	2台4线	0.35	2016年9月			1
79		民权北	2台4线	0.50	2016年9月			1
80		砀山南	2台4线	0.49	2016年9月			1
81		永城北	2台4线	0.50	2016年9月			1
82		萧县北	2台6线	0.80	2016年9月			1
83		商丘	3台7线	1.60	2016年9月		1	
84	重庆至万州	长寿湖	2台4线	0.25	2016年12月			1
85		垫江	2台4线	0.70	2016年12月			1

序号	线名	站名	车站规模 站场	车站规模 站房（万平方米）	竣工年月	车站性质 省	车站性质 地	车站性质 县
86		梁平南	2台4线	1.04	2016年12月			1
87		万州北	3台7线	1.50	2016年12月		1	
88	武孝城际	后湖	2台2线	0.25	2016年12月			
89		金银潭	2台2线	0.25	2016年12月			
90		盘龙城	2台2线	0.25	2016年12月			
91		天河机场	2台4线	3	2016年12月			
92		天河街	2台2线	0.25	2016年12月			
93		闵集	2台2线	0.25	2016年12月			
94		毛陈	2台4线	0.25	2016年12月			
95		槐荫	2台2线	0.25	2016年12月			
96		孝感东	2台4线	0.4	2016年12月		1	
97	兰州至中川机场	陈官营	2台4线	0.3	2016年6月			1
98		福利区	2台4线	0.3	2016年6月			1
99		西固	2台4线	0.3	2016年6月			1
100	岷县至广元	岷县	2台6线	0.3	2016年12月			1
101		哈达铺	3台9线	0.5	2016年12月			1
102		陇南	7台9线（其中预留站台一座）	1	2016年12月		1	
103		姚渡	2台4线	0.2	2016年12月			1
104	孟平线增建二线	丁营	新建1、2	0.2	2016年12月			1
105		平顶山	新建1、2	0.6	2016年12月			1
106	三江至南川	万盛	2台4线	0.35	2016年12月			1
107		三江东	1台3线	0.1	2016年12月			1
108	成昆铁路（成都至峨眉段扩能改造	峨眉	3台6线	0.5	2016年12月		1	
109		彭山	2台4线	0.3	2016年12月			1
110	织金到毕节	大方南	1台3线	0.15	2016年1月			1
111		法启	1台4线	0.15	2016年1月			1
112		八步	1台3线	0.15	2016年1月			1
113		织金北	1台6线	0.15	2016年1月			1
114	干塘至武威南铁路增建二线	谭家井	2台5线	0.2	2016年12月			1
115	昌九城际铁路	南昌	6台13线	3.5	2016年12月			1
116	黄韩侯铁路	白水	2台4线	0.25	2016年12月			1
117		澄城	2台5线	0.25	2016年12月		1	
118		合阳北	2台4线	0.25	2016年12月			1
119	新建贵阳枢纽白云至龙里北联络线	白云	2台8线	0.25	2016年12月			

序号	线名	站名	车站规模 站场	车站规模 站房（万平方米）	竣工年月	车站性质 省	车站性质 地	车站性质 县
120	新建铁路朔州至准格尔工程	五字湾	1台3线	0.09	2016年12月			1
121		红进塔	1台3线	0.09	2016年12月			1
122	渝利铁路	复盛	3台8线	0.92	2016年1月			1
123	新建张家口至呼和浩特铁路	呼和浩特东	新建4台10线	1.59	2016年8月	1		
2017年完工的站房									
1	新建张家口至呼和浩特铁路	乌兰察布	3台7线	1.19	2017年8月		1	
2		旗下营南	2台4线	0.20	2017年			1
3	白阿铁路白城至镇西段扩能改造工程	葛根庙	3台6线	0.25	2017年8月			
4		乌兰浩特	1台5线	0.19	2017年8月			
5		平台	2台6线	0.10	2017年8月			
6		镇西	2台4线	0.10	2017年8月			
7	长春至白城铁路扩能改造工程	开安	3台5线	0.15	2017年8月			
8		华家	3台5线	0.15	2017年8月			1
9		农安	3台7线	0.30	2017年8月			1
10		哈拉海	3台5线	0.15	2017年8月			
11		王府	3台5线	0.15	2017年8月			
12		松原	5台13线	0.30	2017年8月			
13		查干湖	3台4线	0.15	2017年8月			
14		长山屯	3台7线	0.15	2017年8月			
15		大安	3台6线	0.30	2017年8月			
16		两家	3台5线	0.15	2017年8月			
17		安广	3台5线	0.15	2017年8月			
18		到保	3台4线	0.15	2017年8月			
19	呼和局呼准鄂铁路有限责任公司	东胜东	2台5线	0.29	2017年10月			
20	济南局德龙烟铁路公司	龙口	2台4线	1.00	2017年10月			
21		蓬莱	2台4线	0.50	2017年10月			1
22		烟台西	1台3线	0.30	2017年10月			
23	九景衢铁路浙江段	开化	2台6线	0.40	2017年11月			
24		常山	2台4线	0.40	2017年11月			1
25	京沪铁路改造工程	镇江	3台6线	0.80	2017年11月		1	
26		丹阳	2台5线	0.40	2017年11月			1
27	独立项目	佛山西	10台23线	5.95	2017年7月		1	

高铁车站

序号	线名	站名	车站规模 站场	车站规模 站房（万平方米）	竣工年月	车站性质 省	车站性质 地	车站性质 县
28	莞惠城际轨道交通项目	道滘	2台2线	0.35	2017年9月			1
29		东莞新城	1台2线	1.85	2017年9月			1
30		东莞东城南	1台2线	1.80	2017年9月			1
31		寮步	2台4线	1.91	2017年9月			1
32		松山湖北	1台2线	1.72	2017年9月			1
33		大朗	1台4线	2.48	2017年9月			1
34		常平南	1台2线	1.81	2017年9月			1
35	金温扩能改造工程	丽水	2台5线	2.8	2017年1月		1	
36	长株潭城际（长沙至雷锋大道）	雷锋大道	2台2线	2.03	2017年12月			1
37		市府	2台2线	1.82	2017年12月			1
38		滨江新城	2台2线	2.21	2017年12月			1
39		开福寺	2台2线	2.46	2017年12月			1
40	石济客专	石家庄东	3台7线	1.2	2017年11月	1		
41		藁城南	2台4线	0.3	2017年11月			1
42		辛集南	2台4线	0.35	2017年11月			1
43		衡水北	2台6线	1.2	2017年11月		1	
44		景州	2台4线	0.3	2017年11月			1
45		平原东	2台4线	0.3	2017年11月			1
46		禹城东	2台4线	0.3	2017年11月			1
47		齐河	2台4线	0.3	2017年11月			1
48	独立项目	德州东	3台10线	0.99	2017年11月		1	
49	宝兰客专	东岔	2台4线	0.15	2017年11月			1
50		天水南	3台7线	1.2	2017年11月		1	
51		秦安	2台4线	0.35	2017年11月			1
52		通渭	2台4线	0.35	2017年11月			1
53		定西西	2台6线	0.35	2017年11月		1	
54		榆中	2台4线	0.35	2017年11月			1
55	西成客专陕西段	阿房宫	3台7线	0.59	2017年11月		1	
56		户县东	2台6线	0.35	2017年11月			1
57		佛坪	2台5线	0.34	2017年11月			1
58		洋县西	2台4线	0.35	2017年11月			1
59		城固北	2台4线	0.34	2017年11月			1
60		宁强南	2台4线	0.34	2017年11月			1
61	西成客专四川段	七盘关	2台面4线	0.25	2017年11月			1
62		广元	5台面7线	0	2017年11月		1	
63		江油北	2台面4线	0.25	2017年11月			1
64		剑门关	2台面5线	0.35	2017年11月			1
65		青川	1台2到发线	0.2	2017年11月			1
66	武九客专江西段	瑞昌南	2台4线	0.3	2017年9月			1
67		庐山	3台9线	0	2017年9月			1
68	武九客专湖北段	白沙南	2台4线	0.15	2017年9月			1
69		阳新	2台5线	0	2017年9月			1
70		枫林	2台4线	0.15	2017年9月			1
71	夏官营至岷县段	渭源	2台6线	0.3	2017年9月			1
72	成昆铁路（成都至峨眉段扩能）	大草滩	2台4线	0.2	2017年9月			1
73		夹江	2台4线	0.3	2017年12月			1
74		双流	2台5线	0.2	2017年12月			1
75	九景衢铁路江西段	鄱阳	2台4线	0.6	2017年11月			1
76		都昌	2台4线	0.3	2017年11月			1
77		景德镇北	3台6线	1.2	2017年11月		1	
78		新岗山	2台4线	0.3	2017年11月			1
79	重庆至贵阳铁路	珞璜南	2台6道	0.25	2017年6月			1
80		綦江东	2台6道	0.89	2017年6月			1
81		赶水东	2台4道	0.25	2017年6月			1
82		夜郎镇	2台4道	0.25	2017年6月			1
83		娄山关南	2台4道	0.25	2017年6月			1
84		桐梓东	2台4道	0.6	2017年6月		1	
85		苟江	2台4道	0.25	2017年6月			1
86		息烽	3台8道	0.35	2017年6月			1
87		扎佐东	2台4道	0.25	2017年6月			1
88		遵义东	5台7线	1.20	2017年6月		1	
89		重庆西	29站台31线	12	2017年6月	1		
90	新建长沙至昆明客专	贵安	4台8线	6.1	2017年12月		1	
91	淮萧客车联络线	坡里		0.35	2017年12月			1
92	大西客运专线	原平西	2台4线	0.4	2017年12月			1
93		忻州西	3台6线	0.8	2017年12月		1	
94		阳曲西	2台4线	0.23	2017年12月			1
2018年完工的站房								
1	大同至西安铁路（原平至太原段）	原平西	2台4线	0.4	2018年6月		1	
2		忻州西	3台6线	0.8	2018年6月		1	
3		阳曲西	2台4线	0.23	2018年6月			1

序号	线名	站名	车站规模 站场	车站规模 站房（万平方米）	竣工年月	车站性质 省	车站性质 地	车站性质 县
4	银川至西安铁路银川至吴忠段	吴忠	4台12线	0.8	2018年8月		1	
5		灵武北	2台4线	0.3	2018年8月			1
6		河东机场地下站	2台4线	4.3	2018年8月	1		
7	吴中至中卫铁路	中卫南	3台8线	1.2	2018年8月		1	
8		中宁东	2台4线	0.6	2018年8月			1
9		滚泉	2台4线	0.2	2018年8月			1
10	新建南平至龙岩铁路	南平西	3台7线	0.9981	2018年9月		1	
11		三明南	3台8线	1.9998	2018年9月		1	
12		永安南	3台9线	0.9993	2018年9月			1
13		双洋	2台4线	0.15	2018年9月			1
14		漳平西	2台5线	0.9989	2018年9月		1	
15		雁石南	2台6线	0.2994	2018年9月			1
16		龙岩	6台12线	2.4997	2018年9月		1	
17	成蒲铁路	成都西	4台8线	0.6	2018年9月	1		
18		蒲江	2台5线	0.3	2018年9月			1
19		朝阳湖	2台4线	0.25	2018年9月			1
20		西来	2台2线	0.25	2018年9月			1
21		崇州	2台4线	0.45	2018年9月			1
22		邛崃	2台4线	0.3	2018年9月			1
23		大邑	2台2线	0.3	2018年9月			1
24		温江	2台2线	0.3	2018年9月			1
25		羊马	2台3线		2018年9月			1
26	川藏铁路成都至雅安段	名山	2台3线	0.5	2018年9月			1
27		雅安	3台7线	0.8	2018年9月		1	
28	京沈客专（辽冀省界至承德段）	承德南	4台10线	1.5	2018年12月		1	
29		承德县北	2台4线	0.5	2018年12月			1
30		平泉北	2台4线	1	2018年12月			1
31	新建格尔木至库尔勒（格尔木至茫崖镇段）	格尔木	5台3线	1.5	2018年12月		1	
32		乌图美仁	1台4线	0.14	2018年12月			1
33		花土沟	2台6线	0.24	2018年12月			1
34	新建铁路朔州至准格尔工程	五字湾	1台3线	0.09	2018年12月			1
35		红进塔	1台3线	0.09	2018年12月			1
36		平鲁西	1台3线	0.08	2018年12月			1
37		偏关	1台3线	0.08	2018年12月			1
38		马栅	1台3线	0.08	2018年12月			1
39	独立项目	邯郸	3台13线	1.6147	2018年9月		1	
40	独立项目	信阳	3台7线	2.1	2018年12月		1	
41	独立项目	驻马店	2台6线	1.2	2018年12月		1	

注：车站性质是根据车站规模和服务线路综合划分的。

车站规模划分标准

	特大型	大型	中型	小型
最高聚集人数（每小时）	h≥10 000	2 000≤h≤10 000	400≤h≤2 000	50≤h≤400
站房面积（万平方米）	大于5	3~5	1~3	小于1

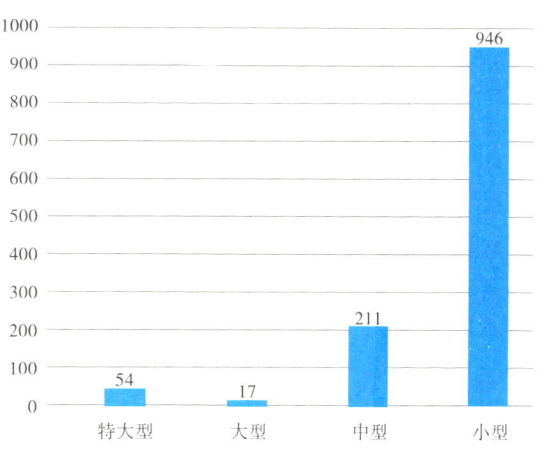

车站规模统计（单位：座）